中小企业职业经理离职动因与形成机制研究

吉云◎著

The Causes and Formation Mechanism of
Managers Turnover in SMEs

中国财经出版传媒集团

经济科学出版社
Economic Science Press

图书在版编目（CIP）数据

中小企业职业经理离职动因与形成机制研究／吉云著．
—北京：经济科学出版社，2019.8
ISBN 978 - 7 - 5218 - 0766 - 0

Ⅰ.①中… Ⅱ.①吉… Ⅲ.①中小企业 - 经理 - 人力
资源管理 - 研究 Ⅳ.①F276.3

中国版本图书馆 CIP 数据核字（2019）第 172033 号

责任编辑：朱明静
责任校对：郑淑艳
责任印制：李 鹏

中小企业职业经理离职动因与形成机制研究

吉 云 著

经济科学出版社出版、发行 新华书店经销
社址：北京市海淀区阜成路甲 28 号 邮编：100142
总编部电话：010 - 88191217 发行部电话：010 - 88191522
网址：www. esp. com. cn
电子邮件：esp@ esp. com. cn
天猫网店：经济科学出版社旗舰店
网址：http：//jjkxcbs. tmall. com
北京季蜂印刷有限公司印装
710×1000 16 开 17.75 印张 280000 字
2019 年 9 月第 1 版 2019 年 9 月第 1 次印刷
ISBN 978 - 7 - 5218 - 0766 - 0 定价：68.00 元
（图书出现印装问题，本社负责调换。电话：010 - 88191510）
（版权所有 侵权必究 打击盗版 举报热线：010 - 88191661
QQ：2242791300 营销中心电话：010 - 88191537
电子邮箱：dbts@ esp. com. cn）

本书出版获得温州大学、温州大学商学院、温州大学金融研究院资助，在此致谢！

前　　言

管理资源流失直接威胁着中小民营企业的成长，如何吸引并持久保留职业经理已成为企业界和学术界关注的重要课题。本书试图通过理论与实证相结合的方法归纳和分析经理人的流失过程和影响因素，解释这些影响因素的作用机理，初步建立中小民营企业职业经理流失意愿形成过程模型，进而提出相关的治理措施与途径。

在以往文献和定性研究基础上，本书分析和归纳出了影响经理人流失的主要因素。具体包括，个人因素：工作参与度、承诺倾向、创业动机、风险规避度、传统观念；组织因素：组织回报、薪酬满意度、组织条件、人际氛围、程序公平、职业成长机会；工作因素：工作自主性、工作压力、工作挑战性；雇主因素：雇主重视、雇主领导力、雇主诚信、领导公平、雇主成就动机、雇主信任；其他因素：工作嵌入度、匹配度、其他工作机会、组织变革。这些因素通过工作满意度、组织承诺度、工作主动性、工作状态和工作搜寻动机等态度类变量直接或间接影响经理人的离职意愿。

通过结构方程模型方法，本书实证研究发现，职业经理流失意愿形成的基本过程包括四个阶段。首先，经理人对相关个人、组织、雇主、工作和其他工作机会因素进行感知。其次，感知水平的下降使工作满意度、组织承诺度以及工作主动性等发生逆向变化。再次，经理人工作状态下滑，从而产生工作搜寻动机。最后，出现离职意愿。经过验证的过程模型对离职方差具有很强的解释力。

在第一阶段，经理人对雇主重视、工作自主性、工作参与度和人际氛围的感知状况显著影响其工作满意度和组织承诺度；雇主领导力、雇主公平与信任、工作自主性、工作参与度和工作嵌入度则显著影响工作主动性。这些感知类变量通过满意度、主动性等态度类变量的中介作用最终影响离职意愿。其中，经理人控制工作进程的自由度越低，其对工作的满意度就越低，对组织的忠诚度也越低。而雇主对下属缺乏信任则会直接影响工作主动性，后者是经理人离职的重要信号。在第二阶段，满意度和承诺度、雇主重视、工作压力、工作自主性等直接影响经理人的工作状态；雇主重视、工作自主性、工作嵌入度、承诺倾向、组织变革等则对工作寻找动机具有显著影响。在第三阶段，工作压力、其他工作机会、工作寻找动机、工作状态等直接影响经理人的离职意愿。工作状态和工作寻找动机在流失过程中起传导机制的作用。其中，组织变革和波动可能会诱发经理人的工作搜寻动机，而承诺倾向较低的经理人在企业运营正常的情况下也会频频关注人才市场信息。此外，已经拥有其他工作机会的经理人不通过任何中间环节就直接产生离职意愿，这可能会使企业措手不及。在第四阶段，经理人的离职意愿产生。

本书调节效应分析发现，经理人工作参与度和承诺倾向具有调节工作状态、工作搜寻动机与离职意愿之间关系的作用；创业动机对工作搜寻动机具有调节效应；风险规避度和传统观念对工作状态具有调节作用。同时，雇主领导力、雇主公平和信任可以减缓组织因素对离职意愿的影响，这类雇主因素可将组织吸引力不足引起的离职意愿降低至60%。这一发现在西方主流离职文献中还没有出现过。

在上述研究基础上，本书对职业经理流失做出了经济学解释。在雇主重视经理人能力和忠诚度，而经理人重视职位和货币回报的双重二维空间中，经理人流失和民营企业的家族化是有关经理人能力和忠诚度信息不对称的一个均衡。民营企业引入职业经理过程中存在的逆向选择使后者难以进入企业的核心层，使企业的运作退化到家族成员主导的封闭模式。通过引入企业与经理人之间的互动过程得到的动态信息揭露模型发现，与完全的信息不对称情况相比，存在信息揭露的动态过程有助于降低经理人的离职意愿。

根据离职意愿的形成过程，我们提出了职业经理流失治理的政策建议。对流失治理的重点在于相关因素感知、工作态度变化、工作状态低落和工作搜寻动机产生以及离职意愿出现四个阶段。而要真正降低和消除经理人的离职意愿，有效保留职业经理人，企业治理措施需要贯穿于招聘、培训、工作设计、职位安排、激励、职业生涯管理等整个人力资源管理系统。

　　本书发现了影响中小民营企业职业经理流失的新的影响因素，丰富了离职影响因素的研究内容；解释了相关影响因素对离职意愿的作用机理，深化了对影响因素与离职意愿之间内在关系的认识；初步建立了中小民营企业职业经理离职意愿形成过程模型；并对职业经理的流失做出了经济学解释，对职业经理的流失研究做出了一定的理论补充。同时，本书提出的政策建议也对中小民营企业吸纳和留住职业管理资源具有现实意义。

目　　录

第一章　绪论 ……………………………………………………（ 1 ）

　第一节　引论 ……………………………………………………（ 1 ）

　第二节　研究背景 ………………………………………………（ 3 ）

　第三节　研究方法 ………………………………………………（ 9 ）

　第四节　分析框架 ………………………………………………（ 13 ）

　第五节　各章主要内容与结构安排 ……………………………（ 18 ）

第二章　文献综述 ………………………………………………（ 20 ）

　第一节　职业经理流失对公司的影响 …………………………（ 20 ）

　第二节　职业经理流失的过程和机制 …………………………（ 24 ）

　第三节　流失意愿和流失行为的影响因素 ……………………（ 34 ）

　第四节　职业经理流失的治理机制 ……………………………（ 48 ）

　第五节　离职研究的主要学术流派 ……………………………（ 56 ）

第三章　职业经理流失问题的定性研究 ………………………（ 59 ）

　第一节　引言 ……………………………………………………（ 59 ）

　第二节　职业经理流失对中小民营企业的影响 ………………（ 60 ）

　第三节　中小民营企业的独特性及其对职业经理流失的影响 …（ 61 ）

　第四节　中国职业经理的主要特征及其对流失的影响 ………（ 69 ）

第四章　影响因素分析与相关研究假设 ·············（72）

　　第一节　职业经理流失的影响因素 ···············（72）

　　第二节　中介变量和调节变量 ·················（102）

　　第三节　应变量和控制变量 ··················（118）

　　第四节　计量检验程序 ····················（121）

第五章　流失过程模型的实证检验：以广东民营企业为例 ·····（123）

　　第一节　样本和测项 ·····················（123）

　　第二节　结构方程模型检验结果 ···············（134）

　　第三节　影响效应讨论 ····················（140）

第六章　流失影响因素的进一步实证研究 ··········（149）

　　第一节　实证结果的稳健性检验 ···············（149）

　　第二节　调节效应检验 ····················（153）

　　第三节　分组回归结果 ····················（162）

　　第四节　离职意愿对离职行为的预测效果 ···········（169）

　　第五节　研究结论 ······················（176）

第七章　职业经理流失的经济学解释 ············（180）

　　第一节　引论 ························（180）

　　第二节　民营企业与职业经理之间的二维空间匹配 ······（181）

　　第三节　职业经理人力资本交易中的逆向选择过程 ······（186）

　　第四节　雇主与职业经理之间的互动：信息揭露与动态匹配 ·····（192）

　　第五节　如何留住职业经理 ··················（197）

第八章　结论与政策建议 ·················（199）

　　第一节　主要结论 ······················（199）

　　第二节　职业经理流失的治理机制 ··············（204）

第三节　创新之处 ……………………………………………………（214）

第四节　本书局限和进一步研究的方向 ……………………………（215）

附录1：调查问卷 ……………………………………………………（217）

附录2：验证性因子分析（CFA）LISREL 程序 …………………（224）

附录3：结构方程模型分析（SEM）LISREL 程序 ………………（226）

附录4：修订模型 M2 的 LISREL 标准化估计系数 ………………（228）

附录5：第七章相关证明 ……………………………………………（229）

参考文献 ……………………………………………………………（234）

第一章 绪 论

第一节 引 论

中小企业在我国民营经济中居于重要地位。不但数量上占绝对优势，其在产值贡献、就业创造、技术创新等方面也在整个经济系统中扮演着重要角色。但是，现阶段这类企业却面临着生产水平低下、管理能力不高的问题，其平均寿命不到 3 年（黄孟复，2007）。虽然导致中小民营企业寿命短暂的原因众多，比如外部环境约束、市场空间狭小、规模不经济以及企业家自身能力不足等，但企业整体管理能力不高是主要原因之一。彭罗斯（Penrose，1995）甚至认为后者才是决定性因素，因为企业成长极限由其具有的内部管理能力决定。企业要在正常的生命周期取得持续成长，以及突破周期限制以获得"重生"，就需要不断地从外部吸纳管理资源以提高自身管理能力。中小民营企业难以吸引优秀的管理人才并持久保留他们，导致企业运作"退化"到封闭的家族治理模式，这直接影响其经营寿命（Xiao，2015）。

如何吸纳并持久保留内部管理资源，实现中小民营企业长期持续成长，已经成为学术界、决策层和企业界共同面临的重大课题。国内外相关研究已经关注到员工流失的本质、原因、过程、后果以及治理对策等诸多方面，但对于我国中小民营企业职业经理流失问题来说，其给出的理论解释和治理建议皆有诸多不足，对经理人为什么离职、如何产生离职意愿这两个核心问题的回答尚显薄弱。

第一，现有文献大多以一般员工为研究对象，职业经理流失则涉及中小企业和经理人两方面的特殊性，要给出相关问题的恰当解释及提出合理建议，需要对这类特殊性质进行深入分析。第二，基于西方文化背景，现有研究引入模型的流失影响因素主要包括工作、组织、环境等客观变量，很少有研究专门考虑雇主自身因素的重要影响。但在强调"权威"意识、注重关系治理的东方文化背景下，雇主因素不能忽略，这点对中小民营企业而言尤其如是。第三，中小企业职业经理的离职决策不一定符合现有过程模型的预测，如创业机会"冲击"引致的离职过程就难以归类到李和米歇尔（Lee and Mitchell，1994）提出的任何一种路径。第四，现有关于流失后果的研究不完全适用于对公司具有特殊影响的职业经理阶层，况且这些研究大多基于法制系统健全、市场机制完善的环境假设做出，其分析是否适用于考察现阶段经理人离职给中小企业带来的严重后果还有待验证。第五，与前面这些不足相关，现有文献提出的流失治理建议难以真正解决中小企业管理资源的保留问题，如忽略雇主因素、不考虑信息不对称问题等。第六，利用实证检验得到的过程模型及因素模型来分阶段、全方位地提出系统的治理措施在现有研究中尚不多见。

有鉴于此，本书试图应用理论与实证相结合的研究方法，充分考虑我国中小民营企业职业经理流失问题的特殊性，在实际调查数据的基础上利用结构方程模型、Logit 模型以及方差分析等计量方法，识别出中小民营企业职业经理流失的关键过程和关键影响因素，建立和验证具有较强预测能力的过程模型及因素模型，找出不同因素、不同路径以及同一路径中不同阶段之间的相互关系和作用机制，结合管理学、心理学、经济学以及其他学科相关研究成果给出合理的实证结果解释，并在此基础上有针对性地提出中小民营企业职业经理流失治理建议。

本研究试图在以下几方面有所创新：第一，在现有研究考察过的影响因素基础上，从文化背景差异、中小企业和职业经理群体特殊性等角度引入新的影响变量，弥补已有研究对我国中小民营企业经理人流失问题解释力不足的缺陷。第二，在中国文化背景下检验西方成熟的离职因素模型，比较两者之间的雷同与差异，确定相关模型的共通性与特殊性，通过跨文化比较丰富现有离职文献。第三，在定性研究基础上充分考虑中国经理人的职业目标、成就动机、承诺倾向、承诺对象以及工作参与度等个人特征，提出并验证其从相关因素感知、工作态度变化、工作搜寻意愿产生到最终离职这一系列阶段的离职意愿形成过程模型，理清现有不同过程模型给出的不同路径、阶段之间的混乱关系。第四，从吸纳、保留管理资源以提高自身管理能力的角度考察企业长期发展问题，一定程度上推进民营企业成长研究进展。第五，从招聘、雇用合约、培训、工作设计等多个方面提出相关流失治理建议，从流失治理角度完善现有人力资源管理理论。第六，利用逆向选择和动态匹配模型研究经理人流失和民营企业家族化问题，强调中国家族企业与西方家族企业的本质区别，深化现有研究对于民营企业家族化的理解。

管理实践方面，本研究将为中小民营企业治理经理人流失，达到持久保留职业管理资源的目的提出多项有针对性的对策建议。与此同时，我们还给企业管理者提供了一整套有关员工感知、工作态度、在职状态以及职业目标等多方面的测评工具，为组织全方位了解在职员工的心理状态和主观绩效，预测其未来动向，以更好地管理和利用好现有人力资源提供有力手段。中小企业主可在经理人测评基础上，参考我们提出的相关治理机制设计出具体的人力资源管理措施，实现持久保留管理资源的目标。

第二节　研究背景

一、中小民营企业的地位及其持续成长的重要意义

我国民营经济规模已达全国 GDP 总量约 2/3，其中的主要力量就是中小民营企业。2015 年，民营企业出口总额达到 1.03 万亿美元，占出口总额 45.2%，已成为中国出口的第一大市场主体。民营企业对外非金融类直接投资占比近50%，已是对外投资主力军（王钦敏，2017）。民营企业在就业创造、固定资产投资、税收以及研发方面均占有较大份额。可以说，民营企业近 20 年来的高速发展正好是同一时期中国经济快速增长的集中体现，民营企业已经成为我国经济中不可或缺的重要角色。

中国大多数民营企业的发展历史很短，超过 20 年的已属罕见，加上各种

内外部条件的限制，其绝大多数仍然维持在中小规模。民营企业最初产生于20世纪70年代末，当时是为了解决知青返城就业难题而首先开出的政策口子——国家允许一些返城知青自谋出路，他们的创业是从"练摊"开始的。原始资本很少，国家对于民营个体经济的规模又有所限制，① 绝大多数民营企业从起步开始就是在小规模上运作。1987年后私营企业可以在工商部门进行正式登记了，民营企业这时才可以成为中国经济中的正式主体逐步发展起来（戴园晨，2005）。从此，作为改革开放前沿地带的广东、浙江、上海等东南沿海地区成为民营企业发展的主要阵地。这些地区经济的高速增长与本区域中小企业的贡献密不可分，甚至可以说，中小企业的发展带动了整个地区经济的发展。

由此可知，中小民营企业对于国民经济的整体表现有重大影响，其自身成长具有重大意义。虽然企业的生死存亡遵循市场的优胜劣汰规律，低效率的企业被高效率的新创企业淘汰实在是很正常的事情。但需要注意的是，优胜劣汰并非重新洗牌，周期性地更新所有企业。适当比例的企业长期持续成长对于经济体的自身稳定和持续增长至关重要。正常的状态是既有一定比例的企业能够长盛不衰、基业长青，又有一定比例的企业按照其生命周期产生和消亡，以维持企业生态的新陈代谢、动态均衡。反观我国的中小民营企业，体质弱、长不大、命不长的现象非常普遍，其生命周期之短暂已经超出了正常经济系统所能承受的范围。如何增强自身实力，延长其经营寿命，实现中小民营企业长期持续的健康成长，已经成为学术界、决策层以及工商企业界共同面临的重大课题。

二、管理的专业化和职业化是中小民营企业成长的必要条件

研究表明，企业成长的重要条件是管理能力的同步扩张（Penrose，1995）。随着企业不断发展壮大，其原有管理能力将逐渐不能满足资源协调和内部职能的需要，企业的进一步扩张需要从外部不断补充管理资源，以使企业不断跨越管理能力不足导致的发展障碍。企业吸收和保留新管理资源的能力成为企业长

---

① 根据《国务院关于城镇非农业个体经济若干政策性规定》（国务院1981年7月7日颁布），民营个体经济雇工规模不得超过7人，否则便被界定为不被允许的私营经济。

期持续成长的必要条件，而企业的扩张极限也决定于蕴含在企业现职和潜在经理人员之中的管理能力。

西方企业发展史告诉我们，现代工商企业形成的力量源泉是一群支薪经理们所进行的开拓性职业管理协调工作。钱德勒（Chandler，1978）甚至认为，现代企业就是"由一组支薪的中、高层经理人员所管理的多单位企业"。他的分析表明，职业经理阶层的出现是现代工商企业历史发展的必然。市场扩大和技术进步导致企业规模的膨胀，由此带来了管理的复杂化和专业化，使得业主无法亲自承担起经营管理工作，其不得不把重要战略决策以外的具体管理职能委托给支薪经理们去承担。经理人作为一个具有企业管理专门知识和能力，并以受薪方式接受雇主的委托和授权，在此基础上履行其管理职能的群体逐步成长起来，成为现代社会的一个特殊阶层，他们推动了"经理型资本主义"的产生，实现了"经理革命"。而现代工商企业也随之实现了管理职能的专业化和职业化。

虽然我国民营企业产生的根源以及发展路径与西方企业有所不同，但所有企业均具有经济组织追求利润的共性，符合社会分工内在规律的企业管理专业化和职业化依然是中小民营企业真正成长为"现代企业"的必要条件。国内研究表明，我国民营（家族）企业成长过程中的一个重要内容是对社会人力资本的不断融合（黄文锋，2007）。任何企业在成长过程中都必然要不断地吸纳和集成新的管理资源。随着企业规模的扩展，业务的增多，技术含量的提高以及经营活动的半径扩大，家族内的人力资本供应，特别是管理资源的供应必然不足（储小平，2002）。吸收外部管理资源成为企业继续成长的必然选择（吉云、张建琦，2007）。

对于中小民营企业来说，大量引入职业经理不但有助于管理资源的补充、管理能力的提升，而且还有助于企业管理的制度化、规范化和科学化。中小民营企业大多是"企业家式的企业"（李新春，2002），这类企业的主要特点是决策和执行同属一人，企业雇主的战略决策和日常管理带有很大的随意性和波动性，管理活动难以规范化和标准化。此外，中小民营企业大都处于生命周期的初期阶段，具有独特的创业型特征（毕海德，1999）。这导致其管理活动需要保持对外部环境的灵活适应性，日常管理难以制度化和规范化，长远的战略规划也很难进行。最后，中小企业面临的最大问题是如何在市场中找到立足点，尽快产生现金流，保证企业能"暂时"生存下来（毕海德，1999），因此其发展导向大多重市场、轻管理，没有完善的企业管理系统。公司的大多数精力不得不集中于开拓市场、占领市场、确立声誉，对于公司内部管理程序、管理规则、控制系统等方面缺乏足够关注。引入职业经理则可在很大程度上解决这些问题。职业经理大多受过专业教育，其职业生涯也决定其需要在管理知识和技能提高上进行人力资本投资。因此他们拥有足够的职业化专业才能，以实现企业管理的制度化、规范化和科学化，大大降低了企业经营管理的随意性、偏私性和模糊性，促进企业战略决策的科学性、民主性和可行性。企业主也可以从日常的管理琐事中摆脱出来，集中精力思考企业的长远发展。

此外，企业家能力不足带来的成长障碍也可以通过职业经理的引入得到一定程度的缓解。张建琦、赵文（2007）的研究表明，我国民营企业家自身能力供给不足，是企业难以成长和持久发展的根本原因之一。这虽然可以通过企业家自身学习得到部分改善，但不容否认的是，企业家创业前的自身素质决定其可改善的空间非常有限（周洪勇，2014）。况且整日忙碌于找市场、抓生产的企业家是很难有足够的时间和精力来进行系统学习的，这也导致其自身企业家能力的改善难以真正实现。由于职业经理受过工商管理的系统训练，加之大多又有足够的实践经验，对于日常的管理工作足以胜任，因此将这部分经营管理工作交给具有专业能力的经理人可以在很大程度上弥补企业家自身能力的不足，清除企业成长的障碍。

三、中小民营企业难以吸引优秀的职业经理

正如前述，引入职业经理人，实现企业管理的专业化和职业化，是中小民营企业长期持续成长的必由之路。但现实情况却不容乐观，由于规模、资本、技术以及管理水平的差距，与外资和国有企业相比，中小企业对职业经理的综合吸引力较弱，而精心培育和积累的管理资源又容易大量流失。管理资源这种最重要的人力资本已经成为我国相当多民营企业成长的"瓶颈"（储小平，2002），这无疑会影响到其生存和发展。如何吸纳并保留优秀的经理人才成为民营企业面临的重大难题。

文献中已有不少研究开始关注民营企业对于职业经理的吸引力问题。张建

琦、黄文锋（2003）的研究表明，吸引经理人进入民营企业的最重要影响因素依次为职业发展机会与空间、工资与福利水平、雇主对经理人的诚信、组织公平性、企业的规模与形象。其中前四个因素对职业经理进入民营企业意愿的作用显著。这些最重要因素对民营企业综合吸引力改善的边际贡献大小依次为：职业发展、组织的公平性、工资福利水平、对经理人的信任。此外，职业经理与民营企业的匹配状况、职业发展、雇主诚信、组织公平性和薪酬均对组织吸引力产生影响（皮建才，2013）。

黄文锋（2007）通过更全面深入的实证研究发现，前述最重要的四个显著性影响因素又进一步受到企业发展前景、薪酬水平、分配公平性以及雇主品行等变量的影响。张建琦等（2007）则发现，民营企业的组织职业生涯管理（OCM）各项措施也会影响到民营企业的吸引力，而职业经理对其所供职企业的 OCM 相关措施实施情况的感知却普遍较低，这就意味着当前我国民营企业吸引力的确有所不足。李新春（2002）、储小平（2002）、陈凌（1998）等也从信任、家族制度、信息特征以及关系契约等角度关注到民营企业对于职业经理的吸引力问题，主要结论依然是吸引力不足。结果便是中小民营企业管理能力的低下以及企业运作退化到"封闭"的家族模式（吉云、张建琦，2007），企业的长期生存和发展受到严重威胁。

四、中小民营企业职业经理流失问题的本质及其主要后果

企业吸引力不足直接导致两个后果。一方面，职业经理进入企业障碍重重，大量企业难以从外部引入职业经理以补充稀缺的管理资源；另一方面，在职的优秀经理人却容易大量流失（戴园晨，2005）。温荣辉等（2005）对我国职业经理进行的大规模调查显示，在被调查的 10302 个对象中，有超过 80% 的职业经理想转换公司。虽然成熟的市场经济国家也存在职业经理的主动离职行为（Holt et al.，2007），但相对而言，我国中小民营企业职业经理流失的原因更为复杂，后果也更为严重（李新春，2003；杨海兰、周培祥，2017）。结果导致管理人才匮乏、管理水平低下、企业的长期生存和发展受到严重阻碍（Shaw et al.，2005；Chandler，1978）。与此同时，伴随着离职出现的职业经

理背叛和职务侵占行为也时有发生（张建琦，2002；储小平、刘清兵，2005），这甚至会给中小企业带来致命打击。

值得指出的是，中小民营企业职业经理的流失不但意味着其自动离开企业，还意味着这一离职行为导致的公司管理能力丧失难以通过市场得到补充，这类企业的优秀经理人离职导致的管理能力下降不能通过重新在市场上吸引人才得到补偿，这种流失很大程度上是由企业自身因素导致的，具有持久性。[①]

事实上，从劳动力市场的正常流动角度来看，职业经理的主动离职并非全无好处。现有研究表明，适当的流失率[②]对企业是有益的（Glebbeek and Erik，2004；Shaw et al.，2005）。所谓"流水不腐"，中小企业职业经理的适当流动有助于企业自身的新陈代谢，对公司变革、管理创新以及流程优化等都有一定好处。而且最重要的是，组织内存在的流动压力有利于企业把那些能力和表现处于边缘的经理人清除出去，保持组织的高效率。因此，企业主们乐于见到组织内合理的流失率。

但是很显然，过高的流失率对企业来说绝非好事，况且中高层职业经理的出走会给企业的正常运转带来巨大损害。经理人离职不仅给企业带来直接成本损失，比如招聘成本、培训成本、再替代成本等，而且通过影响企业的正常运作带来间接成本，比如打乱业务流程、客户服务质量下降、合同履约率下降等。据国外研究估算，员工离职的总成本大致相当于其年收入的 1.5 倍（Ramlall，2003），而费策恩（Fitz-Enz，1997）指出，在美国，每 10 个管理和专业员工离职，公司平均会损失大约 100 万美元。另外值得注意的是，职业经理的离职还会影响到在职员工的士气、工作氛围以及组织内部的非正式关系网络（Karsan，2010）。如果出走的职业经理身居要职，则其下属的工作态度、工作习惯、工作表现等也会大受影响，有时甚至会引起人力资源的"地震"，导致其他经理人接二连三地连续出走。最后，职业经理流失还有可能引起客户资源流失、核心技术和经营模式被模仿以及机密信息的泄露，由此导致的损失更是难以估计。

---

① 本书所研究的"流失"行为实际上包括两层含义，即职业经理的自动离职和企业管理能力的永久丧失。

② 这里就"流失"的第一层含义而言，如果发生了管理能力的永久流失，就无所谓"适当"了。

五、现有研究的不足之处

基于以上分析，深入研究中小民营企业职业经理流失的过程和影响因素，并在此基础上提出整体协调的治理机制非常必要和紧迫。国外有关员工流失的研究较为成熟（Posthuma et al.，2007），构建了比较系统的流失过程模型和因素模型（Maertz and Griffeth，2004）。但主要研究对象为一般员工，对职业经理这一特殊群体流失影响因素的实证分析较为少见，且很少关注雇主自身因素的影响。同时，由于制度和文化环境以及职业经理的成长阶段不同，由此提出的治理措施对我国企业来说也可能缺乏针对性和实用性（Farh et al.，2007），其结论和对策建议在中国是否有效有待验证。国内研究大多也套用国外的理论框架，缺乏足够本土因素的引入和考察（张勉，2006），尤其缺乏对中小民营企业职业经理流失问题的实证分析。

有鉴于此，本书试图在国内外有关员工离职、企业成长、家族企业以及人力资源管理等文献的基础上，通过实际调查和理论分析，从个人、工作、企业以及雇主自身找到影响经理人流失的关键因素，揭示其作用过程，考察与个体动机、决策过程、关系维持和解除等相关的内在机理；利用经理人样本检验相关主动离职模型，初步建立中小民营企业特有的职业经理流失过程模型；进一步从理论上给出流失的经济学解释；在此基础上提出现有条件下能够持久保留职业经理的途径。

第三节 研究方法

一、研究路线

本研究的技术路线为：文献阅读整理—前期实地调查—定性研究—正式问卷调查—实证分析—建立理论模型—给出经济学解释—提出实用的治理机制。本书采用实证和规范研究相结合的方法，首先进行前期访谈和试调查，确定需要进行正式实证分析的主要变量和相关假设，之后进行中小民营企业职业经理流失影响因素的实证检验，然后建立理论模型。一方面使规范研究具有可靠的实证基础，从而确保研究结论的科学性和可靠性；另一方面则在实证发现的基础上给出我国民营企业职业经理流失的新理论解释，以得出不同于现有文献的新洞察和新结论。进而将理论成果应用于实际，提出系统的治理机制，以保证研究成果的实用价值。具体参见图1-1。

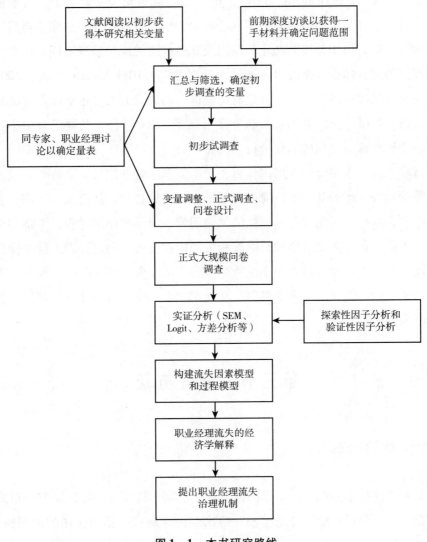

图1-1 本书研究路线

二、具体的研究工作方案

（一）初步调查和影响变量的选取

先结合国内外的研究成果，筛选影响职业经理流失的相关变量；然后对不少于 5 家中小民营企业进行现场调查和深度访谈，以获得与本研究相关的一手材料和感性认识，以修改和扩充量表；之后对职业经理进行小范围初步实际调查以完善量表。根据调查结果，运用相关计量方法筛选和确定影响流失的主要前因变量和中介变量；最后结合国内外研究的相关成果设立相应的职业经理流失假设命题。

（二）设计正式调查问卷进行第二次调查

1. 根据初步调查确定变量类别

根据国内外相关研究和调查的实际情况，确定个人变量、组织变量、雇主变量、工作相关变量和控制变量五类变量为研究的自变量，个人态度变量为中介变量，离职意愿和离职行为则为应变量，同时考虑必要的调节变量。

2. 确定数据的计量方式

（1）二项状况的数据按情况赋值 0 或 1（例如职位、离职与否、性别等变量）。（2）程度性变量采用李克特七点评量计分法（Likert-type scale），按调查项目（例如工作满意度、离职意愿、组织条件感知、工作自主性、雇主领导力、组织承诺等变量）的程度分别赋予数值 1、2、3、4、5、6、7。（3）计数变量则采用相应的数值（例如年龄、公司规模等变量）。

（三）使用 SPSS、EViews、LISREL 软件包等进行实证检验

1. 相关性分析

应用 SPSS16.0 多元统计方法，考察各变量间的相关结构，分析确定自变量之间、自变量与中介变量之间以及自变量与应变量之间的相关关系，找出影

响离职意愿的重要变量。

2. 结构方程模型（SEM）分析

应用 LISREL8.72 软件包和 SPSS16.0 的可靠性检验程序，在大规模调查数据基础上，通过探索性因子分析初步确定用于进一步分析的测项和数据。之后应用验证性因子分析对相关数据进行确认，并通过对确认的潜变量进行信度检验，确保正式分析数据满足效度和信度要求。最后利用这些数据做结构方程全模型检验，找出拟合指数最佳的离职过程模型。

3. 稳健性检验和调节效应检验

在不同的离职意愿测度基础上构建不同的离职意愿影响因素模型，并应用 EViews5.0 软件包进行相应的 OLS 和 Logit 估计。比较两个模型的相关参数，以判断我们的估计结果是否足够稳健。并在 Logit 模型的基础上检验个人因素对相关态度变量的调节效应和雇主因素对组织因素的调节效应。

4. 离职意愿和离职行为一致性检验

（1）分别以离职意愿和离职行为作为应变量来建立 Logit 离散应变量检验模型。由于条件所限，我们很难得到纵向数据以直接研究离职行为的影响因素。鉴于文献中已经表明离职行为与离职意愿并不完全等同，因此有必要考察离职意愿的预测是否与离职行为的实际发生相一致。本书通过收集那些曾经有过离职经验的经理人有关前一任职公司的感知，结合现在职经理人对于现任职公司相关变量的感知，尝试应用离散应变量模型来检验离职行为的影响因素。具体来说，我们将在现任职公司留职超过 4 年的经理人设定为"未离职"，[①]并度量出他们对现供职公司的相关感知变量。同时将那些有过离职经验的经理人设定为"离职"，并度量出他们对前任职公司的相关感知变量，由此组成的样本可用以进行离职行为影响因素的检验。尽管这样做可能会面临卡梅尔—穆

[①] 这一设定带有一定程度的主观性，但有研究表明，留职时间越长的员工其离职概率越低（Jovanovic，1979；Boswell et al.，2017；Chen and Francesco，2000；Mitchell et al.，2001；等等），将 4 年确定为分界点还是有其合理之处的。

勒等（Kammeyer-Mueller et al.，2005）所指出的回顾偏差问题，但在现有条件下，将其结论与结构方程模型中的相关结论（总效应）进行比较还是具有一定参考价值的。据此我们可以尝试考察离职行为与离职意愿的预测是否一致。（2）方差分析（ANOVA）。就具有离职倾向的经理人对现任职公司相关因素的感知和有离职经验的经理人对前任职公司的感知进行方差分析，以考察职业经理实际离职行为是否与离职倾向的预测保持一致，这可与前面（1）中的相应结果进行对照。

（四）建立职业经理流失过程模型

在实证研究的基础上，考虑民营企业的特殊制度环境，说明职业经理流失的方式、过程、路径、机理，建立职业经理流失的过程模型。

（五）中小民营企业职业经理流失的理论解释

应用逆向选择和动态匹配模型对民营企业引入职业经理的过程进行分析，尝试从经济学角度给出一个职业经理流失的理论解释。

（六）提出职业经理流失治理机制和相应的对策建议

根据实证研究得出的职业经理流失过程模型和因素模型，以及（五）中给出的职业经理流失理论解释，进一步说明在现实条件下不同治理机制对职业经理流失方式、路径和过程的影响，分析各种治理机制间的相互作用关系，进而系统地提出对职业经理流失整体协调的治理机制。

第四节 分析框架

一、本书分析框架

1. 结构方程模型分析

该部分实证分析主要在图1-2给出的框架下进行，初步确定的影响路径为：

（1）感知变量 X_1，…，X_{19}影响态度变量 Y_1，…，Y_3。

（2）感知变量 X_{20}，…，X_{23}与态度变量 Y_1，…，Y_3共同影响态度变量 Z_1和Z_2。

（3）态度变量 Z_1和 Z_2影响离职意愿 T_1。

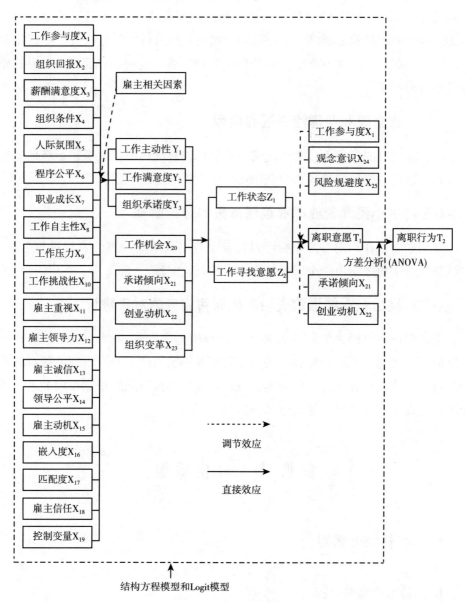

图1－2　分析框架

这一系列阶段组成的过程模型将应用结构方程模型分析（SEM）方法进行检验，通过理论研究和拟合指数比较，不断调整相关变量之间的路径，最终找到对实际调查数据具有最高拟合程度且符合理论演绎的过程模型，为下一步研究打下基础。

2. 调节效应

在影响因素的进一步实证研究基础上考察观念意识、风险规避度等个人变量以及雇主因素的调节作用。

3. 离职行为和离职意愿预测效力的一致性

通过 Logit 离散应变量回归模型以及方差分析（ANOVA），考察离职行为是否与离职意愿态度变量的预测相一致。

二、研究假设

根据国内外相关文献的归纳整理，前期深度访谈以及试调查，可初步给出以下有关中小民营企业职业经理流失影响因素的研究假设（相关理论基础参见本书第四章）：

H1a：职业经理的工作参与度会影响其离职意愿，工作参与度越高，离职意愿越低。

H1b：职业经理的工作参与度会调节相关前因变量对离职意愿的影响效应，工作参与度越高，后者的关系越弱。

H2a：职业经理的承诺倾向会影响其离职意愿，承诺倾向越高，离职意愿越低。

H2b：职业经理的承诺倾向会调节相关前因变量对离职意愿的影响效应，承诺倾向越高，后者的关系越弱。

H3a：职业经理的创业动机会影响其离职意愿，创业动机越强烈，离职意愿越高。

H3b：职业经理的创业动机会调节相关前因变量对离职意愿的影响效应，

创业动机越强，后者的关系越强。

H4：公司给职业经理提供的组织回报会影响后者的离职意愿，职业经理对组织回报的感知越满意，其离职意愿越低。

H5：公司给职业经理提供的薪酬会影响后者的离职意愿，职业经理对薪酬的感知越满意，其离职意愿越低。

H6a：公司的组织条件会影响职业经理的离职意愿，职业经理对组织条件的感知越满意，其离职意愿越低。

H6b：公司的组织吸引力会影响职业经理的离职意愿，职业经理对组织吸引力的感知越满意，其离职意愿越低。

H7：公司的人际氛围会影响职业经理的离职意愿，职业经理对人际氛围的感知越满意，其离职意愿越低。

H8：公司的公平性会影响职业经理的离职意愿，职业经理对公平性的感知越满意，其离职意愿越低。

H9：公司给职业经理提供的职业成长机会会影响后者的离职意愿，职业经理对职业成长机会的感知越满意，其离职意愿越低。

H10：公司正在或将要经历的组织变革会影响职业经理的离职意愿，如果职业经理感知到这一变革，其离职的可能性将更高。

H11：工作自主性会影响职业经理的离职意愿，职业经理对工作自主性的感知越满意，其离职意愿越低。

H12：工作压力会影响职业经理的离职意愿，职业经理感知到的工作压力越大，其离职意愿越高。

H13：工作挑战性会影响职业经理的离职意愿，职业经理感知到的工作挑战性越大，其离职意愿越低。

H14：雇主重视会影响职业经理的离职意愿，职业经理对雇主重视的感知越满意，其离职意愿越低。

H15：雇主领导力会影响职业经理的离职意愿，职业经理对雇主领导力的感知越满意，其离职意愿越低。

H16：雇主成就动机会影响职业经理的离职意愿，职业经理对雇主成就动机的感知越满意，其离职意愿越低。

H17：雇主诚信会影响职业经理的离职意愿，职业经理对雇主诚信的感知越满意，其离职意愿越低。

H18：领导公平会影响职业经理的离职意愿，职业经理对领导公平的感知越满意，其离职意愿越低。

H19：雇主信任会影响职业经理的离职意愿，职业经理对雇主信任的感知越满意，其离职意愿越低。

H20：工作嵌入度会影响职业经理的离职意愿，职业经理感知到的工作嵌入程度越高，其离职意愿越低。

H21：匹配度会影响职业经理的离职意愿，职业经理感知到自身与组织或雇主之间的匹配程度越高，其离职意愿越低。

H22：其他工作机会感知会影响职业经理的离职意愿，职业经理感知到的其他工作机会越多，其离职意愿越高。

H23：工作满意度会影响职业经理的离职意愿，职业经理感知到的工作满意度越高，其离职意愿越低。此外，工作满意度在相关前因变量与离职意愿关系间起中介作用。

H24：组织承诺会影响职业经理的离职意愿，职业经理的组织承诺度越高，其离职意愿越低。此外，组织承诺在相关前因变量与离职意愿关系间起中介作用。

H25：工作主动性对职业经理的离职意愿具有预测能力，职业经理的工作主动性越高，其离职意愿越低。此外，工作主动性在相关前因变量与离职意愿关系间起中介作用。

H26：工作状态对职业经理的离职意愿具有预测能力，职业经理的工作状态越差，其离职意愿越高。此外，工作状态在相关前因变量与离职意愿关系间起中介作用。

H27：工作寻找意愿对职业经理的离职意愿具有预测能力，职业经理的工作寻找意愿越高，其离职意愿越高。此外，工作寻找意愿在相关态度变量（比如工作满意度、雇主承诺等）与离职意愿关系间起中介作用。

H28：职业经理所持有的观念意识对相关前因变量与离职意愿之间的关系起调节作用，传统观念意识越强，这一相关关系越弱。

H29：职业经理的风险规避程度对相关前因变量与离职意愿之间的关系起调节作用，风险规避度越大，这一相关关系越弱。

H30：雇主相关因素对组织因素与离职意愿之间的关系起调节作用，经理人感知到的雇主因素满意度越高，这一相关关系越弱。

H31：离职意愿与实际离职行为相关，职业经理的离职意愿越高，其实际离职的概率越高。

第五节　各章主要内容与结构安排

第一章绪论部分简要介绍本书的研究目的和研究意义，给出相关研究背景和研究方法，概括性地介绍本书的分析框架和主要内容。

第二章是文献综述。为了揭示现有研究的不足，并为本书研究假设、实证检验、理论解释以及提出治理机制提供研究起点和初步框架，我们从经理人流失对公司的影响、流失的过程和机制、流失影响因素以及流失治理等几个方面全面评述现有文献。由于现有文献有关员工离职的研究浩如烟海，这一评述难免会"挂一漏万"。

鉴于本书研究主题的特殊性，为了正确提出相关研究假设，并给予实证结果以合理解释，本书在前期实地调查和企业家深度访谈基础上在第三章进行定性研究。这一分析有助于我们得到更符合我国中小民营企业职业经理人流失过程和影响因素的研究框架。

第四章我们在现有文献基础上，结合第三章定性研究得到的初步结论，对经理人流失意愿的相关影响因素进行分析，并据此提出具体的研究假设。我们将按照前因变量、中介变量、调节变量、被解释变量以及控制变量的顺序分别提出有待检验的研究假设。

第五章是本书的核心内容，我们将利用来自广东的实际调查数据对前述研究假设进行实证检验。首先给出具体的检验方法和步骤，其次报告结构方程模型的检验结果，最后对相关直接和间接效应进行讨论，以期得到符合中小民营企业职业经理人流失问题特殊性的过程模型和因素模型。

为了确保第五章结构方程模型的可靠性，并继续考察其他重要问题，本书第六章进一步进行实证研究。我们进行了流失因素模型的稳健性检验，之后进行经理人特征和雇主因素的调节效应检验，并按照经理人人口特征和公司特征分组考察各变量的显著性，最后尝试性地检验能够预测离职意愿的相关前因变量是否也能满意地预测实际离职行为。

在第七章，我们应用逆向选择和动态匹配模型对我国民营企业引入职业经理的过程进行分析，尝试从经济学角度给出经理人流失和民营企业家族化的一种理论解释。这一解释还得出几项重要的管理含义。

结论部分归纳出本书主要结论，并在前述研究基础上提出相关流失治理建议，之后给出本书创新之处，最后指出本书的局限以及进一步研究的方向。

第二章 文献综述

第一节 职业经理流失对公司的影响

流失由职业经理的自愿离职行为所致。为了便于分析，本书直接将其定义为非恶意自愿离职行为，之后为了表述流畅会交替使用流失、自愿离职、离职等词汇，在未指明的情况下，皆表示同样含义。此外，由于现有国内外离职文献主要以一般员工为研究对象，而职业经理在外延上也属于这一群体，因此我们在文献评述过程中也会交替使用经理人和员工两类指称。

人们之所以对离职问题如此重视，最主要原因在于离职会对企业带来多方面的重要影响。当然，这种影响已被发现根据程度和性质不同包括利弊两个相反的方面。按照理论上的逻辑顺序，在研究员工流失过程和影响因素之前，应该先搞清楚其对公司绩效和长期发展的影响效应，但现有文献恰恰在这方面相对薄弱（Hancock et al.，2013；Glebbeek and Bax，2004）。

归纳起来，现有文献给出了四种自愿离职与组织绩效之间的关系（Shaw et al.，2005）：（1）离职有害于组织绩效（Batt and Colvin，2011；Ferreira et al.，2015）；（2）至少在一定程度上，自愿离职有助于改善绩效（Park and Shaw，2013）；（3）自愿离职对于绩效的负面影响随着离职率的进一步提高而逐步递减（Price，1977）；（4）离职与绩效之间的关系依赖于组织的人力资本投资和报酬系统（Shaw and Shi，2017；Guthrie，2001）。阿贝尔松和贝森格尔（Abelson and Baysinger，1984）提出了一个"最优离职率"决定模型，该模型认为，适当的员工流动可能对公司有利，但过高的流动率却绝非好事（Ekrot et al.，2016）。由于避免员工离职会产生管理成本，"公司需要在离职可能导致的损失与避免离职产生的成本之间找到平衡"（Glebbeek and Bax，2004，第278页）。

传统观点一般认为，离职"毫无疑问"地不利于组织效率和长期发展（Ferreira et al.，2015）。比如卡斯特罗等（Castro et al.，2013）指出，员工离职对组织绩效有很强的负面影响。肖等（Shaw et al.，2005）用一家连锁餐馆下属38个经营店面的数据对员工离职、社会资本损失和店面业绩表现之间的关系进行实证研究，结果验证了离职率与店面业绩之间的负相关关系。麦克罗伊（Mcelroy et al.，2001）则将离职分为三种类型，即自愿离职、非自愿离职和裁员，然后分别考察不同离职行为对于组织下属单位绩效的影响。结果发现，每一种离职形式都对下属单位的绩效表现产生负面影响，相对而言，裁员具有更大且更普遍的负面影响。

近年来，大量理论和经验研究发现，离职与企业绩效之间并不是简单的负向线性关系，倒"U"曲线关系假说被提出来予以检验。在前人研究的基础上，格勒贝克和巴克斯（Glebbeek and Bax，2004）首先检验了员工离职与公司绩效之间的这一曲线关系假说，结果显示，较高的离职率对公司是有害的，倒"U"曲线假说得到轻微支持。肖等（2005）的研究也表明，自愿离职与劳动绩效之间呈曲线关系，开始时两者呈负向关系，但随着离职进一步增加，负向关系有所缓和。该研究还发现了劳动绩效作为自愿离职与组织财务表现之间的中介变量的作用。肖等对此给出的解释是，在较低水平上，适当的自愿离职会促进组织更新，由此带来的组织活力有助于提高员工绩效，即通过促进创新、工作弹性和适应性来提高绩效（Abelson and Baysinger，1984）。

值得注意的是，员工的主动离职是否有利于企业不但与离职严重程度有关，而且在很大程度上取决于其他权变因素（Shaw and Shi，2017；Guthrie，2001；等等）。肖和史（Shaw and Shi，2017）指出，不同导向的人力资源管理系统对离职与劳动表现之间的关系产生调节作用。对那些以高报酬和高投资导向的人力资源管理（HRM）措施为特征的组织（被称为"承诺系统"）来说，该关系表现得更加强烈，而对那些低投资、低报酬的组织（被称为"控制系统"）来说该关系表现得不太强烈。在后一种人力资源管理系统中，员工被看成是容易替换的商品，离职员工的空缺职位可以很快被其他在职员工替补上，自愿离职通常不会对组织绩效产生太大影响（Shaw et al.，2005）。古德利（Guthrie，2001）的交互检验则发现，当公司过多地使用高参与度工作措施（high-involvement work practices，HIWP）[①] 时，雇员离职会降低生产率；反之，当 HIWP 使用不多时，离职却会提高生产率。此外，萨拉民和霍姆（Salamin and Hom，2005）的研究发现，当离职人员具有较高获利性，并且拥有有价值的知识以及大量客户网络时，离职对公司的伤害较大（Wang et al.，2016；Lazear，1998）。

不管整体上离职与组织绩效之间关系如何，员工离职对公司的负面影响是毋庸置疑的，尤其在离职率较高的情况下更是如此。已有研究显示，员工离职的总成本大致相当于一个员工年收入的 150%（Ramlall，2003）。霍尔特等（Holt et al.，2007）最近给出的数据也显示，私营机构员工流失导致的成本损失为员工年薪的 50% ~ 200%。而据费策恩（1997）估计，在美国，每 10 个管理或专业员工离开，公司平均会损失大约 100 万美元。而高层经理人员的离职给企业带来的损害更大，有时甚至是毁灭性的。

由于主动离职会带来很多直接成本和间接成本，尝试给出离职总成本的准确估计是非常困难的。科文等（Kevin et al.，2004）就认为，对于离职带来的财务影响很难进行全面的估计，因为要衡量出离职对企业文化、员工道德观念、组织社会资本以及组织记忆的影响效应并不容易。可能的可计算成本包括：招聘、甄选、入职教育、培训、工作轮换、职位安置、学习成本、对生产和服务质量的可能影响、管理时间、短期上岗的成本、代理员工或临时性雇员的成本等。甚至这些可计算的成本也是很难估计的（Cheng and Brown，1998）。

---

① HIWP：也可称为高承诺度人力资源措施（high-commitment human resource practices），通常被认为包括提高雇员技能水平、工作动机、提供相关信息以及授权等（Pfeffer，1998）。HIWP 在公司大量使用其实就意味着对于人力资本的投资。这会带来两种结果，一方面，大量研究发现，HIWP 有助于保留员工（Shaw and Shi，2017；Pittino et al.，2016）；另一方面，HIWP 的使用容易导致公司在雇员离职时陷入困境，因为 HIWP 的使用使公司过于依赖那些"无形资产"。

穆罕默德和纳赛尔丁（Mohamad and Nasurdin，2006）指出，离职会产生很多间接和直接成本，它会影响到企业组织伦理规范、生产率、组织声誉以及组织的生存等。而鲁迪（Rudy，2010）则归纳出离职给公司带来的四种直接成本：分离成本、职位空缺成本、职位替代成本和培训成本。此外，还有间接成本，比如生产率的降低、道德伦理氛围的破坏、知识和经验的损失、机会的丧失、客户满意度的降低以及创新机会的丧失等。进一步地，莫雷尔等（Morrell et al.，2001）认为，员工离职不仅会影响到组织，同时也会影响到员工自己和社会，离职的总成本需要考虑这些额外影响。

这些研究主要考察西方组织普通员工离职的后果，容易看出，我国中小民营企业职业经理流失导致的有害影响可能还不止于此。职业经理是企业内的核心资源，加之中小企业对某些个人的依赖性相对较大，处于高位的经理人的行为对组织具有举足轻重的影响。其离职不但直接导致企业的正常运营陷于混乱，而且还会带动其下属或其他同事纷纷"出走"，其结果有时甚至是致命的。李新春（2003）对中山市民营企业的调查研究就显示，私营企业主对引入职业经理首要担心的问题就是信任和忠诚（占将近50%）。与此相关，雇用经理人的主要障碍也来自对其出走的疑虑，如企业重要商业"隐私"信息的泄漏或流失（如企业避税资料）等。职业经理通过滥用权力、带走核心资源、跳槽到竞争对手处等多种背叛行为，致使民营企业家利益受损（吉云、张建琦，2010）。这些结果大多得到我们实地调查的证实。

对于职业经理出走的担心导致民营企业家不敢轻易将重要的管理岗位向他们开放。而彭罗斯（1995）、钱德勒（1978）、张维迎（2001）、储小平和李怀祖（2003）、张建琦和黄文锋（2003）等人的研究已经表明，民营企业发展到一定阶段后必须引入职业经理，以突破成长的"瓶颈"，并实现管理的"职业化"。因此现在的问题是，引入职业经理实现专业化管理的好处和职业经理可能出走招致的代理成本之间出现了艰难的权衡取舍（卓越等，2004）。卓越等（2004）认为，雇用外部的职业经理是否可取，主要依赖于企业的规模大小。我们认为，以规模大小来判断是否应该引进外部管理资源似乎过于牵强，因为大量理论研究已经证明，现代公司聘用外部职业经理所带来的收益大于考虑了其流失风险后的代理成本。

其实，在成熟的市场经济国家，职业经理频繁流动的现象也很普遍，因此西方才会有这么一句警世语："不要让你的员工干你对你老板曾经干过的事。"（唐仁，2003）但这里的问题是，为什么对这些国家的雇主和经理人而言，"背叛"一直以来都似乎并未成为一个严重的问题？尽管中国民营企业家与职业经理之间的关系自有其特殊性，比如基于特殊主义的信任导致企业家与职业经理之间难以建立真正的相互信任关系（梁茂蕾，2003；福山，1998；郑伯壎，1995；费孝通，2005；等等）；大陆法体系使职业经理的受托责任意识淡薄（郎咸平，2004）。但任何类似的回答都过于简单，缺乏足够的理论和经验基础。

现有关于流失后果的研究大多基于法制系统健全、市场机制完善的环境假设下做出，其分析是否适用于考察现阶段经理人离职给我国中小企业带来的严重后果还有待验证。因此，对此进行更深入的探讨应是一个非常有意义的课题。这种研究不但可以帮助我们找到中国民营企业职业经理流失的真正根源，而且有助于借鉴发达市场经济国家解决类似问题的经验和对策，本书将为此做出一点努力。

第二节 职业经理流失的过程和机制

有关流失过程和机制的研究一直是自愿离职文献的重点。这类研究的主要目的在于构建一个具有很强解释能力的离职过程模型，并将其用于预测现实当中的流失行为，进而提出相应的治理对策。此外，这类研究还为影响流失的前因变量、中介变量和调节变量的考察提供一个整体分析框架。近年来还有研究尝试将过程模型与因素模型结合起来进行综合检验，发现解释效果相当不错（Maertz and Campion，2004）。相关研究表明，员工流失过程与影响因素的研究其实难以明确分开。本书实证分析正基于这一理解进行，我们不但要找到影响职业经理流失的深层次原因，而且还要在此基础上建立这些因素导致经理人最终离职的整个过程模型，并针对过程模型所刻画的经理人流失不同阶段和不同路径，提出相应的可操作的治理建议。

一、经典离职过程模型

基于巴纳德（Barnard，1938）和西蒙（Simon，1945）的贡献，马奇和西蒙（March and Simon，1958）的开创性研究指出，员工的实际离职行为取决于其感知到的满意度和实际离职的容易程度。前者在研究中常被等同于工作满意度（Sun and Wang，2011），它又受到其他变量（工作环境、个人价值观、工作关系、组织特征等）的影响（Ertürk and Vurgun，2015；Maertz and Campion，2004；Mossholder et al.，2005；等等）；而后者则常用其他工作机会的数量或得到工作的难度（如失业率等）来衡量（Griffeth et al.，2000）。这两者后来逐步成为离职研究的共同支柱（Zimmerman et al.，2016）。

莫雷尔等（2001）指出，尽管自愿离职文献已经取得了不少进步，但大多数研究仍然受到马奇和西蒙等理论家的决定性影响。后来的进展大多只是在这些先驱性研究基础上添砖加瓦，真正突破性的进展还没有出现，现代研究还是建基于马奇和西蒙（1958）之上。斯蒂尔（Steel，2002）也承认，近来的大多数离职研究都是在以前所提出核心模型的基础上进行的精炼和扩展，真正根本性的进展还没有看到。

就对离职研究本身的影响而言，没有哪一个单独研究领域能够比得上态度理论。离职的核心模型一直在使用退出/离职意愿这类行为态度变量。莫布里（Mobley，1977）的原始模型首次将行为意愿纳入离职框架之后，其他主要核心模型也包括了类似或相关的构念（Waldman et al.，2015；Ertürk and Vurgun，2015；等等）。

实际离职的容易程度也被后来的研究所重视，学者们一般用其他工作机会的数量或得到工作的难度来衡量这一因素的影响（Griffeth et al.，2000；Mai et al.，2016）。斯蒂尔和格里菲斯（Steel and Griffeth，1989）报告，感知到的其他就职机会与离职之间的平均修正相关系数达到0.13。霍姆和辛尼克（Hom and Kinicki，2001）则发现，失业率会直接影响离职。在近年的一项研究中，卡梅尔—穆勒（2005）利用两年时间对5个不同时间点的跟踪测量数据来研究员工的离职过程，发现实际离职受到离职成本的影响。而当沿着不同时间重复测量时，行业失业率、工作满意度和搜寻其他工作机会的行为也有显著影响。

由此可知，自愿离职的经典过程模型及之后的主要进展均建基于马奇和西蒙（1958）提出的两个核心变量之上，之后大多数研究均围绕着这两个变量指引的道路前行。但正如马尔茨和坎皮恩（Maertz and Campion，2004）等人所指出的那样，仅仅关注于此对于离职问题的研究是远远不够的，早在1986年克顿和图特尔（Cotton and Tuttle，1986）就表明，有包括经济、组织、工作和个人性格等因素的至少26个独立变量与员工离职有关，后来的研究逐步扩展了这一变量的范围。

二、莫布里中介联系模型及其扩展

马奇和西蒙（1958）经典离职模型的第一个重要进展来自莫布里（1977）提出的中介联系模型。该模型深入地研究了工作满意度导致员工最终自愿离职之间的具体过程和作用机理，这一过程包括：现状评估、满意度感知、考虑退出、评估搜寻行为的期望效用和成本、搜寻意愿产生、进行搜寻活动、评价其他工作机会、与现状的比较、离职意愿产生、实际离职。该模型的最大价值在于给出了相关心理过程的描述（Lee and Mitchell，1994）。

进一步地，莫布里等（Mobley et al.，1979）在马奇和西蒙（1958）早期研究的框架下进一步拓展了莫布里（1977）的模型，以使之包括更多的因素，如组织、环境和个人变量等。该模型认为，有四种主要因素会对员工的离职决策过程产生影响，即工作满意度、组织内其他工作的期望效用、组织外其他工作的期望效用以及非工作价值和角色需要（Morrell et al.，2001）。该扩展模型还对离职倾向与实际离职行为做了很有意义的区分。

实证方面，米歇尔（Mitchel，1981）来自职业经理样本的实证研究支持莫布里模型。但值得注意的是，也有研究发现工作满意度与离职意愿之间关系并没有期望的那么紧密，如霍姆和格里菲斯（Hom and Griffeth，1991）等人的研究所指出的那样。这可能是因为两个度量之间存在很大差异，员工忠诚度（直接决定离职决策）相对于员工满意度（态度忠诚）而言，是一个更具整体性和持久性的评估反应,而工作满意度仅仅是对某项工作的短暂情绪反应(Dickter et al.,1996)。

由于早期文献对莫布里模型的实证检验得出了相当不一致的结论,后来的离职研究在涉及工作态度与离职之间的关系时便非常谨慎了。哈里森等(Harrison et al.,2006)最近提出一个比工作满意度外延更广,且对离职更有解释力的概念:总工作态度。这一综合性的概念包含了工作满意度和组织承诺(Meyer and Allen,1991)两个方面的内容,比其中任何单一的变量都有更高的解释效力。哈里森等在这项研究中应用了态度理论中的相容原理,他们认为,总工作态度(包括工作满意度和组织承诺)对员工的综合行为标准——结合了工作表现、非工作的互助表现、迟到率、缺勤率、离职情况等多方面的标准具有强有力的预测能力,实证结果支持了这一假设。

另外还有很多文献扩展了莫布里(1977)及其他相关研究工作满意度与自愿离职之间关系的模型。斯蒂尔斯和摩代(Steers and Mowday,1981)提出了一个描述员工离职行为一般过程的模型,与前述莫布里模型不同的是他们考虑到了个人价值观和工作期望在员工离职决策过程中的作用。作者认为,个人价值观和工作期望会影响到员工对工作的感情态度,后者表现为工作满意度、组织融入度和工作融入度。而这一感情态度被认为是员工离职倾向的决定性因素,它又受到其他一些非工作因素的影响。最后,这种倾向最终将导致实际的离职行为。但与莫布里(1977)的研究相类似,在李和摩代(Lee and Mowday,1987)对该模型的综合检验中,实际数据只提供了很微弱的支持。霍姆和辛尼克(2001)基于霍姆和格里菲斯(Hom and Griffeth,1991)对工作满意度如何导致离职的研究,应用结构方程模型和生存分析方法更严格地检验了相关模型。这一研究增加了工作回避心理、角色冲突和就业条件等因素的影响。实证结果表明,角色冲突和工作回避会间接影响离职,这与霍姆和格里菲斯(1991)的观点一致,而失业率在离职过程中也扮演着重要角色。

休林(Hulin,1985)提出的劳工经济模型比莫布里模型包含了更多的离职行为变量,比如员工心理上的撤退(如减少工作投入的意向)以及一些特别的行为变化(如想换工作的行为倾向等)。陈等(Chen et al.,1998)的研究则试图用员工的角色外行为（即员工本职工作范围之外的行为）来解释其实际离职行为。作者指出，组织公民行为的减少意味着员工将会减少工作努力，降低其工作参与度。如果包括士气建立、关系增进等一系列角色外互助行为被看成是员工对雇主最终较好回报的预先支付（Aryee et al.，2010），那么，这方面表现的减少就是员工计划离开公司的一个信号。类似地，在米歇尔等（Mitchell et al.，2001）的工作嵌入模型中，作者认为，降低员工离职意愿的一个主要因素是通过角色外互助行为发展起来的人际关系。摩索尔德等（Mossholder et al.，2005）也提供证据表明，在公司拥有更少人际联系的员工更有可能离职。此外，陈等（Chen et al.，2007）来自中国样本的实证研究则注意到了传统价值观念在员工离职决策过程中的影响作用。这些研究主要在莫布里模型给出的离职过程中增加其他影响变量，以提高中介联系模型的解释力。

三、自愿离职展开模型

一般认为，前述这些莫布里（1977）中介联系模型的各种变种占据着早期离职过程研究的主流地位。但李和米歇尔（1994）指出，这类模型意味着一个线性的理性决策程序，并未包括所有可能的离职过程类型。在借用了多个决策论、统计学和社会心理学研究概念和构念基础上，李和米歇尔（1994）从心理行为学角度提出了一个自愿离职展开模型。该模型扩展了离职过程研究的广度和深度。他们借鉴"印象理论"的一些概念来分析职员产生离职想法、搜索工作机会并最终离职的过程。在引入"冲击"概念的基础上，李和米歇尔提出了五种不同的离职决策路径。其中一条典型路径为："冲击"产生、个人—组织匹配评估、工作满意度感知、其他工作搜寻、其他工作评估、其他工作期望与现状的比较、离职意愿产生、实际离职。

李等（Lee et al.，1996）对前述展开模型进行了实证检验。结果表明，人们离开某一组织时会经历不同的心理过程，现有离职理论难以揭示其中某些离职过程和路径。而展开模型则提供了一个分析多种离职决策路径的有用框架，它可以帮助解释员工多种复杂的心理变化过程。在李等的样本中，63%的离职可以被归类为他们提出的 4 种特别的离职决策路径之中。

其实在李和米歇尔（1994）之前就已经有研究指出，具体的员工离职过程可能多种多样，但这些研究没有提出一种系统的理论框架来对此进行分析，对于不同过程背后的心理原因也没有展开有意义的讨论。比如斯蒂尔斯和摩代（1981）曾提出，员工自愿离职遵循一个一般的顺序。首先，个人价值和工作期望会影响到员工对工作的情感反应（这常被具体化为工作满意度、组织承诺和工作参与度等）。其次，这一情感反应会影响到员工对于留下还是离开的意愿。最后，这一意愿最终可能导致实际的离职行为。斯蒂尔斯和摩代指出，这一序列可能会因人而异，因此某一员工的具体离职过程便具有某种特性。该模型得到李和摩代（1987）的部分实证支持。作为前述研究的一个重要进展，休林等（Hulin et al.，1985）认识到，其他工作机会和工作满意度对于不同的人来说可能具有不同的效应。因此实际上，导致最终离职的认知过程对于不同的人来说也可以是不同的（Zimmerman et al.，2016；Price and Mueller，1986）。当然，这些研究没有明确指出到底这些不同如何对员工的整个离职决策过程发生作用。

此外，为了弥补用离职意愿做离职行为代理变量的缺陷，科文等（2004）使用实际离职行为变量来研究"冲击"如何导致员工的某类离职决策路径。作者深刻地指出，对于离职研究来说，根本问题不在于员工为什么会离职，而在于他们如何做出这一决策。因此，对于离职决策"过程"的考察更为重要。由于习惯对于员工决策具有重大的影响，其离职决定的本质就在于决定"不做什么"。科文等还指出，现实中有多种"冲击"会导致离职，这些"冲击"可能来自个人原因，也可能与工作有关/无关，或者是积极的，又或者只是一种期望等。总之，不同性质的"冲击"会对离职决策过程产生不同影响。

卡梅尔—穆勒（2005）在两年期间于5个不同时间点测量离职的影响变量，尝试得出一个能够更好地理解离职过程的动态模型。作者采用生存回归计量方法，这种方法既可以预测出员工是否会离职，又可以预测出其具体在什么时候离职。实证结果表明，离职受感知到的离职成本、组织承诺和进入组织后很快发生的关键事件影响。当沿着不同时间重复测量时，行业失业率、工作满意度和搜寻其他工作机会的行为显著地影响到离职。离职路径一致地沿着时间以较低的离职成本和满意度、降低的组织承诺度以及增加的工作搜寻行为为标志。

该研究还发现，关键事件以不同于观念变量的方式影响离职，这一发现与展开模型的解释相一致（Lee and Mitchell，1994）。展开模型指出，大多数人持续从事一个工作的主要原因并不在于选择，而是习惯使然。但关键事件会对个人产生冲击，使其重新全面评估自己的现状。卡梅尔—穆勒的研究发现，26.5%的离职员工在离开前经历了不连续的关键事件，这可以大致估计出样本中有同样比例的员工离职是受到特殊事件冲击之后才发生的。由此可见，被员工报告出来会提高其离职概率的关键事件的确与更高的离职风险相关。该研究还有一个值得注意的方面，即通过重复测量某些离职预测变量来考察离职的动态过程，它可以帮助发现一些重要的相关关系。比如，此前研究没有发现工作搜寻与离职之间的显著关系，但根据卡梅尔—穆勒（2005）的分析，这可能是此前研究使用静态数据的缘故。

霍尔特（2007）的最新研究目的也在于检验李和米歇尔（1994）模型。这项研究的调查数据来自182个已经离职的美国空军军官。结果显示，47%的被访者按照李和米歇尔（1994）提出的五种不同离职路径离开组织。而为了反映军队服务的独特性质（例如一些军官先前已有在一段时间之后或发生某一事件时离开军队的计划）修正过的展开模型则可以解释83%的离职决策。

四、"嵌入"模型

米歇尔等（2001）在离职研究中借用经济社会学中的"嵌入"概念，提出用工作嵌入度来解释员工的离职意愿和离职行为。在这里，工作嵌入度用来反映员工与特定社会网络（社区或组织等）联系的状况。它包含三个重要方面：（1）员工与其他人和活动保持联系的程度；（2）工作和基于工作的交际圈与"生活空间"其他方面的匹配程度；（3）联系被打破的容易程度，即如果他们离开现在的公司，他们将会失去的东西。

李等（2004）对"嵌入"模型进行了实证检验。作者将工作嵌入度构念具体分为两个维度进行测度，即工作内和工作外嵌入度，然后分别将其引入计量模型。相关实证结果表明，工作外嵌入度与自愿离职和自动缺勤显著相关，而工作内嵌入度则没有相应的解释力；工作内嵌入度与组织公民行为和工作表现显著相关，而工作外嵌入度对此没有预测效力。此外，嵌入度还会调节缺勤、组织公民行为和工作表现对离职产生的效应。

"嵌入"模型的最大贡献在于强调了与员工相关的社会关系网络对其离职决策的影响。以前的研究要么完全忽略这一因素，要么只作为附属变量来处理，并且缺乏引入这一重要因素的理论根据。米歇尔等（2001）敏锐地察觉到个人深陷社会关系网络之中这一现象，从经济社会学的研究成果中借鉴了"嵌入"概念，为人们在离职过程模型中正式考察社会网络的影响提供了理论基础。

在米歇尔等（2001）以及马尔茨和坎皮恩（2004）的指引下，摩索尔德等（2005）的最新研究检验了关系变量对离职行为的预测能力，该文发现，个体居于网络中心的程度和人际公民行为这两个关系变量显著地影响到员工5年后是否发生实际的离职行为，该研究一定程度上支持了"嵌入"模型。

五、离职过程模型的其他扩展及其最新进展

据笔者所知，前述四类模型占据着离职过程研究的主流地位，现在还源源不断地有文献继续充实着相关理论和实证研究。本节继续围绕离职决策过程这一主题，就过程模型的其他扩展和最新进展进行简要评述。

有学者提醒到，离职问题之所以迄今为止还远未得到完全理解，主要原因在于方法问题的开放性（Steel，2002），以及撤退行为背后的心理过程还没有被完全弄清楚（van Dick et al.，2004）。虽然前述展开模型和中介联系模型对此做了一些工作，但必须承认，我们距离完全搞清楚离职背后的心理过程以及相应的离职决策过程还很远。

文献中有一些研究关注员工进入企业之前的个人历史和经验对于之后离职决策过程的影响。穆雷和泽梅尔曼（Murray and Zimmerman，2005）指出，现有离职研究尽管已经汗牛充栋，[①] 但大多数研究的重点是放在员

---

① 在2003年7月对于PsycINFO数据库以"员工离职"（employee turnover）为主题词进行的一次搜索就找到了超过1500项相关研究。

工当下离开组织的过程和原因之上，很少有研究去考察雇主是否能够在招聘甄选阶段降低离职。大多数涉及进入前防止员工离职的研究重点不在于此，他们关注的问题是，组织在申请者接受工作前通过对其提供有关工作方面的有利或不利信息，使其在工作开始时就有一个清晰的认知和预期，从而降低之后的离职倾向。因此，对员工进入之前历史的考察具有重要意义。

温迪等（Wendy et al.，2005）通过研究工作转换与工作满意度之间相互影响、相互作用的动态机制和过程，对前述传统离职过程模型（如 March and Simon，1958；Mobley，1977；等等）着重于工作满意度与离职之间递归关系的思路进行挑战。温迪等指出，工作满意度的低下会导致工作转换，工作转换反过来又会暂时提高工作满意度（蜜月效应），之后工作满意度又降低（时滞效应）。该项研究将工作满意度模型化为个体工作转换的函数，这将决定工作态度是否会随着离职过程发生系统变化。实践意义在于提醒管理者注意，新进员工此前离职经验对于其现在的工作满意度和离职意愿具有动态影响。苏珊娜和艾瑞（Susanna and Aryee，2003）则注意到，个人曾经历过的心理契约破裂历史与现在的心理契约破裂相关，而后者又与其离职意愿、心理撤退行为以及组织公民精神相关。

为了理解职员离职这一事件的"爆发"的机制，希瑞丹和阿贝尔松（Sheridan and Abelson，1983）提出了一个所谓尖峰突变模型。该动态模型指出，离职者在最终决定辞职之前，其感知到的工作紧绷感和对组织的承诺度会跨过一定的临界水平，只有这二维变量的组合累积到一定程度，实际离职才会发生（即在尖峰突变）。实证也表明，离职者比留职者具有更高工作紧绷感和更低的组织承诺度。

此外，马尔茨和坎皮恩（2004）的研究尝试将离职的过程模型与因素模型结合起来进行综合检验。按作者的理解，过程模型重点关注员工如何离职的过程，而因素模型则重点关注影响员工离职的原因。由于离职动机导致离职决策过程（Mobley，1977），某一类动机会导致某一特定类型的离职过程比其他类型更频繁地发生（例如，其他工作机会的诱惑可能引发员工经过深思熟虑之后的理性离职过程，而对上司的不满和怨恨则容易引发一个对抗式的非理性离职过程)。因此，有必要将离职动机和离职过程结合起来进行综合研究，以提供更精确的描述，并更具体地提出相应的治理对策。在经验研究中，马尔茨和坎皮恩（2004）将159个实际离职员工的样本归纳为四种不同的离职过程类型，并衡量了各自八个导致其离职的动机大小。结果发现，那些没有其他工作机会的离职者相对其他离职者来说情绪更差，这意味着他们可能是情感驱动型的离职者。马尔茨和坎皮恩建议，将这两类模型结合起来将是未来离职研究极有前景的一个方向。

六、国内相关研究

张维迎（2003）研究了相互信任在保持职业经理忠诚方面的重要意义和作用机制。他指出，这一信任的实现机制包括三类，即法律机制、感情机制和信誉机制。至于如何在企业家与职业经理之间建立互信，作者认为，可从内部制度和外部环境方面着手，前者包括信任资源的积累、控制权适当分离、信息沟通、企业文化的构建、正式规则与非正式规则；后者包括法律环境、中介机构（如会计师事务所）的作用、经理人市场、对职业经理的教育等。郑伯壎（1995）、储小平和李怀祖（2003）、李新春（2003）等也研究了信任机制在华人组织和中国民营企业中对员工和经理人离职决策过程的影响。

张建琦（2002）着重强调了雇主诚信对于经理人背叛决策的影响，文中给出的模型深入地分析了企业家与经理人之间的博弈关系如何导致后者做出背叛决策。谢玉华等（2006）在对于员工忠诚度和实际流失关系的分析基础上提出了一个员工流失预警机制。梁小威等（2005）研究了工作嵌入、员工组织绩效以及个人关系网络对员工离职行为的影响。赵晓东等（2005）对于国有企业员工的研究表明，员工离职意向能否转化为实际的离职行为受到重新获得工作的难易程度影响，而后者一般由劳动力市场的供需状况决定。

七、简要评述

上述研究可为我们分析经理人流失过程和机制提供一定的理论基础和研究

框架。但职业经理这一特殊群体的离职决策不一定符合现有过程模型的预测，比如，创业机会带来的"冲击"引致的离职过程就难以归类为李和米歇尔（1994）提出的任何一种路径。而与雇主之间"关系"的恶化导致的离职决策也很难在莫布里（1977）提出的中介联系模型及其扩展的框架下得到考察。

此外，由于我国民营企业职业经理流失过程具有一定的特殊性，加之文化背景和制度环境又有很大差异，很多对流失过程和机制具有重要影响的本土因素难以在国外研究框架下得到考察。比如，中小企业经理人常常将组织与雇主自身等同，其对雇主特征和行为的感知在决策过程中具有关键作用（张建琦，2002），而现有过程模型却并未对此加以关注。而在现阶段法律制度不健全、市场环境不完善情况下，外部缺乏对经理人行为的约束力，这必然会影响到职业经理对于离职成本和收益的计算，此种外部环境的差异也难以在现有框架下进行分析。

因此，照搬国外研究的现有结论，并提出相关治理建议是不恰当的。而国内文献对员工离职过程的研究也相对不足（张勉，2006），有关职业经理流失的实证研究更是少见，这导致我们难以在现有文献的基础上提出实用的针对中小企业经理人流失的治理机制。

本书将立足于中国现实，在定性研究基础上深入分析中小民营企业及企业家的本质特征，结合中国经理人职业目标、成就动机、承诺倾向、承诺对象以及工作参与度等方面的独特性，提出并验证其从相关因素感知、工作态度变化、工作搜寻意愿产生到最终离职这一系列过程的离职决策模型，理清现有不同过程模型给出的不同路径、阶段之间的混乱关系，在充分考虑足够多的本土因素基础上提出新的过程模型。

第三节 流失意愿和流失行为的影响因素

一、概述

职业经理的流失意愿和行为是在一系列过程中被决定的，因此，任何对这一过程产生作用的因素都会对职业经理的相关决策产生影响（Tews et al.，2013）。文献中有大量论文对这些影响因素进行研究（Posthuma et al.，2007；Glebbeek and Bax，2004；Griffeth et al.，2000）。本书将在这些研究的基础上，结合前期实地访谈获得的资料，充分考虑中小民营企业职业经理流失问题的特殊性，设计出适合本书研究对象的量表以进行大面积调查，通过实证分析找到影响中小民营企业职业经理流失的深层次原因。

基于巴纳德（1938）和西蒙（1945）的先驱性贡献，马奇和西蒙（1958）识别出了影响员工自愿离职的两个主要原因，即离职合意度和离职容易度。这两者后来成为离职研究的主要构念和基石（Zimmerman et al.，2016）。李和米歇尔（1994）在回顾了此前相关文献后指出，有关自愿离职影响因素的研究可被分为两类：一是个人之外的因素导致离职，即拉动理论（pull theory）；① 二是员工个人内部因素导致离职，即推动理论（push theory）。② 鲁斯和麦克雷利（Russ and Mcneilly，1995）认为，在理论上，影响离职行为和离职意愿的变量主要包括组织承诺、工作满意度、角色压力、管理变量和环境变量等。

莫布里（1982）也给出一种离职影响因素的分类：经济环境（如失业水平和通货膨胀等）；组织变量（如公司规模、工作设计等）；个人非工作变量（如配偶职业、家庭责任等）；个人与工作相关的变量（如期望和能力等）；等等。图斯等（Tews et al.，2013）的分类与此类似：个人变量（如年龄、性别）；与工作相关的变量（如角色冲突、同伴支持）；环境变量（如工作机会）；员工导向（如组织承诺、离职意愿）（Du et al.，2006）。霍尔特（2007）的研究则总结到，自愿离职文献中提到的前因变量通常可被归为三类：个人特征、组织特征和环境特征。

传统上人们一般认为，态度理论统治着主要的离职研究（Steel，2002；Wendy et al.，2005）。但后来的研究表明，工作态度在雇员保留和离职过程中只扮演了相当小的角色（Griffeth et al.，2000），其他因素对于理解员工离职也是非常重要的（Mai et al.，2016；Mitchell et al.，2001）。比如普利斯和穆

---

① 市场导向的研究采用这一视角，着眼于其他工作机会的"拉动"作用。
② 心理导向的研究采用这一视角，着眼于与工作相关的感知和态度的"推动"。

勒（Price and Mueller，1986）的动因模型就非常强调结构性前因变量，这一较为完整的因素模型给出了影响因素和最终离职行为之间的因果路径（Price，2001）。

综合来看，国外文献主要涉及这样一些影响因素：个人变量，如价值观念、工作参与度、成就动机等（Chen et al.，2007；Trevor，2001；Maertz and Campion，2004）；与工作相关的变量，如工作自主性、工作压力等（Posthuma et al.，2007；Judge et al.，2010；Lee et al.，2004）；关系变量，如承诺倾向、家庭责任等（Price and Mueller，1986；Tews et al.，2013；Maertz and Campion，2004）；组织因素，如薪酬系统、晋升空间、程序公平等（Payne and Huffman，2005；Benson et al.，2004；Farh et al，2007）；外部环境，如失业率、其他工作机会等（Griffeth et al.，2005）。①

正如上述，大量研究围绕着离职影响因素进行（Glebbeek and Bax，2004；Griffeth，et al.，2000）。② 但迄今为止，对于员工为什么选择离职这一核心问题还没有一个大多数人都接受的一般性解释（Lee and Mitchell，1994），这是很令人惊讶的。马尔茨和坎皮恩（2004）提醒到，尽管现有的大量离职文献确认和验证了导致离职的许多因素，但就算最庞大的模型也会忽略一些重要的变量（Mai et al.，2016；Mitchell et al.，2001）。格里菲斯等（Griffeth et al.，2000）更是忧虑地指出，很多因素模型虽然在计量检验上有一定效力，但总的来说，大多数文章根据其研究目的和研究条件设定的独立变量在对离职的解释上并不很成功，很少有模型其相关变量对离职变量方差的解释超过10%。

为了改变这一现状，马尔茨和坎皮恩（2004）在前人研究的基础上给出一个包括大多数流失影响因素的分析框架。该框架将各因素概括进八个动力之中。马尔茨和坎皮恩指出，此前的研究忽略或低估了关系、嵌入度、家庭和朋友的期望、心理契约等因素的影响，并且只研究了影响因素与离职的"表面"关系，没有精确给出这些因素具体影响离职意向和离职行为的动机过程，这应

---

① 我们在后面的第二小节还将详细评述现有文献提到的主要影响因素。

② 科文等（2004）提到，到1998年，对于离职这一主题进行相关研究的文章超过了1500篇。而在2003年7月对于PsycINFO数据库以"员工离职"为主题词进行的一次搜索就找到了超过1500项相关研究（Murray and Zimmerman，2005）。这其中大部分文章都是研究离职的影响因素。

该是现有因素模型解释能力不佳的主要原因。作者因此提出了一个较为完整的影响因素体系，该体系包括八个有可能导致员工离职的动力，即感情动力、理性计算动力、心理契约动力、行为动力、其他工作机会导致的动力、规范动力、道德/伦理动力、成员身份动力等。这些离职动力可以中介变量的形式进入实证模型（Posthuma et al.，2007）。马尔茨和坎皮恩的这一庞大体系可以将此前研究中涉及的大多数流失影响因素整合进一个综合的框架，在几个方面丰富了已有离职文献：（1）确认初始前因变量导致员工最终离职的背后心理机制；（2）为相关因素对离职的效应分析提供理论性的构件；（3）补充了离职程序理论、进一步发展出离职动机的综合测度（Maertz and Griffeth，2004）。

二、主要流失影响因素

（一）个人因素

一般认为，员工自身个人因素对其离职意愿和行为具有重大影响。并且如瓦尔德曼等（Waldman et al.，2015）所说，个人原因导致的离职很有可能是不可避免的，组织能做的只能是将离职管理延伸到人力资源管理系统的起点，从招聘过程就开始关注离职问题。当然，这样的说法过于消极。事实上，有些因素是员工个人特有的，在入职之前已经存在，这组织当然无法改变，但还有很多个人特性是员工在入职之后才形成的，这属于组织可控制的范围。

归纳起来大概有这么一些对离职产生影响的个人变量：工作参与度（Price，2001；Lance，1991）、承诺倾向（Lee and Mitchell，1994；张勉，2006）、受教育水平（Trevor，2001）、年龄和职位（Cohen，1999）、人力资本投资的专用性程度、性格适应性（Barrick and Mount，1996）、个人价值取向（Hom and Griffeth，1995）、对家族的责任感（Iverson，1994；Maertz and Campion，2004）、工作经验或任职时间（Griffeth et al.，2000；Meyer and Allen，1991）、情感变量（Price，2001；张勉，2006）等。下面有选择地给出简要评述。

工作参与度。工作参与度指员工努力工作的意愿。它不同于一般的卷入度概念，后者也指努力的意愿，但不特别针对某一工作（Price，2001）。工作参与度对组织承诺具有直接效应，原因在于高参与度员工对能够给他提供机会以进行工作活动的组织具有较高的承诺度（Lance，1991）。因此在离职检验模型中考虑这一变量非常必要。

承诺倾向。这是个人进入组织前就具有的一种个人特征。一般来说，进入组织时具有较低承诺倾向的员工很难产生对组织的高承诺度（Lee and Mitchell，1994）。原因在于承诺倾向较低的员工在价值观上不认为"随便"离职是不好的事情，他们有时把"跳槽"看成是增加职业经验和资历的重要手段。因此可以预期，过去有过多次离职经验的员工更有可能离职（张勉，2006）。

亲属责任。普利斯（Price，2001）特别强调亲属责任与离职之间的关系。他指出，由于经济学家和心理学家在该领域占决定性地位，离职研究很少考虑亲属责任这一变量。经济学家们的兴趣在于机会、一般培训、薪酬以及搜寻行为等变量，而心理学家们则主要考察工作参与度、积极/消极情感、工作满意度以及组织承诺等态度变量对离职倾向的影响。因此，亲属责任便很少被这些研究者们所提及。普利斯认为，亲属责任会降低离职概率。艾佛森（Iverson，1994）、马尔茨和坎皮恩（2004）也指出，对家族的责任感的确会影响员工的离职决策。

工作经验。过去工作经验对员工离职决策的影响也受到很多学者的关注（Meyer and Allen，1991；Griffeth et al.，2000）。苏珊娜和艾瑞（2003）基于我国香港地区样本进行的实证研究发现，员工过去在其他公司经历过的心理契约破裂历史会影响当下与组织之间的心理契约稳固程度。原因在于，具有心理契约破裂历史的员工会弱化对类似雇主的信任。他会认为，自身同现老板之间并非关系契约关系，而只不过是交易合约关系而已。一旦这一交易性关系破裂，他就会毫无顾忌地离开。格里菲斯等（2005）应用经理人样本研究工作转换与工作满意度之间相互影响、相互作用的动态机制和过程，对传统离职模型着重于工作满意度与离职之间递归关系的思路进行挑战。该项研究指出，工作满意度的低下会导致工作转换，工作转换又反过来会暂时提高工作满意度（蜜月效应），之后工作满意度又降低（时滞效应）。这就意味着具有工作转换经验的员工在刚进入公司时会有较高的满意度，但随着时间推移，这一满意度又将恢复到正常水平，因此，对新员工进行的满意度调查难以获得真实的离职倾向估计。

情感变量。积极/消极情感指个人愉快/不愉快情感状态的性情取向。这一变量看上去似乎与工作满意度相似，实则不同。它是个人自身具有的性情取向，与工作和组织甚至其他个人因素无关。根据布里夫等（Brief et al.，1998）的研究，积极和消极情感不仅直接影响工作满意度，而且还会对其他外生变量与离职之间的关系产生调节作用。比如埃森伯格等（Eisenberger et al.，2001）的研究就发现，情感因素会对组织支持感知（perceived organizational support，POS）与感情承诺和组织自发行为之间的关系起调节作用。因此，离职研究必须控制住这类情感变量在离职模型中的影响，否则模型得出的结果会有偏差。文献表明，情感变量常常通过选择性感知的方式来影响工作满意度。高积极情感的员工会选择性地感知到工作好的方面，从而提高他的工作满意度。同时，他会以积极的方式和心态去看待那些不明确的刺激和冲击，从而提高满意度。反之，带有消极情感的员工则常常感知到工作或组织当中不好的一面，从而降低其工作满意度（Price，2001）。张勉（2006）来自中国 IT 行业员工样本的研究支持了情感变量对于工作满意度，从而对于离职意愿的显著影响效应。

其他个人因素还包括人力资本投资的专用性程度（Becker，1964）、一般培训（Price，2001；张勉，2006）、某些个人性的关键事件（Kammeyer-Mueller et al.，2005；Kevin et al.，2004；Lee and Mitchell，1994）、人口背景（Griffeth et al.，2000）等。

（二）组织因素

组织方面的因素是我们关注的重点，因为从民营企业自身的角度看来，自己可以控制的因素才有更重要的意义，企业可以根据实际情况采取相关措施，以提高自身吸引力，保留住优秀的职业经理人。

通过归纳，现有文献涉及的组织因素主要包括：组织融入度（Hom et al.，2017）；员工进入企业后的组织社会化过程（Griffeth et al.，2000），比如公司对新进员工的辅导等（Payne and Huffman，2005；Park et al.，2016）；公司的人力资本投资（Benson et al.，2004；Becker，1964），如在职和脱产培训资助

(Trevor, 2001; Johnson, 2007); 组织结构, 比如决策的分权程度 (Korff et al., 2017b) 和政策措施以及相关程序的形成 (Meyer and Allen, 1991) 等; 公司为员工提供的发展空间和升职机会 (Rubel and Kee, 2015; Morrow, 2011; Trevor et al., 1997; Lyness and Judiesch, 2001); 群体人口背景、群体社会融合程度 (Dulebohn et al., 2016); 团队联系; 领导; 薪酬满意度; 公平性; 晋升机会; 公司地理位置; 工作氛围等 (Griffeth et al., 2000; Ramlall, 2003)。

大多数离职研究的首要目的在于找到组织自身可控因素, 然后据此采取相应的管理措施, 进而实现降低离职的目标。因此, 有关组织因素的研究是相关文献的主要部分, 几乎所有有关员工态度、工作绩效和离职意愿的文献都会考虑组织自身因素的效应 (Lee and Mitchell, 1994; McElroy et al., 2001; Ramlall, 2003; Krishnan et al., 2006)。

人力资源管理研究中用于分析组织因素的理论基础包括劳动力市场理论、社会交换理论、社会认同理论等。当然, 并不是所有相关研究都明确指出其采用的理论框架, 但从文献中不难发现, 考察组织因素的离职研究事实上都隐含着这些理论基础。劳动力市场理论应用标准的经济学分析方法研究劳动力的供给与需求, 以此决定组织需要为员工做些什么。由于这方面的主要结论都已经被写进了教科书, 本书不再赘述。这里我们主要评述社会交换理论和社会认同理论的主要观点。

布劳 (Blau, 1964) 首先对社会交换和经济交换这两个概念做了区分。按照他的观点, 社会交换指包含着某种未加确定的未来义务的关系。虽然像经济交换一样, 社会交换关系也会产生对贡献者给予一定未来回报的预期。但是, 不同于经济交换的是, 这种未来回报的精确性质没有在事前被明确界定。并且, 社会交换并不基于补偿或算计基础。一般来说, 经济交换基于交易关系, 体现为交易合约的形式, 而社会交换基于个人信任, 体现为关系合约的形式 (Prooijen, 2015)。在社会交换关系中, 当事者相信关系中的另一方会在长期公正合理地履行他们的义务 (Frazier et al., 2016)。

按照布劳 (1964) 和其他一些学者 (Porter and Sang, 2015; Prooijen, 2015) 的观点, 信任和其他 "宏观动机" 比如忠诚、承诺等可为关系合约和社会交换关系提供基础。宏观动机是一些刻画个人有关其交易伙伴的感受和信念的属性集合，比如"我的上司值得信赖"这样的信念。在这样的宏观动机支撑下，组织与员工之间的关系合约会激励后者采取那些并非上司特意要求的合意方式采取行动（Prooijen，2015）。

社会认同理论（Haslam，2001）常被用于解释组织中的个人行为（van Dick et al.，2004）。组织认同是一个自我定义的概念，它指的是自我与群体重叠部分的感觉，以及组织核心价值与身份特征的内部化。现有研究指出，组织内的社会认同可以解释个人绩效、满意度以及离职意愿（van Dick et al.，2004）。按照该理论的说法，认同是一种一般性的、外延宽广的对个人与组织共同命运的感觉，因此，一个具有较高认同度的员工不会轻易离开组织。与此类似的身份认同理论和自我确认理论（Burke，1991；Bench et al.，2015）也指出，下属的需要应被满足，以建立、确认和保持其角色认同。对于个人而言，其给定身份的重要性取决于自己不再保持这一角色或者放弃角色期望带来的社会和个人成本（Brown，2015）。因此，组织可以通过提高员工放弃组织角色的成本，以降低其离开组织的意愿（Farmer and Aguinis，2005）。

范迪克等（van Dick et al.，2004）应用社会认同理论框架来研究个人行为。他们指出，个人会以其所属群体利益为导向进行思考和行动，因为这一群体成员的身份增加了他的社会认同度，而这又会部分地决定其自尊。社会认同和自我归类理论指出，在组织内，较强的组织认同与较低的离职意愿相关。范迪克等则发现，由于认同是一种更为一般性的对员工和组织共同命运感觉的观念，因此认同与离职之间的关系将是间接的，由更具体的工作满意度在其间起中介作用。该项研究的四个样本均支持了这一假设。

（三）工作因素

格里菲斯等（2000）的元分析结果表明，与工作本身相关的因素对员工的离职意愿和行为有重要影响。普利斯（2001）给出的 7 个结构化变量中有 3 个就与工作特性有关，分别是工作自主性、工作压力和工作单调性。这里的工作压力又包括四种类型：资源不足、角色模糊、角色冲突和工作负荷（张勉，2006）。

鲁斯布特和法雷尔（Rusbult and Farrell，1983）界定了两个与离职显著相关的重要工作变量类型：工作收益和工作成本。前者包括自主性、公正、上司与伙伴的支持（Tews et al.，2013；Judge et al.，2010）、薪酬与绩效等（Hom et al.，2017）。后者则包括工作重复性、角色混淆、角色冲突、工作风险等（Kahn et al.，1964；Roof，2015）。当工作收益降低或工作成本上升时员工倾向于离职（Rusbult and Farrell，1983）。此外，工作嵌入度（Lee et al.，2004；Mitchell et al. 2001）、工作匹配度以及工作内容本身（Griffeth et al.，2000）也会影响离职倾向和实际离职行为。根据文献阅读和筛选，结合前期实地调查，本书考虑三个重要的工作因素，即工作自主性、工作压力和工作挑战性。

（四）关系变量

自马奇和西蒙（1958）以来，大多数离职研究认为，员工感知到的满意度是离职的主要预测变量。比如格里菲斯等（2000）和麦等（Mai et al.，2016）的综述就表明，工作满意度或用其他与工作相关的态度衡量的员工感知到的合意度与离职负相关，元分析的结果强有力地支持了这一始自马奇和西蒙经典研究的主要结论。在这一基础之上人们逐步注意到，关系变量在工作态度和其他工作机会变量之外对离职具有重要影响（Price，2001）。柯亨（Cohen，1999）就指出，某些非工作领域的变量（如与同伴的关系等）会影响到实际离职决策（这不同于意愿）。德斯和肖（Dess and Shaw，2001）也注意到了关系变量对于解释离职行为的重要性，低质量的关系将导致组织的高成本，从而导致较高的离职率。

对于关系变量的系统研究来自米歇尔等（2001），其在经济社会学中的重要概念——嵌入的基础上研究关系对于员工离职意愿和行为的影响。米歇尔等用工作嵌入度这一概念来反映员工与特定社会网络（社区或组织等）联系的情况。在这一框架里，工作嵌入度包含三个重要维度：一是员工与其他人和活动保持联系的程度；二是员工工作和交际圈与"生活空间"其他方面的匹配程度；三是联系被打破的容易程度——即如果他们离开现在的公司将会失去的东西。这三个维度被米歇尔等命名为联系、匹配和损失。

此外，在马尔茨和坎皮恩（2004）的指引下，摩索尔德等（2005）的最新研究检验了关系变量对离职行为的预测能力，该文发现，个体居于网络中心的程度和人际公民行为这两个关系变量显著地影响到员工5年后是否发生实际的离职行为，而另外两个此前理论和经验研究中发现非常重要的关系变量：感知到的工作伙伴支持和对工作伙伴的义务感没有得到该样本的经验支持。作者指出，这可能是因为5年的预测期对于此类观念变量来说时间太长。但总的来说，关系变量的确在员工的离职决策中扮演着非常重要的角色。

（五）雇主因素

正如本书第三章将要指出的那样，雇主方面的因素在中小民营企业职业经理离职决策过程中扮演着重要角色。但在西方文化背景下，雇主自身对于组织内个人态度和结果的影响却并不太重要。与此相关，现有文献鲜有直接考察雇主对员工离职意愿影响的研究。本节主要评述与上司相关因素有关的研究，并结合一些基于东方文化背景的文献阐明我们重点关注雇主因素的原因。

学者们注意到，在中国文化背景下研究组织问题不得不考虑某些重要个人的影响作用。存在这一差异的原因是非常复杂的。首要原因当然是文化差异，由于大量研究源于英语系国家，许多广泛流传的离职理论和发现不一定适用于其他文化环境（Hom and Xiao，2006；Farh et al.，2007）。有观点认为，上司的重要地位根植于中国的传统文化，受到儒家学说的重要影响（Farh and Cheng，2000）。在儒家伦理秩序中存在五伦之说，在五伦关系中，位于较低地位的个人有义务服从和忠诚于他们尊敬的上位人物。另外，处于高位的个人则被认为应该对下面的人表现出慈祥和关爱。陈等（2002）提到，在美国，个人主义和独立自主是主要的价值观，对上司的承诺主要基于共同价值和目标，对其尊敬也是将其看成一个与自己相同的人来对待。但在中国，主要的价值取向是集体主义和权威依赖，下属对上司的承诺主要基于个人牺牲、职责和对其作为权威人物的上司角色的尊敬（Chen and Aryee，2007）。"在关系导向的社会，雇主在影响雇员行为和态度方面比作为非人格化的组织更为重要"（Chen et al.，2002）。

另有研究指出，这可能与中国社会至今仍保留着一定程度的人治而非法治的状态有关（Chen and Francesco，2000）。人治社会的主要特点在于社会群体中重要人物的影响力大于群体和制度，资源分配主要依赖于某些个人的意志。中国是一个以"人格主义"为特征的社会（Redding，1990），在这里，来自人的规则（人治）而不是来自法律的规则（法治）规范着组织内部行为，老板在组织里主宰一切。中国的公司领导人常被看成是组织的标志和符号。对于组织内的个体而言，对上司表示尊敬和忠诚有助于自己获得升职机会或更多的资源（Selmer，2001）。因此，中国人忠诚于个人远胜于忠诚于组织和系统（Redding，1990）。在中国的组织中，员工的组织承诺与其对于老板的忠诚高度相关（Chen and Francesco，2000）。一项来自陈等（1998）的研究对此给予了强有力的经验支持。他们发现，在中国，组织承诺与对上司忠诚的五个维度均显著正相关。因此，对于中国组织的研究需重点强调雇主的核心地位。

还有不少研究在中国背景下考察上司因素对于员工态度和工作结果的影响。利用取自中国合资企业的样本，汪等（Wong et al.，2002）研究了员工对上司保持忠诚的原因和结果。他们发现，交互公平会影响下属对上司的忠诚，而员工对上司的信任在其中起媒介作用。进一步地，汪等的研究还表明，上司忠诚对员工表现和组织公民行为均有显著影响。因此，对上司的承诺对于理解中国员工的工作行为和态度特别关键（Wong and Kung，1999；Wong and Wong，2013）。

为了考察权力距离和中国传统文化对于组织支持及工作结果之间关系的调节作用，樊景立等（Farh et al.，2007）从中国大陆取得了163对上司—下属关系的样本。这项研究指出，由于对权威的顺从和尊重，对权力距离持有较高认同度的员工在考虑到自身对公司的贡献问题时，很少会基于互惠性规范。反之，对权力距离持有较低认同度的员工则更有可能以互惠性规范作为主要原则。这类研究的前提假设是权威的关系模型（Vogel et al.，2015）。该模型指出，当人们同权威人物之间具有某种个人联系时，他们会非常在乎权威人物如何对待自己。当个人可以就与自己相关的条件、规则以及期望同权威人物进行谈判和商量时，关系就变得个人化了，而这只有在两者之间社会地位和权力差距不大的情况下才有可能。中国组织中的下属一般认为自己与上司具有不小距离，因此他们通常不会按照互惠性规范与上司"讨价还价"，而是单方面期望上司主动给予自己合适的回报。

尽管西方社会中企业领导人或直接上司对于员工的影响不像中国社会那样大，但其对于员工工作态度或其他结果变量的影响还是被不少研究重点考察。法默尔和阿桂斯（Farmer and Aguinis，2005）在身份认同理论和资源依赖理论的基础上提出，当上司控制着下属所需要的用来建立和保持其现在合意身份的资源时，该上司就对其下属具有影响力。在这种情况下，员工的行为和态度不可能不受上司影响。乔治（George，2000）则表明，领导者可通过多种方式影响下属的情感。另外还有不少证据也支持领导者对于下属情绪和情感的影响作用（Brief and Weiss，2002）。霍甘等（Hogan et al.，1990）指出，有60%～70%的职员报告，他们最主要的工作压力来源于其直接上司。这就表明，一般而言，上司对于下属的态度具有非常大的影响。

用以解释上司对员工影响效应的模型主要包括社会交换理论、领导理论和领导—成员交换模型（leader-member exchange，LMX）。现代交换理论框架倾向于给出两类人际关系（Blau，1964；Mo and Shi，2017），即经济交易关系和社会交易关系，前者强调经济利益，后者则包括了社会情感利益。由于社会交换理论强调员工对于老板有关其责任、依附以及认同的感觉，过去的研究提出，应用组织承诺概念来使雇员与其所供职组织之间的社会交易关系变得可以操作（Cropanzano et al.，2017；Ertürk and Vurgun，2015）。有社会交易理论研究者给出的经验证据表明，社会交易关系的缺乏会导致较高的离职意愿、较差的工作表现以及较少有利于组织的公民行为和较少有利于上司的公民行为（Takeuchi et al.，2015）。

在社会交换理论的框架下，克罗潘扎罗等（Cropanzano et al.，2003）考察了员工自身与老板感情耗竭的后果。已有研究发现，感情耗竭的员工表现出较低水平的承诺度和搜寻其他任职机会的较高概率（Liu et al.，2015）。克罗潘扎罗等的经验结果证实，感情耗竭的确与离职意愿相关。埃森伯格等（2002）在社会交换理论的基础上进行了三项研究，以考察上司支持感知（perception of supervisor support，PSS）、组织支持感知（POS）和雇员离职之间的关系。结果发现，PSS与POS正相关，PSS-POS关系会随着上司在组织中的地位感知提高而加强，第三项研究还发现，POS对于PSS与离职之间的负向关系起完全媒介作用。该项研究指出，由于上司以组织代理人的身份行事，他们负责指导和评估下属的工作表现，因此，员工会把上司对待他们的态度看成是组织支持的标志。组织代理人的行为常被看成是组织意愿的体现，而不是某一特定个人的行为和意愿（Rhoades et al.，2001）。上司在某种程度上被认为与组织等同，他们对于下属的工作支持会影响到后者对于组织支持的感知，而组织支持感知常被员工归为组织的人格化特征（Eisenberger and Stinglhamber，2011），这最终会影响其离职意愿。很显然，埃森伯格等的这一发现对于中国民营企业来说也是适用的。

管理学文献中的领导理论长期以来尝试寻找那些与有效领导相关的个体特征。已有研究发现，领导的五维度个性特征与成功的领导行为高度相关（Judge et al.，2002）。另一些研究则注意到了领导者在关键员工保持方面所扮演的角色（Harris and Brannick，1999）。马克和坎格尔（Mark and Canger，2004）应用领导个性特征的五因素模型来考察上司个性与其下属总工作态度的关系。结果表明，上司的个性特征的确与下属的工作态度相关。总的来说，上司的适宜性、情感稳定性、外向性、责任心与下属对上司的满意度、总满意度、感情承诺度以及离职意愿相关。

领导—成员交换模型（LMX）方面。斯帕罗等（Sparrowe et al.，2006）在综合了 LMX 理论和群体参与模型的基础上提出，领导者影响下属的技巧同下属帮助行为的关系依赖于 LMX 的质量。研究结果支持了三种影响技巧与 LMX 质量的交互效应。这项研究表明，领导者的领导行为会影响下属的工作行为，而这一关系又受到 LMX 质量的影响。我们预期，这一结论对于离职意愿也是成立的。

本书将在具体的模型设定中引入雇主变量。陈等（2002）曾建议，未来研究应该对雇主忠诚的决定因素加以检验，这类可能的影响变量包括对雇主的信任、与雇主的"关系"、雇主的体谅、与雇主的沟通、雇主的能力、品质、正直诚实以及关系人口变量等。本书通过大量的文献整理、归纳和筛选工作，并结合前期实地调查和企业家深度访谈，决定在模型中引入雇主重视、雇主领导力、雇主诚信、领导公平、雇主成就动机和雇主信任六个与雇主个人相关的因素，以考察这些因素对于中小民营企业职业经理离职意愿的影响效应。

（六）其他因素

现有文献进行重点考察的其他因素还包括工作嵌入度（Mitchell et al.，2001）、匹配度（Lee and Mitchell，1994；Kammeyer-Mueller et al.，2005）、其他工作机会（March and Simon，1958；Griffeth et al.，2005）等，本书也将在一定理论基础上尝试检验这些因素的效应。

三、简要评述

国外研究涉及了大多数可能的流失影响因素，但正如马尔茨和坎皮恩（2004）所言，几乎所有因素模型都不可避免地缺失一些重要变量。大多数模型都根据自己的研究目的只对某类因素进行检验，完整的系统模型还非常少见。此外，现有文献主要以一般员工为研究对象，而职业经理流失涉及中小企业和经理人两方面的特殊性，要给出相关问题的恰当解释及提出合理建议，需要对这类特殊性质进行深入分析。最后，基于西方文化背景，现有研究引入模型的流失影响因素主要包括工作、组织、环境等客观变量，很少有研究专门考虑雇主自身因素的重要影响。但在强调"权威"意识、注重关系治理的东方文化背景下，雇主因素不能忽略，这点对中小民营企业而言尤其如是。因此，社会、文化和制度环境等方面的巨大差异使基于西方情景的因素模型并不完全适用于中国（Farh et al，2007）。

据笔者所知，国内相关实证研究已有所进展，比如张勉和李树苗（2001）发现，工作满意度会影响员工离职意愿；谢玉华等（2006）的研究表明，员工的教育水平、所在行业、平均月收入会影响离职；张建琦和汪凡（2003）证实，发展前景、工资福利、公平性、职业发展机会、雇主诚信五个因素显著地对广东民营企业职业经理的离职倾向产生影响；自我实现、员工组织绩效、工作嵌入度、与个人社会网络相关联的工作外报酬、家庭责任等因素也在中国样本中被发现对流失有显著效应（梁小威等，2005）。然而，这些研究大多套用国外现有的理论框架，缺乏本土因素的引入和考察（张勉，2006），并且也以一般员工为主要研究对象。中小民营企业职业经理是一个特殊群体，针对普通员工的离职研究对此不一定能够提出有用的治理建议，比如在中小民营企业，由于组织规模较小、企业和企业家合二为一、员工与雇主的接触较为频繁，职业经理常将企业组织与雇主自身等同，使雇主因素变得非常重要，而这在国内现有研究中也没有被重点考察过。

因此，本书将在中国文化背景下检验西方成熟的离职因素模型，比较两者之间的差异与雷同，确定相关模型的共通性与特殊性，通过跨文化比较得出符合中国特色的新因素模型，以找到中小民营企业职业经理流失的根本原因，提出更符合实际的治理机制。这一研究从不同文化和特殊员工的角度丰富并完善了现有离职理论。

第四节　职业经理流失的治理机制

正如前述，员工离职率居高不下对企业非常不利，这不仅体现在降低利润率、生产率等可见的企业绩效上（Shaw et al.，2005），而且还会潜在地影响到在职员工的士气，并影响到公司对外部优秀员工的吸引力。由于职业经理的工作性质本身决定了其相对于一般员工来说对公司的影响更大，其流失对企业的负面影响更为严重（李新春，2003）。因此，提出系统的流失治理机制非常必要和紧迫。其实，国内外学术界对员工离职决策机制和影响因素进行研究的主要目的也在于为管理实践提供相应的对策建议，以留住优秀的人才，因此前述相关研究都对应地提出了一些有用的对策建议。本节专门就这一问题进行综述，以期为本书后面提出职业经理流失治理机制提供参考。

与离职相关的治理措施包括两个方面。一方面，如果所有员工的主动离职实属不可避免，那么资源使用的重心就要重新定位。组织和管理者需要寻求办法以尽可能地最小化这一不可避免的现象带来的破坏和不便，文献中提到的相应治理模型被称为"控制模型"，强调离职带来的损失的控制和减弱。另一方面，如果员工离职在一定程度上是可以避免的，那么，就存在管理者主动干预这一过程的可能性，文献中提出了对应的"防止模型"，强调采取措施阻止离职意愿和离职行为的产生（Morrell et al.，2001）。

一、防范流失的人力资源管理措施

研究表明，员工流失在很大程度上是可以预测、可以控制的，因此很多公司在构建人力资源管理系统时，便有意地考虑采取一些有助于减少公司员工流失的措施。这种"主动"治理机制已被发现对流失具有很好的预防作用。

人力资源管理文献区分出两种不同的人力资源管理系统：承诺型和控制型（Shaw et al.，2005；Shaw and Shi，2017）。前者以高报酬和高投资导向的HRM措施为特征，而后者则以低投资、低报酬的HRM措施为特征。高承诺度人力资源措施（high-commitment human resource practices）又可以称为高参与度工作措施（high-involvement work practices，HIWP），通常被认为包括提高雇员技能水平、工作动机、提供相关信息以及授权等具体措施（Laroche and Salesina，2017；Fu et al.，2017；Pfeffer，1998）。古德利（2001）的研究发现，HIWP与雇员保持和公司生产率呈正相关关系。进一步交互效应检验发现，当过多地使用HIWP时，雇员离职会降低生产率，反之，当HIWP使用不多时，离职会提高生产率。由此可见，HIWP对于离职及其对公司的影响有两种相反的效应。原因在于HIWP在公司大量使用就意味着对于人力资本的投资，这会带来两种结果：一方面，HIWP有助于保留员工（Shaw and Shi，2017；Shaw et al.，1998）；另一方面，HIWP的使用容易导致公司在雇员离职时陷入困境，因为HIWP的使用使公司过于依赖那些"无形资产"。古德利（2001）归纳出的HIWP项目包括：内部晋升、基于表现/基于资历的晋升、基于技能的薪酬、基于团队的薪酬、雇员股份所有权、雇员参与性规划、信息分享、态度调查、团队导向、交叉培训或交叉使用、以未来技能需要为中心的培训。容易看出，这些措施的确可以在事前对流失起预防作用。

穆罕默德和纳赛尔丁（2006）指出，现有研究忽略了员工对组织相关变量特别是人力资源管理措施感知的影响（Momani，2017；Waldman et al.，2015）。穆罕默德和纳赛尔丁对离职意愿的影响因素进行了实证研究，该研究把对组织的信任作为相应关系的中介变量引入分析。结果发现，为了提高员工对于组织的信任从而降低其离职意愿，管理者需要为员工持续地提供培训和发展计划、采用公平正式的奖惩系统、提供丰富而清晰的职业发展空间等人力资源管理措施。德尔里和多特（Delery and Doty，1996）曾系统地将 HRM 措施概念化为一组内部一致的政策和措施，这些措施被组织设计和实施，以确保公司的人力资本能够对公司达成其商业目的贡献力量。从员工的角度看来，HRM 措施则被看成是组织为了给他们带来福利和促进其职业发展而采取的努力。虽然对于 HRM 措施的具体内容还有不少争论，但诸如工作展示、指导计划、薪酬系统、工作保障、绩效评估、培训和发展以及职业成长等常被确认为其中重要内容（Park et al.，2016；Delery and Dotty，1996）。由盖洛普对零售业、医院、保健、制造等行业进行的调查研究证实，恰当的人力资源管理措施有助于员工形成一个工作积极的团队（Suzanne and Luthans，2006），由此提高的工作参与度则与离职意愿负相关（Price，2001）。

孙等（Sun et al.，2007）就取自中国（PRC）的样本对高绩效人力资源管理措施与生产率和离职之间的关系进行考察，样本取自位于中国东部沿海省份 12 个城市的酒店。结果显示，服务导向的组织公民行为对高绩效人力资源管理措施与离职之间的关系起部分媒介作用。高绩效人力资源管理措施一般包括：提高员工技能、参与决策、鼓励自主工作等（Aryee et al.，2016）。虽然已有大量研究发现高绩效措施与离职或雇员保留相关（Shaw and Shi，2017；Batt，2002；Guthrie，2001），但迄今为止，这一关系背后的机制仍然处于猜测状况。孙等根据社会交换特别是互惠规范理论的观点，预期高绩效人力资源管理措施与离职负相关。巴特（Batt，2002）也指出，以诸如培训、就业保障以及相对较高的待遇等建立信任的人力资源激励措施有可能促进员工的依附和承诺，从而减少离职。

孙等（2007）的另一个重要贡献在于表明，高绩效人力资源管理措施对公司绩效的积极效应在非西方文化的环境下也得到了验证，这就一般化了人力资源管理措施与离职之间的密切关系。中国的改革开放以及随之而来的大量外资公司积极涌入中国，导致像就业合约、绩效管理系统以及高绩效人力资源措施等带有西方色彩的人力资源管理措施流行于中国（Wang，2003；Zhu and Warner，2011）。孙等的研究对这些人力资源管理措施在中国环境下实施的效果给予了经验支持。

人力资本投资是文献中常被提及的一项重要 HRM 措施，它在"主动"防范员工离职方面具有重要作用。在竞争激烈、波动频繁的现代经济当中，工作的稳定性正变得越来越困难，裁员、重组、失业等现象已变得司空见惯，公司提供的工作保障承诺越来越难以真正得到兑现。因此，很多公司发现，如果通过人力资本投资可以提高员工在市场上的"可雇用性"，那么，公司吸引和保留优秀员工的能力将大大增强（Craig et al.，2002）。据估计，美国公司花费在员工培训方面的费用大约在 160 亿~550 亿美元。而 1996 年的一份全国性调查显示，美国 75% 有 20 名以上雇员的组织和几乎所有更大的雇主提供各种不同类型的学费资助计划。1998 年美国赫威特咨询公司（Hewitt Associates）的相关调查也得出了相应的结论（Benson et al.，2004）。美国公司进行这类投资的主要依据在于员工培训与发展有助于提高员工满意度和留职意愿（Cappelli，2000；Craig et al.，2002），这是很多离职文献持有的观点。

但发端于贝克尔（Becker，1964）的人力资本理论则指出，如果公司投资于员工的通用技能，后者的离职概率反而可能提高。因为通用技能提高增加了员工在劳动力市场上的竞争力，员工有信心在离开公司后遇到更好的雇主。对于大量离职文献指出的员工发展对留职意愿的正效应和人力资本理论提出的负效应之间的关系，以及总效应的方向，现有研究鲜有涉及，本森等（Benson et al.，2004）从这个角度对员工学费资助对其离职概率的影响进行实证分析。

此前已有不少研究指出了学费资助对离职意愿的可能影响。马奇和西蒙（1958）就指出，工作流动的容易程度是影响员工离职的一个很重要的因素，而学费资助帮助员工提高其技能水平就有助于提高其工作流动的容易程度。特雷沃（Trevor，2001）发现，先前教育程度与职业培训对当地失业率和工作满意度与离职的关系起调节作用，如果工作满意度、失业率以及薪酬保持不变，具有较高教育程度的员工更有可能自愿离职（Trevor，2001）。米歇尔等（Mitchell et al.，2001）的展开模型则指出，员工发展可以减少可能导致其离职的"冲击"的发生。这一模型预测，学费资助的首要效应是提高员工与公司的匹配度，降低其离职概率。约翰森（Johnson，2007）发现，参与公司资助的某些形式的场外学习班的员工更有可能离职。相反，罗温斯特恩和斯佩尔泽（Loewenstein and Speltzer，1997）指出，参与大学主办的学习班与离职率之间没有任何联系。

此外有研究发现,升职与离职负相关(如 Rubel and Kee,2015;Morrow,2011)。另一些研究则认为,当控制住有可能随着升职而增加的薪酬时,升职与自愿离职正相关(Trevor et al.,1997)。在这里,升职起到信号传递的作用,它向外部潜在的雇主表明:被提拔的员工具有较高能力(拉齐尔,2000)。但是,另一项研究在控制住薪酬之后并没有发现升职提高离职概率的证据(Lyness and Judiesch,2001)。

本森等(Benson et al.,2004)将人力资本理论的一些观点结合进离职模型来检验员工的通用技能提高、升职与自愿离职之间的关系,以理清前述这些混乱的看法。这一来自9439个样本的实证研究表明,得到学费资助可以降低在学员工的离职概率。但当员工通过学费资助获得毕业证后,其离职概率高于那些得到资助但没有获得学历或根本没有获得学费资助的员工。当员工通过资助得到学历,之后又被升职时,其离职概率又大大降低。该文的管理意义在于,公司在资助员工的技能发展时,需要认真衡量这种投资对离职概率的正效应和负效应,而且有必要考虑升职、调整工作等配套措施的使用。公司不但要给员工提供培训和教育资助,而且要根据其新获得的技能给予合适的职位晋升,否则,公司资助将很可能变成"为别人作嫁衣",反而提高其离职概率。

国内研究方面,张建琦、汪凡(2003)提出了几项有助于留住职业经理的人力资源措施,如改善经理人的收入和福利、对不同层次经理人采取多种分配方式、为经理人提供更多的学习和发展机会、在完善监督制度的前提下提高对经理人的信任和信用度等。易敏利(2004)认为,在企业物质资产、知识资产与人力资本之间建立一种互补型关系,由此形成企业的人才专用性,可以通过提高这种专用性人才离职的机会成本来提高雇员的忠诚度,使那些机会成本比较高的优秀职业经理持久地留在公司。

二、针对职业经理进入企业早期阶段的治理机制

离职过程相关研究表明,员工在离职决策过程中会经过一系列阶段和程序。对于流失的治理需要针对不同阶段采取不同的措施,真正有效的治理机制

必然是一个多层次、多角度的系统框架。正如马尔茨和坎皮恩（2004）所指出的那样，对离职问题的研究有必要综合过程模型和因素模型。他们提出的"综合模型"对相关治理机制的重要启示在于，管理当局可以根据员工的不同离职动机来确定他们具体的离职决策过程，然后针对这一过程的不同阶段提出相应的治理机制，做到"对症下药""有的放矢"。前面已经详细评述过的过程模型和因素模型已经可以为我们提出系统的整体治理机制提供理论依据了，以下就组织在员工进入早期可选择的一些治理措施进行讨论。

正如前述，大多数离职研究的重点放在员工离职的过程和影响因素方面（Murray and Zimmerman，2005），很少有人去考察雇主是否能够在招聘甄选阶段降低之后的离职概率。事实上，对于流失的治理，雇主在招聘阶段就有事可做。一些与主动离职相关的个人因素可在此时进行识别，以便做到"防患于未然"。格里菲斯等（2000）的元分析结果表明，应聘者的简历信息可以很好地预测其未来离职概率（ = 0.31）。拉特海姆和勒迪（Latham and Leddy，1987）发现，那些进入前被（公司现有人员）认为具有较高工作参与度、工作满意度和组织承诺的申请者相对而言具有较低的离职意愿。米歇尔等（2001）基于工作嵌入视角理论指出，进入前在公司拥有朋友或亲人的申请者会在进入后对公司具有较高承诺度，同时其离开的概率也较低。此外，此前工作的持续时间也是未来离职意愿的一个很重要的预测因素（Fleishman，2010；Joseph et al.，2015）。如果一个人具有"跳槽"的习惯，这可以由他在此前工作地方的工作时间长短反映出来，较低的持续时间意味着其缺乏职业伦理，后者与组织承诺和离职密切相关（Hom et al.，2017）。卡西欧（Cascio，1976）发现，申请者在前一公司的工龄长短可以预测其现在的离职行为。温迪等（2005）则指出，某些公司新进员工的好工作态度也许源于此前工作改变过程本身，而与该公司的相关组织因素、环境因素无关。因此，对于这类新员工的较高工作满意度不应给予过于乐观的反应，可以预期，那些由于此前工作转换带来高满意度的员工的满意度随着时间推移很难继续保持。

穆雷和泽梅尔曼（2005）详细考察了几个可用于在早期就能预测此后离职概率的变量的功效。结果发现，个人简历数据、目的明晰态度和意愿以及目的伪装性留职度量对离职具有预测力。结果还发现，简历信息和目的伪装性留职度量显著增加了模型对于离职方差的解释力。这些变量甚至在员工被雇用之前就可以被观察到，在进入前雇主就可利用这些信息将那些具有较高离职倾向的申请者辨别出来，在一定程度上使离职成为组织可预先防范的事情。

为了确认哪些个人因素在员工进入早期对其此后的离职具有预测能力，从而预先采取相应治理措施，卡梅尔—穆勒和万伯格（Kammeyer-Mueller and Wanberg，2003）对七个组织进行了 4 个阶段的纵向数据采样。相应的实证研究发现，进入前所具有的知识、进取型个性以及来自组织、上司和工作同伴的社会化影响会影响到新进员工的调整结果变量，如工作熟练程度、角色清晰度、工作团队融入度以及人际技巧知识，这些变量进而对其他变量与组织承诺、工作撤退和离职之间的关系产生媒介作用。员工在进入企业的早期阶段会形成有关组织的印象以及决定自己是否与此相匹配。这类早先持有的态度会对之后的工作态度和行为产生巨大影响（Zimmerman et al.，2016；Holtom et al.，2017）。

卡梅尔—穆勒（2005）进一步收集了此后离开和留下的员工在进入组织时的调查信息，这些信息可以帮助我们了解离开者和留下者在他们刚刚开始工作时是否有所不同。来自个性、个人与环境匹配以及社会化等相关领域研究的文献表明，新入职员工进入组织时带有自己独特的观念特征和承诺倾向，或者在进入组织后基于对组织的第一印象形成先入之见（Judge and Larsen，2001；Lee et al.，1992；Holtom et al.，2017）。卡梅尔—穆勒（2005）发现，那些在他们职业生涯刚刚开始前几年内即离职的员工在被公司雇用后将很快表现出与此后留职员工的明显差异。

员工在进入早期阶段对组织、工作和自身适应情况的初始感知往往决定了其此后的工作态度（Kammeyer-Mueller and Wanberg，2003；Kammeyer-Mueller et al.，2005），后者则进一步影响其离职意愿。而公司可以采取一定的人力资源管理措施来"主动"改善员工的这类初始感知，以提高其组织承诺度。文献中常被提及的一项重要措施是组织社会化。经过组织社会化过程，员工可以获得相关工作技能、对组织有一定了解，同时得到与工作同伴支持交流的机会，接受特定组织的一些已有的规则和方法（Connie and Kammeyer-Mueller，

2000）。组织可以在这一过程中进行某种控制，以实现降低离职意愿的目的。

哈里森等（2006）就指出，组织承诺可以通过员工的组织社会化过程得到提高，通过这一过程，新员工可以获得成为组织成员所必需的观念、行为导向和知识，而这有助于降低其离职意愿（Griffeth et al.，2000）。佩恩和胡夫曼（Payne and Huffman，2005）通过对1000多名军官超过两年的调查分析发现，辅导可以大大改进新进军官的组织承诺度，而与离职行为负相关，这一关系会受到辅导条件的调节影响。佩恩和胡夫曼的研究表明，辅导对于提高员工的组织社会化程度至关重要，它可以为资历浅的新员工提供支持、方向以及有关职业生涯和个人发展方面的建议。组织社会化的一个关键要素是对于组织目标和价值的理解和接纳。研究表明，能分享组织目标和价值的员工将会对组织持有更高的感情承诺度，而这将降低其离职意愿（Griffeth et al.，2000）。因此，组织有必要在上司与下属之间建立起某种辅导关系，并且需要将辅导员规定为经理人员的正式角色，要求其承担起相应的职责。

三、其他相关配套措施和机制

除了正式的人力资源管理措施，组织还有很多其他选择可用于降低员工的离职意愿。李等（2004）在米歇尔等（2001）的基础上进行的实证研究表明，工作嵌入度①（工作内/外）会对相关因素与离职之间的关系起调节作用，即它会放大或缓和相关独立变量对离职的作用效果。因此，管理者可以通过改善嵌入度来影响员工的离职决策过程，从而最终影响其离职行为。工作嵌入度可以通过建立交际圈、增强归属感、在员工之间建立紧密联系、增加社会资本等方式得到提高。其中，员工与组织的联系程度可以通过团队合作和长期项目得到加强；离职损失可以通过将工作和组织回报长期化得到增加；而匹配度则可以通过将员工的知识、技术、能力和态度与工作要求联系起来以得到提高。值得指出的是，管理者还可以提高工作外嵌入度以降低离职意愿，比如为员工提供他们工作场所所在社区的信息，以及为地方活动及事务提供社会支持等。德

---

① 嵌入度包含三个维度：联系程度（links）、离职损失（sacrifice）和匹配度（fit）。

斯和肖（2001）也指出，企业发展组织内关系社会资本不但可以降低离职率，还将有助于提高组织范围内的生产效率。

四、简要评述

上述研究为我们提出中小企业职业经理流失治理机制提供了一定的理论基础和分析思路。但与前面章节指出的研究不足相关，现有文献给出的流失治理建议难以真正解决中小企业管理资源的保留问题，例如，忽略雇主因素、不考虑信息不对称问题等。况且利用实证检验得到的过程模型和因素模型来分阶段、全方位地提出系统的治理机制在现有研究中尚不多见。

本书将在结构方程模型检验得到的新流失过程模型基础上，按照经理人离职决策所经过的阶段如相关因素感知、满意度和承诺度变化、工作主动性变化、工作状态下滑和工作寻找意愿产生、离职意愿产生等先后顺序，针对不同阶段提出不同的治理建议，构建整体协调的流失治理机制。同时，我们将从招聘、雇用合约、培训、工作设计等多个环节提出相关治理措施，形成贯穿整个人力资源管系统的流失治理机制。

最后，本书还将利用逆向选择和动态匹配模型研究经理人流失和民营企业家族化问题，强调中国家族企业与西方家族企业的本质区别，在此基础上提出改善低效信息不对称均衡，突破"家族主义困境"的一系列对策建议。这些建议同前面提到的整体治理机制一道，形成中小民营企业吸纳并保留职业经理人力资本的重要保障。

第五节　离职研究的主要学术流派

离职一直是组织理论热衷于研究的主题。据肖等（1998）的初步统计，截至1998年，对该主题进行研究的文章超过1500篇。尽管如此，文献中还没有出现一个为大多数人接受的对于员工离职的一般性解释。范迪克等（2004）认为，离职问题迄今远未得到完全的理解，主要原因在于方法问题的开放性，以及撤退行为背后的心理过程还没有被弄清楚。

这就出现一个问题，即人们纷纷按照自己的理解提出自己的分析框架，并用这一框架来进行相应的实证研究，然后对那些似是而非的结论给出不一致的解释。没有一个框架能被大多数人所认可，也没有一个理论能够内在一致地给予各种相互矛盾的实证发现以合理解释（Lee and Mitchell，1994）。本节我们按照文献中出现的归类方法简要地介绍离职研究中出现的主要流派，为后面提出本书的理论框架提供一定的参考。

在马奇和西蒙（1958）经典模型的指引之下，离职研究大体上可以分为两个学派，即经济（或劳动市场）学派和心理学派（Morrell et al.，2001；Kevin et al.，2004）。前者着重强调外部因素（比如其他工作机会的诱惑等）的影响，所以又被称为拉动理论；而后者则着重强调员工个人内部因素（比如与工作相关的感知和态度等），又被称为推动理论（Lee and Mitchell，1994）。

劳动市场学派的研究主题包括：其他工作机会（Gerhart，1990；Zimmerman et al.，2016）、劳动市场机会（Kirschenbaum and Mano-Negrin，1999）、工作搜寻（Boswell et al.，2017）、绩效表现（Jackofsky，1984；Waldman et al.，2015）、投资或"沉没"成本（Morrell et al.，2001）以及期望效用的作用（Weng and Mcelroy，2012）等。

心理学派的研究范围主要包括：工作满意度（Hom and Kinicki，2001；Mobley，1977）、组织或其他形式的承诺度（Mercurio，2015；Meyer and Allen，1991；Hom et al.，2017；Somers，1995）、工作参与度（Korff et al.，2017a）、公平性感知（Aquino et al.，1997）以及心理契约（Robinson，1996）等。

相对而言，心理学派更多地涉及情感和态度问题，研究重点在于工作满意度、组织承诺、工作参与度、职业发展、角色压力、组织气候、公平性、心理契约以及专业主义等，其对于员工离职的分析更多地偏向于解释或预测个人的离职决策。劳动市场学派则更多地强调离职的决策维度，其研究重点在于诸如机会这样的外部决定因素对于离职的影响。斯蒂尔（2002）曾指出，在对于离职研究的影响方面，没有哪一类单独的研究领域能超越属于心理学分支的态度理论，劳动市场学派也不例外。

按照莫雷尔等（2001）的归纳，心理学派的离职研究在马奇和西蒙（1958）的基础上朝着三个方向发展，即普利斯和穆勒（1986）的动因模型、莫布里等（1979）的扩展模型以及希瑞丹和阿贝尔松（1983）的突变模型。这些模型我们在本章第二节已有所介绍，所以此处不再赘述。本书的核心框架建立在心理学派的基础之上，但我们也会适当引入劳动市场学派的部分构念，尝试给出职业经理流失的一个完整解释。

第三章　职业经理流失问题的
定性研究

第一节　引　　言

前面指出，国外离职研究已较为完善，但由于文化背景不同，我们的研究对象又颇具特殊性，简单套用现成的分析框架会招致偏差。与此同时，国内大多数有关员工离职和职业经理成长的文献对本土因素的引入和考察也有所不足，且在很多方面难以契合本书的研究主题。因此，为了下一章提出相关研究假设以及之后给予实证结果以合理解释和引申，本章在前期民营企业现场调查和企业家深度访谈的基础上，结合相关文献进行探索性分析，以期得出更符合我国中小民营企业职业经理流失过程和影响因素的研究框架。

本章采用定性研究方法对中小企业经理人流失问题的特殊性进行考察。具体来说，我们在国内外有关员工离职、企业成长、家族企业等方面研究的基础上，对5家广州的中小民营企业进行了现场调查，并就相关主题对企业主进行深度访谈。[①] 在现有文献和这些访谈资料的基础上，下文将首先分析职业经理流失对我国中小民营企业的影响；其次着重研究中小民营企业和中国职业经理阶层的主要特征，以期给出中小企业职业经理流失的特殊解释；最后简要指出这一探索性分析对后文的意义和贡献。

---

① 限于篇幅，具体访谈记录本书未附，有兴趣的读者可以向作者索取。

第二节　职业经理流失对中小民营企业的影响

事实上，从劳动力市场的正常流动角度来看，职业经理的主动离职并非没有好处。但正如前述，职业经理过度流失不但妨碍了企业管理能力的提升，而且还会使民营企业的运作"家族化"，加剧了中小民营企业的生存困难。下面分述之。

现有研究表明，适当的流失率对企业是有益的（Glebbeek and Erik，2004；Shaw et al.，2005）。所谓"流水不腐"，中小企业职业经理的适当流动有助于企业自身的新陈代谢，对公司变革、管理创新以及流程优化等都有一定好处。而且最重要的是，企业组织内存在的流动压力有利于企业把那些能力和表现处于边缘的经理人清除出去，保持组织的高效率。这在我们的企业家访谈过程中得到了部分验证。5 家企业的业主都认为，职业经理团队过于稳定对组织来说并非好事。其中一个企业家还忧虑地指出，公司的人力资源稳定得让她觉得"可怕"，最主要的原因就在于工作表现和能力方面的边缘人物长期留在组织中，有可能导致效率下降。相应地，雇主可能还会觉得，相对于其能力而言，自己支付给经理人的回报可能远远超过了市场平均水平，要不然为什么不想离开呢？此外，与组织不相匹配的经理人就算能力出众，勉强留在组织中也未必有利。还有一位从事机械制造的企业家提到，经理人长期在职难免产生惰性，而年轻人的发展也需要那些老前辈们的"让路"。因此，企业家们乐于见到组织内合理的流失率。

但是很显然，过高流失率对企业来说绝非好事，况且中高层职业经理的出走会给企业的正常运转带来巨大损害。经理人离职不仅给企业带来直接成本损失，比如招聘成本、培训成本、再替代成本等，而且通过影响企业的正常运作带来间接成本，比如打乱业务流程、客户服务质量下降、合同履约率下降等。据国外研究估算（Ramlall，2003），员工离职的总成本大致相当于其年收入的1.5 倍，而费策恩（1997）指出，在美国，每 10 个管理和专业员工离职，公司平均会损失大约 100 万美元。另外值得注意的是，职业经理的离职还会影响到在职员工的士气、工作氛围以及组织内部的非正式关系网络（Rudy，2010）。如果出走的职业经理身居要职，则其下属的工作态度、工作习惯、工作表现等也会大受影响。我们在访谈过程中发现，大多数业主已经注意到，职业经理流失会造成业务流程不畅、客户资源流失、核心技术和经营模式被模仿以及机密信息泄露等损失。其中一家企业还透露，某个经理人的辞职会带动其下属和其他同事"接二连三"地跟着出走，造成人力资源的"地震"。而另一家从事机械制造的企业提到，出走一两个经理人对公司的影响并不大，但如果离开的是一批人，其后果就比较严重了。

以上所述经理人流失的利弊是就经理人的自动离职行为而言的，基于职业经理出走导致的管理能力下降可以通过人员补充得到恢复的假设，其对于任何一类企业来说都是相同的。但需重点强调的是，由于后面将要提及的原因，相对于大型民营企业、国有企业以及外资企业来说，中小民营企业职业经理的流失一定程度上是持续性的，其整体管理能力将永久性地受到削弱。一方面，企业面临着职业经理的主动离职；另一方面，企业难以吸引到优秀的经理人才，从整体上看来，结果便是中小民营企业专业管理能力的永久丧失。我们的访谈验证了这一点，所有被访问企业家均向我们诉苦到，企业招不到优秀的经理人才。他们非常困惑的是，公司的条件和待遇都不错，为什么优秀的经理人就是不愿意来此任职。

这正是我们把注意力集中在中小民营企业的重要原因，而大多数现有离职研究并未着重关注中小民营企业的原因可能也正是在于没有注意到这个问题。为了实现中小民营企业管理的专业化和职业化，促进其长期持续成长，我们有必要深入研究导致职业经理人从这类企业流失的根本原因。在此基础上有针对性地提出相应的治理对策建议。下面的分析围绕这一问题展开。

第三节　中小民营企业的独特性及其对职业经理流失的影响

在我国民营经济中，中小企业占绝大多数。这些企业大多创业不久，真正成功从小企业成长到有一定影响力的大公司的只是"凤毛麟角"。据统计，全国每年新生 15 万家民营企业，同时每年又死亡 10 万多家，有 60% 的民企在 5 年内破产，有 85% 的在 10 年内死亡，其平均寿命只有 2.9 年（黄孟复，2007）。就我们的调查对象而言，5 家公司中只有 1 家的经营年限超过 7 年。除了一家机械制造企业员工人数达到 550 人之外，其他四家企业员工人数介于 30～60 人，经营规模均不大。老板年龄均在 40 岁以下。正如其中一位企业家所说的那样，企业在各方面的"小"可能是造成职业经理大量流失的主要原因。对我们而言，这是原因，也是结果。一方面，职业经理流失导致管理能力低下很大程度上影响了中小民营企业的进一步成长，另一方面，企业成长性不足又反过来影响到职业经理的就业选择，由此形成的恶性循环成为中小民营企业自身很难解开的"死结"。下面我们扩展这一判断，全面分析中小民营企业自身特征，以期从中找到一些导致经理人流失的深层次原因。

一、企业的人格化特征

中小民营企业的一个重要特点是企业家与企业的不可分离、合二为一。这会从几个方面影响到职业经理的感知。首先，雇主"做企业"的动机会直接影响到企业组织，从而影响到经理人的就职决策。不管出于爱好、生活所迫还是偶然为之，企业家创业的个人动机会给企业打上深深的烙印。如果经理人发现老板没有把企业作为长期事业追求的打算，要使其保持忠诚是很困难的。况且很多中小企业的老板并不是在做事业，而只不过是在做"家业"而已。我们调查中遇到的一个企业家就谈到，由于家庭及其他个人原因导致其在 2006 年不能投入全部精力，致使公司当年的营收有所下滑，由此对职业经理心理造成的影响可想而知。

其次，职业经理与企业家的个人关系会影响到前者的决策。与大企业不同，大多数中小企业职业经理与老板之间会有频繁接触，两者关系的质量会直接影响前者的组织承诺度。[①] 由于工作安排、利益分配甚至交往密切度等方面

---

① 在注重关系治理的中国尤其如是，如果职业经理人觉得老板不看重与自己的关系，那么，继续待下去就"没有意思"了。

难免出现不公，个人对于雇主的态度会自然地演变为对于组织的态度，离职成为其最后的选择。访谈中一位从事医药销售的企业家告诉我们，从公司创业起就一直跟着她的唯一一位"老臣"最近离开了公司，原因就是老板不像以前那样重用自己了。

最后，老板自身的价值理念、个人品行、企业家能力也会对经理人产生影响。在大企业，大多数经理人只是整个公司运作系统当中的一分子，自然不会太过在乎雇主的价值理念、个人品行和能力。但对于中小企业而言，这却至关重要。因为老板的价值理念就是公司的价值理念，而后者直接规定了员工的行事准则。个人品行不但决定了企业的经营性质，而且直接影响到经理人自身利益。而企业家能力高低则决定了企业的生死存亡，职业经理更不能等闲视之了。

二、企业运作的"家族化"倾向

中国的民营企业大多采用家族治理的模式（储小平，2000；李新春，2002），① 而中小民营企业则几乎全是家族企业。当然，我们这里的"家族企业"指的不仅是家族（甚至家庭）完全控股，而且还有家族成员全方位参与企业管理的含义（Churchill and Hatten，2010）。众所周知，西方的企业形态大多也是家族企业。美国《商业周刊》2004 年的调查显示，标准普尔 500 指数的成分股公司当中有 177 家属于家族企业，《财富》杂志 2007 年最新公布的世界五百强之首——沃尔玛，就是典型的家族企业。但需要非常注意，东西方家族企业的相似很大程度上只是表面的，中国甚至整个华人社会的家族企业与西方社会的家族企业具有本质上的不同（Davis，1983）。中国的家族企业建立在"家文化"的基础之上。学者们普遍认为，理解中国社会和文化的核心在于家庭（梁漱溟，2005；费孝通，2005）。就本书主题而言，家庭一方面塑造和训练了民营企业家管理企业和处理各种内外部关系的技巧，另一方面则以其神圣

---

① 据调查，我国 300 多万家私营企业中 90% 以上是家族企业，在这些企业中，绝大部分实行家族式管理（黄孟复，2007）。

的地位约束着企业和企业家的行为。①

　　具体来说，首先，企业主常常把企业看成是"家"这一组织的一部分，组织内的各种管理活动和规则常常不可避免地带有"家庭伦理"的色彩。一位从事资产评估的企业雇主告诉我们，为了提高员工对公司的忠诚度，公司需要在日常管理中有意地营造出家庭氛围。这位企业家清楚地知道西方的企业更注重企业与员工之间的契约关系，也知道中国的企业与此不同，冷冰冰的法律关系不利于职业经理的保留。而另一位从事机械制造的企业家也强调，管理中国员工需要在企业内培育亲情文化，不断强化老板与经理人之间的"父子关系"。一旦这种带有特殊主义性质的关系被确立下来，职业经理就算暂时受到不公平的待遇也不会轻易"走人"。

　　其次，家族利益和家族责任凌驾于企业利益和责任之上。家庭在东方文化中居于一个独特的地位，民营企业家们的决策常常受此影响。由于过多地考虑了家庭或家族的利益，很多企业有意无意地忘记了自己作为一个经济组织的核心要求——效率（Davis，1983）。老板们很大程度上不是在做事业，而是在做"家业"。典型例子如"任人唯亲"，以及"内外不公"等。为了照顾家族利益而牺牲企业利益的类似现象在民营企业中屡见不鲜。而为了强调家庭责任，其应担负的社会责任（如环保、捐献、社区活动等）也常常被"抛之脑后"。

　　再次，不愿意轻易与人分享或让渡控制权。经济学和管理学相关研究已经证明，利用控制权甚至股权对高层职业经理进行激励非常必要。但在中小民营企业中，绝对拥有企业的所有权和控制权具有家族成功的符号象征意义，企业雇主们自然不愿将这一关乎"光宗耀祖"大事的股权随便弃之他人。瓦格纳（1995）曾经指出，西方社会中的个体倾向于个体主义色彩，其行动时似乎把自己定义为一个由单个个人形成的实体，以自己的身体为界。而东方社会中的个体则倾向于集体主义色彩，其行动时会把自己定义为一个超出个人，以包括其他某些特定群体的实体，以特定群体的社会范围为界。某种程度上，位于差序格局中的中国人正是以靠近自己的一个群体来界定自我概念的，因此他就负

---

① 有观点认为，中国的现代化步伐已经冲破传统文化的影响了。但我们认为，传统影响的根深蒂固绝非一时可以消除，况且没有理由认为，重视家庭的传统会被不重视家庭的文化所淘汰，对于人类文明的进程而言，很难说孰优孰劣。

有群体责任感。① 中小民营企业老板不愿意轻易放权的主要原因可能正在于他以控制人的身份履行自己在家族中的群体责任，而以领导人的身份履行企业组织所有员工的群体责任。即中国的企业老板并不以自己个人为自我的边界，他要发挥自己在特定群体中的作用，而这需要他保留其企业领导人身份。

在访谈过程中我们一直觉得奇怪：为什么一谈到股权、控制权、合伙制这类激励职业经理的问题，企业家们便非常敏感？事实上，企业家们经常提及的经理人出走原因之一——自主创业——就与此相关。在老板们这种思维模式下，不能在组织内部发挥企业家精神的有抱负的经理人离职便是不足为奇的了。对比于西方许多创业者成功之后乐意将其企业转卖给其他投资者以套取现金的现象，不能不说"家文化"对于中国企业家具有巨大影响力。

最后，"家文化"衍生的特殊主义传统阻碍了雇主对于职业经理的信任。这一问题已经引起了很多学者的注意（如福山，1998；李新春，2002；黄光国，2004 等）。就本书主题而言，职业经理在就职选择时不得不评估自己在老板"差序格局"中的位置所在，真正有能力的经理人在其中不一定居于有利的位置。

三、不了解现代公司制度的运作规律

由于中国民营企业的发展历史不长，加之受到与现代公司制度稍有抵触的非个人主义文化传统的影响（福山，1998），大多数中小民营企业家并不了解现代公司制度的运作规律，当然就更谈不上付诸应用了。这具体体现在三个方面。首先，管理过于集权。前面曾谈到由于"家文化"的影响，雇主不愿轻易与经理人分享控制权，其实，不了解现代公司制度也是原因之一。现代公司是一个基于分工合作基础上的有机系统，任何个人都不可能"面面俱到"。作为企业领导人，关键在于如何维持这一系统的良性运转，而非代替系统部件，事事亲力亲为。我们在访谈中发现，所有企业家都觉得自己很累，事事放心不下，但在另一方面，职业经理又觉得没有自由发挥的空间。其中一个企业家

---

① 对其最具重要性的群体就是家庭和家族。

说，"经理人觉得我占据了他们的位置"。不懂得分权和授权，甚至让渡剩余索取权，根本原因在于不了解现代公司制度的运作规律。

其次，没有注意到职业经理阶层在现代公司甚至现代社会中崛起的特殊地位。企业史学和公司治理文献表明，企业的演化与发展需要实现管理的专业化和职业化，而由此塑造出的职业经理阶层已具有越来越重要的经济地位（Chandler，1978；Berle and Means，1932）。西方社会甚至有"经理型资本主义"一说。但中国大多数民营企业雇主还没有意识到这一问题的重要性。不尊重经理人的特殊地位、不信任经理人的职业操守、不重视经理人的重要作用，是导致职业经理流失的重要原因。两权分离、企业家与经理人的职业化、企业家职能的分工等是现代公司制度发展的必然规律（张维迎，1996），中小民营企业家需要改变自己的传统思维模式，将"作为下属"的职业经理人看成是自己事业成功的合作伙伴，合理分工、良性互动，共同促进企业的成长。

最后，"人治"甚于"法治"。现代公司制度发展到现在，已经到了规范化、制度化和标准化的阶段，规则面前人人平等的观念对于企业的长期稳定和持续发展至关重要。但很多中小民营企业管理的主观性、随意性、人情导向等依然较强，管理制度松散，缺乏战略思维，"朝令夕改"的现象时有发生。这种"人治"模式给人一种极不稳定的感觉，职业经理不能形成对公司长期回报的预期，更看不到明朗的发展前景。结果是一旦遇到"风吹草动"，便纷纷走人了事。从我们的调查中了解到，看不到自己和公司的发展前景是导致经理人流失的重要原因之一。但我们同时也从业主的介绍中知道，其实这些企业所在行业均很有发展前景，就此而论，中小企业成功发展到大企业的可能性是存在的。人们之所以看不到好的前途，原因可能正在于不稳定的管理模式和战略导向让人觉得不安。

四、人力资本和企业文化构建方面的投资不足

中小企业的资本约束使公司预算不得不缩减那些"可有可无"的开支。整日忙碌于筹集资本、招揽客户的雇主没有"余暇"去关注员工的职业成长，更没有足够的财力和精力去考虑如何给予员工精神上的回报、如何构建优良的

企业文化以及如何提升员工士气等。但是，在经理人市场上有诸多选择的职业经理大多不会理解企业的这些"难处"，他们一旦发现有更好的平台可以促进自身的职业生涯成长，有更好的空间满足自己名誉、心理上的精神需求，便难免萌生去意。

正如前述，职业经理是一个特殊的阶层，他们在社会中正取得越来越重要的地位。加之这个群体大多层次高、素质好，受过良好教育，看重长远利益和精神上的满足。并且，由于经济环境瞬息万变，现在的公司大多不能给员工提供就业保障（Benson et al.，2004），[①] 对于员工而言，应对这一"万变"的"不变"便是自身的职业能力，而这些与现就职公司进行的人力资本投资有关。因此，单靠薪酬上的诱惑力未必能够留住他们，况且大多数中小民营企业的薪酬也没有太明显的竞争力。

我们访谈的 5 位企业领导人中有 4 人谈到，培训、在职学习、资助等方面的人力资本投资不足是经理人流失的原因之一，但他们也同时谈到不足的原因是公司还有更重要的事情要做，"无暇顾及"这方面的问题。而其余一位从事机械制造的企业家则非常重视公司人力资源的开发，他表示，员工们很看重自身的职业成长，如果他们在你这里没有能力提升的机会，那么出走便是必然的了。因此他特意指出，自己在公司里花费时间最多的事情就是培训员工。公司并不担心能力因此得到提高的经理人会出走，因为他看到，培训本身也是塑造员工忠诚度的过程。此外，有 2 位企业家指出，相对于大型企业，尤其是外资企业，中小民营企业很难在员工精神需要满足方面投入太多，而企业的知名度、社会形象以及声望等方面给员工带来的自豪感和认同感更是不足。在其他条件等同的情况下，这些因素肯定会对职业经理的就职选择产生影响。

五、企业所处生命周期阶段决定的一些特征

前面曾经提到，大多数中小民营企业创业不久，几乎都处于生命周期的初期阶段，由此决定其具有一些独特的创业型特征（Bhide，1999）。我们的调查

---

① 中小企业更不可能提供这种保障。

证实了这一点，下面分述之。首先，对外部环境的灵活适应性决定了企业的管理难以制度化、规范化，长远的战略规划也很难进行。前者导致管理的随意性和波动性，后者则使员工看不到公司的清晰未来。我们访问的 5 家企业均承认，要制定长期战略，并付诸实施是很困难的，因为企业在外部环境发生变化时需要随时改变经营方向和策略，过于"拘谨"于计划反而不利于自身成长。一家从事资产评估的公司和一家从事医药销售的公司均表示，他们的经营活动随时会受到国家政策调整的影响，很难基于当时情况制定长期战略计划，公司不得不更多地关注短期利益。此外，日常管理活动也很难制度化和规范化，保持组织和管理流程的"弹性"对于适应变化至关重要。

其次，老板年富力强，"事必躬亲"。中小民营企业家的年龄正处于事业发展最佳阶段，比如我们访问的企业家年龄均在 40 岁以下，甚至有两个在 35 岁以下。年富力强的老板在这一阶段自然不可能退居二线。对于事业发展的热情驱使其参与公司的全方位管理，这对于创业型企业是非常必要的，毕竟公司的运作还没有完全进入正轨。但是，老板的全面介入会压缩经理人（尤其是高层经理人）的自由发挥空间，具有企业家精神的职业经理难以在组织内找到施展才华的机会。结果是那些自认为能力不错，且具有远大抱负的经理人出走创业。我们在访问一家教材策划和销售公司时了解到，该公司 2006 年刚离职的一位副总正是在有人提供其 60 万元无偿创业资金的情况下出走的，深入访谈后得知，这位副总早前已经向老板透露过自己的创业想法，但这一企业家精神不能在组织内得到认可和发挥，结果演变成了自动离职。而一家机械制造类企业的老总告诉我们，他现在已经充分认识到授权和放权的重要性了，公司正在进行内部调整，打算给予职业经理人更多的权力。

最后，中小民营企业大多重市场、轻管理，没有完善的人力资源管理系统和组织职业生涯管理系统。初创期企业面临的最大问题是如何在市场中找到立足点，尽快产生现金流（Bhide，1999）。公司的大多数精力不得不集中于开拓市场、占领市场、确立声誉，对于公司内部管理程序、管理规则、控制系统等方面缺乏足够关注，与经理人职业成长相关的人力资源管理系统和职业生涯管理系统还有待建立。由于公司的重心偏向于市场，员工常常觉得不受重视，同时又发现公司的管理不够"正式"，这些都难免会对其离职决策产生"冲击"。

第四节　中国职业经理的主要特征及其
对流失的影响

除了中小民营企业自身组织因素之外，职业经理个人因素也会对其离职产生影响。这已被国内外大量有关员工离职的研究所证实，而我们的访谈也得到一些对此进行印证的信息。下面就相对西方国家职业经理人而言，对中国职业经理具有的特殊性并结合其对流失的意义进行分析。

一、"宁为鸡头，不为凤尾"追求高位的倾向

中国经理人除了追求货币收益之外，还非常看重自己在公司的职权和地位。当然，我们不是说西方社会的经理人不追求职权和地位（Herriot and Pemberton，1994），只是说这在中国经理人的身上体现得尤为显著。这是有深刻的社会和历史原因的。首先，几千年的封建集权制度在人们心目中塑造了"官本位"的意识，职位高、权力大的"官"是尊严、地位和声誉的象征，"当官"是一件"很有面子"的事情（黄光国，2004），这种意识在企业内的表现就是经理人过度追求位高权重。其次，华人社会的关系型特征使得来自"外部"的职业经理人想方设法进入"内部"，并最好成其为家族或泛家族成员，而身居要职可以使自己接近家族核心，进而一定程度上成为雇主的"自己人"和心腹。最后，宏微观制度的残缺导致掌握一定实权的经理人可以直接获取控制权收益。一些经理人认为，即使名义上的收入不高，但只要职位足够高、权力足够大，隐形收入也是很可观的。在调查中我们发现，职业经理出走的一个重要原因是想自主创业，而深入访谈后得知，这些以创业为由离职的经理人其实是因为在企业内部不能得到更高职位或更多控制权而选择离开的。虽然前面我们曾经谈到，企业家精神的发挥是主要原因，但追求位高权重的倾向不能不说在其中具有重要影响。

二、对"家"以外组织或个人的责任感不强，即缺乏社会责任感

虽然现代工业文明已经在很多方面影响了中国的职业经理人，但中国传统几千年塑造出来的"家文化"还是不可避免地对他们的价值观念和行事模式具有影响。儒家关系主义强调的"仁"是针对"五伦"而言的，所以孟子说，"父子有亲，君臣有义，夫妇有别，长幼有序，朋友有信"，这一系列道德规范无不具有特殊主义色彩。人们对于他人的责任感随着后者在其"差序格局"中的位置不同而有所变化。与西方基于个人主义的契约社会不同，中国人并不把由契约规定的个人关系看成"仁"的对象。于是，除了父、君、夫、兄、友之外，人们便都可以"不仁"了，"除非有感情存在，否则人们不会互相帮忙。"（黄光国，2004，第116页）这种社会责任感的缺失应该说是中国职业经理在稍不如意时轻言"跳槽"的主要原因。实地调查中企业主告诉我们，很多职业经理的离职仅仅是因为其他企业提供了稍好的待遇，其在出走时毫无愧疚之感。因此，缺乏责任感、承诺倾向不足是经理人离职的又一重要原因。

三、对雇主的期望类比于对家长的期望

还是由于"家文化"的影响，中国职业经理常常把处理家族内部关系的准则"泛化"到外部，认为上司对待下属应该像长辈对待晚辈那样充满慈祥、关爱和照顾。相应地，自己对于组织的承诺也转化为对某一上司的忠诚，如果个人已经对自己的上司失去信心，那么，其对组织的承诺也会荡然无存（Wong et al.，2002；Chen et al.，2002）。在中小民营企业，大多数职业经理的直接上司就是老板，因此，老板是否把这个企业"家长"的角色扮演好，成为职业经理是否对其保持忠诚的重要影响因素。企业访谈中一位从事资产评估的企业家告诉我们，中国甚至东方文化背景下企业与员工的关系与西方社会不同，如果老板只与员工保持"冷冰冰"的契约关系，那么，要保留住他们并使其努力工作是很困难的。因此，企业领导人需要在企业内部营造出一定的

家庭氛围，让员工感觉到公司的温馨与老板的关爱。而另一位从事机械制造的企业家则提到亲情关系在维持经理人忠诚度方面的作用。他甚至指出，公司应该把老板和下属的关系发展到类似父子关系的高度，这种"准血缘"关系有助于稳固职业经理与公司的心理契约（Robinson，1996）。

四、希望自己成为老板的"自己人"

正如前述，中国人保持"仁"的主要对象是诸如父、君、夫、兄、友等这类同自己有特殊关系的"泛家族"成员，因此反过来可以说，为了使别人对自己"仁"，最好的办法便是把自己变成对方的"自己人"。对于职场中人来说，成为老板的"自己人"不但可以得到其特别照顾，而且可直接获得更好的回报。而达到这一目的有两条途径：一是选择就职于老板与自己有"关系"的公司；二是进入公司后尽量增进自己与老板的关系密切程度。因此我们预期，那些进入前/后与雇主关系密切的经理人其离职意愿应该更低。而那些自认为无法进入老板"关系圈"的职业经理，寻找另一个"圈"就成为其最佳选择。

第四章 影响因素分析与
相关研究假设

第一节 职业经理流失的影响因素

本书第一章第四节图 1-2 中，给出了本书初步的分析框架，之后的实证分析将在该框架指引下进行，最终被验证的流失过程模型和因素模型将在后面的相关章节中给出。

一、个人因素

个人自身因素对其离职倾向的影响已经得到很多实证研究的确认（Holt et al.，2007）。尽管这方面的大多数变量处于组织自身可控范围之外（Waldman et al.，2015），但将其引入因素模型是非常必要的。这一方面可以控制住与组织关系不甚紧密的个人变量，以准确捕捉影响经理人离职的关键组织因素的效应；另一方面可为组织在招聘阶段实施经理人流失预防措施提供对策建议，以完善公司的整体治理机制。

研究指出，刚进入组织的员工此前具有的态度会对之后的态度和行为产生巨大影响（Zimmerman et al.，2016；Holtom et al.，2017）。而个人特征如进入前有关工作的知识（Ng and Dyne，2015；Forrier et al.，2015；Holtom et al.，2017）、对积极适应的愿望和能力、进取型个性（Prabhu，2016；Kammeyer-Mueller and Wanberg，2003）、个人的独特观念（Kammeyer-Mueller et al.，2005）等也会对其未来工作态度和行为产生影响。

苏珊娜和艾瑞（2003）利用一份取自香港华人员工的样本（N = 152）进行的实证研究表明，员工个人此前曾经历过的心理契约破裂历史与当下心理契约破裂的可能性相关，而后者又与离职意愿相关。这意味着员工进入前的工作经历会影响其对于现任职公司的组织承诺度。克里施兰等（Krishnan et al.，2006）对于高层管理团队中女性成员离职影响因素研究指出，个体心理和人口统计学特征等个人层次的因素很可能会影响到女性经理人的离职倾向。由于克里施兰等没有对相关命题和假设进行实证检验，因此这一假说是否成立还有待进一步研究。

研究个人因素的主要目的在于事前防范员工的离职，如果能够识别出哪些个人变量会对其离职倾向产生影响，组织就可在招聘阶段通过应聘者简历、面试、测试等手段获取这些个人信息以预测其离职倾向，从而将那些具有较高离职概率的申请者辨别出来，使离职在事前就成为组织可避免的事情（Murray and Zimmerman，2005）。穆雷和泽梅尔曼（2005）的研究发现，个人简历数据、目的明晰态度和意愿以及目的伪装性留职度量对离职具有预测力。格里菲斯等（2000）的元分析也指出，简历信息可以很好地预测离职（$\rho = 0.31$）。

个人因素对于经理人离职意愿具有较大解释力，这不但意味着其具有直接或间接效应，还意味着该变量会调节其他前因变量对离职意愿的影响作用。我们在文献筛选的基础上，结合前期调查资料选取 5 个用于实证检验的个人变量，分别是工作参与度、承诺倾向、创业动机、中国传统观念意识和风险规避度，前三个作为直接、间接影响变量以及调节变量引入模型，后两个作为调节变量引入模型，本小节先给出前三个个人变量的研究假设，后两个研究假设在后面相关章节给出。

（一）工作参与度

个人因素中最重要的变量是工作参与度，它指员工努力工作的意愿（Price，2001），是员工愿意完成某一工作角色的程度（Currivan，1999）。经验研究指出，工作参与度构念既不同于工作满意度，也不同于组织承诺（Currivan，1999）。

一般而言，进入公司前就具有较高工作参与度的员工相对而言具有较低的离职意愿（Latham and Leddy，1987；Hom and Griffeth，1995）。鲁斯布特和法雷尔（1983）的研究发现，组织承诺会对工作参与度与离职之间的关系产生中介作用。南希（Lance，1991）认为，工作参与度对组织承诺具有直接效应的原因在于，高参与度员工对能够给他提供机会以进行工作活动的组织会抱有感激之心，因而具有较高的承诺度。但米歇尔等（2001）没有发现组织承诺的这一中介作用。

我们除此之外还将在本研究中检验该变量对于相关前因影响效应的调节作用。现在提出假设：

H1a：职业经理的工作参与度会影响其离职意愿，工作参与度越高，离职意愿越低。

H1b：职业经理的工作参与度会调节相关前因变量对离职意愿的影响效应，工作参与度越高，后者的关系越弱。

（二）承诺倾向

经理人对离职行为本身的看法存在个人差异。有的把离职看成是一件需要慎重考虑的重大事情，认为动辄扬言要辞职是不负责任的做法，除非理由非常充分，这类经理人一般不会轻言"跳槽"。而有的经理人则不认为离职是一件关乎责任的重大事件，工作不满意就离开是理所当然的事情。有的甚至将"工作跳跃"作为职业生涯中保持竞争力的一种策略，他们认为，在不同的公司工作有助于提高自身技能和资历（Parker et al.，2015；Connie and Kammeyer-Mueller，2000）。文献中引入承诺倾向构念来捕捉这一差异。很显然，承诺倾向会影响到职业经理的离职意愿。

承诺倾向是员工进入组织时就已经具有的一种特征，它是员工有关离职行为本身的价值观。进入组织时具有较高承诺倾向的员工更容易产生对组织的高承诺度，从而具有较低的离职意愿，反之则具有较高的离职意愿（Kammeyer-Mueller et al.，2005）。由于员工过去较多的"跳槽"经验可以一定程度上反映着个人特征，可以预期，过去有过多次离职经验的员工更有可能离职（Lee and Mitchell，1994）。

与此相关，经理人在前一任职公司工作的持续时间也是承诺倾向的一种外在表现，因而是未来离职意愿的一个很重要的预测因素（Fleishman，2010；Joseph et al.，2015）。如果一个职业经理具有"跳槽"的习惯，这可以由他在此前工作地方所工作持续时间的长短反映出来（Murray and Zimmerman，2005）。较低的持续时间意味着其缺乏职业伦理，后者与组织承诺和离职密切相关（Hom et al.，2017）。卡西欧（1976）的研究证实了这一点，他发现，申请者在前一公司的工龄长短可以预测其后来的离职行为。现在提出以下假设：

H2a：职业经理的承诺倾向会影响其离职意愿，承诺倾向越高，离职意愿越低。

H2b：职业经理的承诺倾向会调节相关前因变量对离职意愿的影响效应，承诺倾向越高，后者的关系越弱。

（三）创业动机

虽然现有大多数离职文献还没有将创业动机正式引入模型，但马奇和西蒙（1958）的先驱性研究却没有排除这一因素对于员工离职意愿的可能影响。由于职业经理相对来说是一个高素质群体，他们的职业追求与一般员工有所不同，拥有自己的事业成为很多在职经理人的职业理想。加之就职于中小民营企业的很多高级经理常常觉得自己的能力并不比老板差（戴园晨，2005），其产生自主创业的想法是非常自然的事情。

基于巴纳德（1938）和西蒙（1945）的研究，马奇和西蒙（1958）识别出自愿离职的两个主要原因，即离职合意度和离职容易度。马奇和西蒙（1958）将离职容易度感知理解为感知到的外部其他组织提供的工作机会数量的函数，后者有时是商业活动水平、可见组织的数量以及员工个人特征等的函数。后来，这一构念被相对简单地以单维度或较少维度度量，被称为"其他机会的可获得性"（Chen et al.，2016）、"认知机会"（Waldman et al.，2015）、"流动容易程度"等（Sun and Wang，2011；Griffeth et al.，2005）。创业动机其实可以从一个方面反映"其他机会的可获得性"，因为在某种意义上可以将自主创业理解为其他工作机会，而创业动机则可看成是这一工作机会的吸引力。

科文等（2004）指出，虽然人们在日常活动中常常"惯性"行事，不愿意轻易改变，但如果其他工作机会非常多，员工将没有动力过高评价现在的工作，从而导致其工作满意度下降，离职愿望随之产生。一项近来的元分析报告了相似的相关系数 0.11（Griffeth et al.，2000）。普利斯（2001）指出，其他工作机会对离职的影响包括两方面，一方面是直接影响其离职意愿，另一方面是通过工作满意度对离职意愿产生间接影响。孙等（2007）的最新研究尝试考察其他工作机会对于相关变量与离职之间关系的调节作用，结果有些令人意外。总之，职业经理对其他工作机会的感知会对其离职意愿产生直接或间接的影响。

因此，如果职业经理的创业动机足够大，其对于把握外部机会的欲望足够强，以至于愿意改变现状，想冒险一试，那么其离职意愿必然较高。因此提出以下假设：

H3a：职业经理的创业动机会影响其离职意愿，创业动机越强烈，离职意愿越高。

H3b：职业经理的创业动机会调节相关前因变量对离职意愿的影响效应，创业动机越强，后者的关系越强。

二、组织因素

大多数离职研究的首要目的在于找到组织自身可控的影响员工离职的因素，然后对此采取相应的管理措施，进而实现降低离职的目标。因此，有关组织因素的研究是相关文献中的主要部分，而几乎所有有关员工态度、工作绩效和离职意愿的文献都会考虑组织自身因素的作用（Lee and Mitchell，1994；McElroy et al.，2001；Ramlall，2003；Krishnan et al.，2006）。根据大量的文献阅读，结合前期进行的深度调查，本书筛选出以下一些有待进一步实证检验的组织变量。

（一）组织回报

组织回报涉及组织用以交换员工劳动服务的各种有形或无形支付，它是组织吸引员工、保留员工，并激励其努力工作的基础。现有研究表明，组织回报是员工在离职决策过程中考虑的重要因素。本书主要考察其中的三个维度：激励制度、发展机会与空间、获取更高收益的机会。

激励制度是组织回报系统的重要维度，它也常被研究员工绩效的分析所重视。简单说来，激励制度即将个人贡献与其所获回报联系起来的政策、措施和体制。研究发现，激励制度对绩效与离职之间的关系起调节作用。当回报被认为与绩效没有关系时，那些高绩效的员工会表现出较高的离职意愿（Sturman and Trevor，2001；Trevor et al.，1997；Suzanne and Luthans，2006）。

现有研究认为，工作绩效会通过多重机制影响离职。在某些情况下，高绩效员工的离职意愿更低，而在某些情况下，绩效表现好的员工反而更容易出走（Allen and Griffeth，2001）。高绩效会导致低离职的观点存在一个重要假设，即工作回报与表现挂钩，因此，表现与报酬之间的关系应被包括进模型以作为调节变量。类似地，高绩效会导致高离职概率的观点也存在一个重要假设，即潜在的雇主能够观察到该员工的确是高绩效，因此，工作表现的可观察性也应作为调节变量引入模型（Allen and Griffeth，2001）。威廉姆斯和利文斯顿（Williams and Livingstone，1994）的元分析表明，当回报更多的是基于表现进行支付时，绩效表现与离职之间的负向关系更加强烈。哈里森等（1996）发现，当回报最大限度地依赖于绩效表现时，绩效与工作满意度之间呈现出很强的正相关关系，因此高绩效的员工满意度会更高，离职意愿会更低。相应地，斯特尔曼和特雷沃（Sturman and Trevor，2001）、贝克腾等（Becton et al.，2016）、温迪等（2005）的研究也都指出，当所获报酬与其贡献不相对应时，那些表现优异的员工很可能会离开。

特雷沃等（Trevor et al.，1997）的实证研究发现，货币薪酬会调节表现与退出之间的线性关系。他们也发现，薪酬增长会改变绩效与离职之间的曲线关系。不管退出意向如何，如果待遇丰厚，表现优异的员工是不会轻易退出的。萨拉民和霍姆（2005）也研究了工作表现与离职之间的关系。他们重复和扩展了特雷沃等（1997）的工作，并应用更先进的生存回归计量方法。结果发现，绩效与退出呈曲线关系，奖金比薪水增加更容易起到阻止表现优异员工离职的作用。如果高绩效员工不管什么原因（上司忽略、职位低下、身在获利性差的部门等）得不到足够的奖金，他们将会选择离开。由于奖金制度是很多公司最常用的一种激励制度，该研究也证实了激励制度对于离职的重要影响。

晋升和发展空间也是重要的组织回报内容。特雷沃等（1997）指出，传统观点认为晋升有助于提高员工的忠诚度是值得置疑的，因为晋升会向市场传递该员工能力的信号。这一信号是员工生产率较高的标志，它会被市场上潜在的雇主观察到（Lazear，1998），从而被"挖走"。外部公司缺乏其他公司员工生产率的直接信息，他们需要从其他公司的行为上推断相关信息（Spence，1973；Auriol et al.，2016），即其他公司的员工能力通过给他安排高职位变得可观察了（Milgrom and Oster，1987）。值得注意的是，通过晋升传递信息的能力显示过程，低能者也更容易离开。虽然他们在职业生涯早期其真实能力被老板完全所知之前会获得一定的晋升，[①] 但随着信息的不断揭露，进一步的晋升很难继续获得，因此离职的愿望会慢慢产生。特雷沃等（1997）的发现与组织心理学中被普遍接受的观点相反，后者认为，晋升对高绩效和低绩效者都有保留作用（Griffeth et al.，2000）。

迈尔和艾伦（Meyer and Allen，1991）注意到，像组织回报、程序公平以及上司支持这样的工作经验与感情承诺的关系比组织的结构特征和雇员的个人特征更密切。埃森伯格等（2002）发现，上司支持感知（perception of supervisor support，PSS）通过 POS 的媒介作用对离职意愿发生影响。原因在于，上司在某种程度上被认为与组织等同，他们对于下属的工作支持会影响到员工对于组织支持的感知（POS），从而最终影响到员工的保持。这点对于我们研究中小企业的职业经理保持问题具有重要启示，因为在中小民营企业中，经理人更是将老板与组织看成是同为一体。[②] 此外，瑞德斯等（Rhoades et al.，2001）利用三个样本对工作经验、组织支持（POS）、感情承诺（AC）以及员工离职之间的复杂关系进行了考察。第一个研究发现，POS 对组织回报、程序公平以及上司支持与感情承诺的关系起媒介作用。第二个研究考察了 POS

---

① 因为这时的晋升不是基于能力而是基于其他普通标准（Rosenbaum，1979）。
② 具体可参见本书第三章定性研究中的相关分析。

和感情承诺分别在两年和三年后的变化，发现 POS 与感情承诺的变化正相关，这意味着 POS 影响感情承诺。第三个研究发现，在 POS 与员工自愿离职之间的负向关系中，感情承诺起媒介作用。

综合看来，这些结果表明，好的工作条件通过组织支持感知有助于提高感情承诺，从而降低员工的撤退行为。现在我们可以提出如下假设：

H4：公司给职业经理提供的组织回报会影响后者的离职意愿，职业经理对组织回报的感知越满意，其离职意愿越低。

（二）薪酬满意度

严格说来，薪酬应被包括进组织回报的范畴，但由于这一变量非常重要，我们考虑将其单独引入模型。除了少数例外（如 Gaertner，1999），[①] 几乎所有研究均表明，薪酬满意度是离职研究中最不可或缺的重要组织变量之一（Ramlall，2003；Maertz and Griffeth，2004），其主要维度包括薪酬水平、内部公平性和外部公平性等（张建琦、汪凡，2003；黄文锋，2007）。

为了考察薪酬激励与非薪酬激励对员工离职及其他效果变量的影响，舒詹勒和鲁坦斯（Suzanne and Luthans，2006）利用纵向数据进行实证研究。结果发现薪酬激励与非薪酬激励对员工离职均有显著影响。但是，薪酬激励在早期和后期的影响效应都大于非薪酬激励。这就意味着总的来说，薪酬满意度是决定员工离职的主要因素。舒詹勒和鲁坦斯认为，公平理论可以对此提供一种可能解释。公司将薪酬提高到市场参考水平以上有助于降低员工离职率（Sturman and Short，2000；Trevor et al.，1997），这一结果也支持了效率工资理论的相关结论。

此外，维思等（Weiss et al.，1999）发现，薪酬结果对员工的幸福感有重要影响，而程序公平只扮演次要的角色，这表明员工看待结果重于过程（Brief and Weiss，2002）。因此，薪酬满意度是员工考虑离职与否的重要决定因素。现在提出如下假设：

---

① 加特勒（1999）发现，薪酬与工作满意度和组织承诺均没有关系，这是一个出乎意料的结果，但是很显然，对于这一结论的一般化推广需要高度谨慎。

H5：公司给职业经理提供的薪酬会影响后者的离职意愿，职业经理对薪酬的感知越满意，其离职意愿越低。

（三）组织条件和组织吸引力

前面两个变量主要从个人角度考察组织因素，下面我们考察组织自身的两个综合性变量：组织条件和组织吸引力，在下一节考察与此相关的人际氛围变量。① 这两个构念都是复合型变量，包含了多个维度。比如，德斯和贝尔德（Dess and Beard，1984）用宽松度、动态性和复杂性来描述组织条件（Krishnan et al.，2006）。参考德斯和贝尔德的界定，结合张建琦、汪凡（2003）等人的研究，本书就这一变量考虑了公司环境、发展前景、社会形象以及管理的完善程度等维度。陈和艾瑞（Chen and Aryee，2007）研究指出，基于组织的自尊已被发现与工作满意度、组织承诺、工作表现以及角色外行为相关。

组织伦理价值理念与离职之间的关系已得到不少研究的确认（Turan，2015）。奥斯特洛夫（Ostroff，1993）发现，组织气候维度与组织承诺之间有强相关关系，组织气候可以解释员工组织承诺度21%的方差。这里的组织气候传统上被描述成对于组织回报和组织支持相关政策、措施和程序的共同感知（Davison et al.，2015）。亨特等（Hunt et al.，1989）也发现，公司道德的价值对于组织承诺具有显著的预测能力。施魏普克（Schwepker，2001）在此基础上发现，员工对积极的伦理道德氛围的感知与工作满意度和组织承诺正相关。在这里，道德氛围被定义为"某类具有道德内容的组织行为和程序的普遍观念"（Victor and Cullen，1988）。孙等（2007）的实证结果发现，高绩效人力资源措施会增加服务导向的组织公民行为，通过创建支持性的工作环境，以增加雇员离开组织的心理成本，从而降低其离职概率。综合这些研究，我们可以提出如下假设：

H6a：公司的组织条件会影响职业经理的离职意愿，职业经理对组织条件的感知越满意，其离职意愿越低。

---

① 在早期的量表设计中，我们曾将人际氛围综合进组织条件变量进行总体考察，但后来的实地调查与专家讨论促使我们做了修正，决定将其分为两个变量进行测度。当然，这一区分的效度问题还有待检验。

H6b：公司的组织吸引力会影响职业经理的离职意愿，职业经理对组织吸引力的感知越满意，其离职意愿越低。

（四）人际氛围

在组织中，尤其是特别注重"关系"的中国社会（Xin and Pearce，1996），成员与他人之间人际关系质量是离职决策的重要影响因素。这一方面是因为人际关系融洽程度会直接影响员工之间相互的工作支持，另一方面还因为人际关系本身便是人们的精神需求。在马思拉切（Maslach，1982）对于精力耗尽（burnout）的研究模型中，精力耗尽的第二个成分被称为人格丧失（depersonalization），它是一种人际距离以及与工作同伴和客户联系的缺失，会直接导致员工的感情耗竭。

最近的离职研究也开始强调关系构念的引入，以捕捉工作关系的质量和性质的影响效应（Chen et al，1998；Maertz and Campion，2004；Mitchell et al.，2001）。马尔茨和坎皮恩（Maertz and Campion，2004）的研究发现，员工与同事的关系良好有助于其留在公司。霍姆和肖（Hom and Xiao，2006）在前述研究的基础上考察了密切的关系网络如何能够促成强烈的忠诚联系。其实证结果表明，紧密的社会网络的确有助于阻止员工离开公司。孙等（2007）也指出，相互依存有助于建立与合作行为相关的信任和意愿，而这些都有助于员工的保留（Mossholder et al.，2005）。

摩索尔德等（2005）系统研究了关系变量对离职行为的预测能力。该文发现两个关系变量显著地影响到员工5年后的离职行为，即个体居于网络中心的程度和人际公民行为。此前的德斯和肖（2001）也考察过关系变量对解释离职行为的重要性，低质量的关系将导致组织的高成本，从而导致较高的离职率。德斯和肖（2001）则表明，组织发展关系社会资本不但可以降低离职率，还有助于提高组织范围内的生产率。

由此可知，中小民营企业职业经理所处的人际氛围会影响其离职意愿。现提出如下假设：

H7：公司的人际氛围会影响职业经理的离职意愿，职业经理对人际氛围的感知越满意，其离职意愿越低。

（五）公平性

公平性概念包括多个维度，如分配公平、信息公平、程序公平、交互公平、领导公平等，本书主要考察程序公平和领导公平两个维度。这样做的原因在于：第一经理人层次较高，明白组织公平性中，程序上的公平才是最重要的；第二报酬（尤其是不固定奖金）的保密制度导致经理人难以评价自身所获待遇的分配公平程度；第三与外部同行进行比较的外部公平性已被薪酬满意度变量所刻画（Deconinck and Stilwell，2004）；第四交互公平、信息公平有时被看成是程序公平的一个成分（Wong et al.，2002；Zinta，2005）。

斯宝特和沃克尔（Thibaut and Walker，1975）关于个人对冲突解决程序反应的研究引发了程序公平理论的发展，该理论主要关注员工对于决策过程和方法的判断。后来的研究者们进一步给出了对于程序公平不同的研究思路和操作化定义（Colquitt et al.，2015）。比斯和摩戈（Bies and Moag，1986）指出，人际关系处理当中的公平性基于这些因素进行评价：多大程度上决策权威是值得信赖和受人尊敬的；充分考虑到决策的沟通；对于决策原则的解释和合理性说明。程序公平视角重点关注做出相应决策的过程（Khan et al.，2015；Yu et al.，2018）。由于程序公平着重于员工对决策方法和程序的公平性感知，这些方法用于决定奖惩的数量，因此结果如何被决定比实际的结果更为重要（Cassar and Buttigieg，2015）。对于程序公平的研究在很多领域展开，比如绩效评估（Colquitt et al.，2013）、雇员解聘以及员工对于薪酬冻结的反应（Konovsky，2015）等。总的来说，这些研究发现，当个人能参与到决策过程的时候，他们会觉得这个过程较为公平（Cassar and Buttigieg，2015）。这一类研究表明，结果如何被决定的程序常常受到个人在组织中的上级以及员工对于公司管理信任的影响（Khan et al.，2015）。

组织公平性和雇员离职是组织研究领域最重要的研究主题之一（Mai et al.，2016；Posthuma et al.，2007）。相关研究表明，对于程序公平的感知增强了员工对于整个组织的承诺水平（Greenberg，1990）。最近有研究给出经验证据表明，程序公平通过感知到的组织支持对员工关于公司的态度产生影响。而交互公平则通过领导—成员交换过程（LMX）对员工关于上司的态度产生影响（Masterson et al.，2000）。西蒙斯和罗伯逊（Simons and Roberson，2003）在部门和营业单位层面考察总公平感知（aggregation of justice perception）对一些结果变量的影响，并且提出，在不同层面将程序公平和人际公平进行区分是有用的。来自 4539 个员工样本的实证分析表明，两类不同的公平类型会对员工组织承诺继而对其离职意愿产生影响。

德孔尼克和斯迪威尔（DeConinck and Stilwell，2004）发现，程序公平是员工对上司满意度的重要直接影响变量，而分配公平对薪酬满意度具有预测能力。两个公平性变量都只是间接地影响组织承诺。尔多干等（Erdogan et al.，2006）也表明，交互公平与 LMX 强相关，而后者会影响员工的离职意愿。当然，不少研究指出，人际公平的含义可被包括进程序公平之内（Zinta，2005）。

虽然大量经验研究发现了程序公平与离职意愿之间直接的显著负向关系（Aquino et al.，1997），但有关这一关系是否真的存在还有很多争论（Posthuma et al.，2007）。而研究者们在建立和确认程序公平和实际离职行为两者之间关系方面还不是太成功（Aquino et al.，1997）。考察离职行为的研究一般报告两者之间没有显著关系（Jones and Skarlicki，2003），比如，兰达尔和穆勒（Randall and Muller，1995）发现，不管是分配公平还是程序公平，两者都与离职意愿相关，但与离职行为则不相关。阿奎罗等（Aquino et al.，1997）则发现，程序公平与撤退行为相关，但与实际离职行为不相关。斯普雷策和米施拉（Spreitzer and Mishra，2002）发现，分配公平和程序公平对组织依附具有预测能力，但对离职行为则没有这种能力。也有研究发现了两者之间的显著关系，比如杨春江等（2014）、琼斯和斯卡里奇（Jones and Skarlicki，2003）等。

对于这些混乱结果的一个可能解释是程序公平与离职之间关系存在潜在的双向效应（Posthuma et al.，2007）。普斯图玛等（Posthuma et al.，2007）将程序公平分为四个维度：提前通知（advance notice）、一视同仁（consistency）、观点代表性（representativeness of views）和决策参与机会（opportunity to participating into decision），通过考察这四个维度对于自愿离职行为的效应，发现提前通知和一视同仁两个维度与离职行为显著负相关。在 logistic 回归模型中，有两个维度对于离职行为具有不同的影响效应，提前通知与离职负相关，而观点代表性则与离职正相关。普斯图玛等认为，不同的程序公平维度对离职产生不同甚至相反的影响这一现象可以应用公平性理论来加以解释，该理论指出，程序公平为员工传递了其被组织看成是公司或团队成员的一种信号（Lim and Loosemore，2017），这一认识会提高其对于组织感情上的联系（Bauer et al.，1998）。反之，程序公平的感知较差会导致其对组织负向的感情状态（Cropanzano et al.，2017）。由于不同的程序公平维度有可能产生不同的信号，因此其作用方向就会有所不同。

此外还有研究发现程序公平的调节效应，比如津塔（Zinta，2005）发现，程序公平会减弱员工对组织内隐蔽自私行为感知与离职意愿之间的关系，但不会减少公然自私行为对离职的影响。

综合以上分析，我们可以提出如下假设：

H8：公司的公平性会影响职业经理的离职意愿，职业经理对公平性的感知越满意，其离职意愿越低。

（六）职业成长机会

职业成长反映了组织在帮助员工达成其职业目标过程中所发挥的作用。在升职和职业发展方面的机会较少会显著地提高员工的离职意愿（Mohamad and Nasurdin，2006）。

与员工个人职业成长有关的高绩效措施与离职或雇员保留相关（Shaw and Shi，2017；Batt，2002；Guthrie，2001）。但迄今为止，这一关系背后的机制仍然处于猜测状况。巴特（2002）认为，诸如培训、就业保障以及相对较高的待遇等建立信任的人力资源激励措施有可能促进员工的依附和承诺，从而减少离职。孙等（2007）根据社会交换特别是互惠规范理论的观点，对来自中国大陆的样本进行实证研究，结果发现高绩效人力资源管理措施的确与离职负相关。

有不少研究从人力资本投资角度考察职业成长机会对于员工离职的影响。在竞争激烈、波动频繁的现代经济当中，工作的稳定性正变得越来越困难，裁员、重组、失业等现象已变得司空见惯，而公司提供的工作保障承诺也越来越难以得到真正兑现。因此，员工就职选择时越来越重视公司提供的职业成长机会，这有助于提高自身在市场上的"可雇用性"。如果公司愿意在这方面加大人力资本投资，那么，其吸引和保留优秀员工的能力将大大增强（Craig et al.，2002）。

综合上述分析，本书提出如下假设：

H9：公司给职业经理提供的职业成长机会会影响后者的离职意愿，职业经理对职业成长机会的感知越满意，其离职意愿越低。

（七）组织变革

很少有研究考察组织变革对离职的影响作用。但根据前期的实地调查和企业家深度访谈我们发现，很多职业经理的离开与组织正在或即将经历的重大变革有关。这些变革可能包括规模变化、流程再造、结构重组、战略调整等。不管经理人出于自身职业安全考虑还是因为担心自己将成为变革的裁减对象，变革作为实实在在的组织因素的确影响着他们的离职决策。本书尝试引入经理人对组织变革的感知变量，考察其对于流失的影响效应。

发端于李和米歇尔（1994）的自愿离职展开模型特别强调"冲击"对于员工离职决策的影响，其中一种重要的"冲击"就是组织正在或将要经历的重要变革或波动，比如股权变更、流程再造、管理制度变更以及重大人事变动等。后来的一些展开模型修改版及实证研究也指出了类似的作用（Lee et al.，1996；Kammeyer-Mueller et al.，2005；Holt et al.，2007）。

苏珊娜和艾瑞（2003）取自香港华人员工样本（N = 152）的实证研究发现，组织变革与心理契约破裂相关，而后者又与离职意愿、心理撤退行为、组织公民精神相关（Alcover et al.，2017；Robinson，1996；Turnley and Feldman，2000）。心理契约指员工的一种信念，该信念涉及员工与其所属组织之间互惠交易的责任、条款和条件等因素。心理契约破裂指员工对组织没有完全履行心理契约暗含允诺责任的感知。组织变革常常在平庸的业绩表现压力下被激发，因此，组织无力实现其对员工的承诺将会导致双方心理契约的破裂，从而促使员工产生离开的想法。因此，在职经理人感知到的组织正在或将要经历的重要变革会影响其离职意愿，现提出以下假设：

H10：公司正在或将要经历的组织变革会影响职业经理的离职意愿，如果职业经理感知到这一变革，其离职的可能性将更高。

三、工作因素

与工作本身相关的因素对于离职意愿和行为具有重要影响（Lee and Mitchell，1994；Griffeth et al.，2000）。普利斯（2001）给出的 7 个结构化变量中有 3 个就与工作特性有关，分别是工作自主性、工作压力和工作单调性。这里的工作压力又包括四种类型：资源不足、角色模糊、角色冲突和工作负荷（张勉，2006）。根据文献阅读和筛选，结合前期实地调查，本书考虑 3 个重要的影响经理人离职意愿的工作因素，即工作自主性、工作压力和工作挑战性。

（一）工作自主性

工作自主性有时又被称为工作控制，指员工控制自己工作进程的独立自由程度，这一概念在很多组织压力理论中扮演着中心角色（Currivan，1999）。哈克曼和奥尔德哈姆（Hackman and Oldham，1975）将该构念定义为"某项工作在工作计划以及程序决策方面给员工提供的自由、独立和自我裁决程度"。库里范（Currivan，1999）的定义与此类似。

组织从官僚型结构转变到有机的组织形式已是全球范围内的一种趋势，这为员工带来了更重的工作责任，也包含了更多新的工作需求。这些工作需求已经对员工心理和生理健康产生影响（Fairbrother and Warn，2013）。管理良好的组织认识到，增加工作需求有必要最大限度地给予员工更多的控制权，使其满足工作的需要。给员工提供自由和主动正成为组织设计哲学的一个基本目标（Bosma et al.，2012）。不少研究建议，应给予那些对自己工作能力具有充分自信的员工足够水平的控制权力（Schaubroeck et al.，2000）。拥有较高工作自主性的员工更容易坦然面对较高的工作需求，即他不会把工作需求看成是较高的工作压力。普利斯（2001）直接指出，自主性会对工作压力与满意度之间的关系进行调节，在高自主度情况下，工作压力高未必会降低满意度。

近来有研究开始关注工作自主性与工作需求关系中文化因素的影响作用。肖布洛克等（Schaubroeck et al.，2000）进行了一项这类研究，他考察工作控制处理工作需求中，文化因素和不同效能观念的影响。结果发现，在美国，对那些报告出较高水平自我效能的员工来说，较高的控制水平感知可以缓解工作需求对于心理健康症状和离职意愿的影响；但对于那些报告出较低水平工作自我效能的美国员工而言，控制水平反而会增大工作需求的影响效应。但是，对于相匹配的香港样本，集体效能以相同的方式同控制水平交互影响工作需求。这些不同可以被归因为不同的自我中心倾向和群体中心倾向，这类倾向与个人主义和集体主义的社会规范相联系。

作为员工参与决策的一种形式，工作自主性中的授权维度代表着一种领导行为，它赋予下属新的责任以及额外的权威以完成责任，即上司将部分权力授予下属以使他对某一活动负起责任来。作为一种领导行为，授权会带来高水平的基于组织的自尊，原因在于授权给员工提供自我导向和控制的机会，而这意味着员工个人的能力、重要性等被组织所承认（Gardner et al.，2004）。

陈和艾瑞（Chen and Aryee，2007）发现，在东方背景下，基于组织的自尊和感知到的内部地位对授权与感情承诺之间的关系起到完全的媒介作用，而对授权与工作满意度之间的关系起部分媒介作用。进一步地，传统观念则调节授权与这些中介变量的关系，传统观念越弱，授权与中介变量的关系越强，反之则越弱。陈和艾瑞给出的解释是，高传统型的员工更愿意服从领导的指引，更少倾向于扮演领导者的角色，因此，当他们被授以权力时，甚至会觉得不安。高传统型员工接受某一工作责任时的不情愿（勉强）源自他们的无权力意识或低代理意识。因此，授权将不会提高传统型员工的自我概念。科尔克曼和夏皮洛（Kirkman and Shapiro，1997）指出，高权力距离的员工不喜欢自主性强、责任重大的工作，这是高度自我管理的主要特征。为了检验中小民营企业中工作自主性对于离职意愿的影响作用，我们提出以下假设：

H11：工作自主性会影响职业经理的离职意愿，职业经理对工作自主性的感知越满意，其离职意愿越低。

（二）工作压力

工作压力指员工在进行工作时需要付出的困难和努力程度（Currivan，1999），它主要包括这样几个维度：一是角色模糊性，即角色预期的不清晰程度；二是角色冲突，即角色期望的不一致性；三是工作负担，即需要完成的工作量过大；四是工作支持不足，即员工不能获得足够的完成工作所必需的组织支持（Currivan，1999；Price，2001）。对工作压力与工作满意度及其他相关结果变量之间关系的研究也是组织理论中的一个热点。有研究指出，与工作相关的压力过大在经理人中非常普遍，调查显示，88%的经理人认为自己承担着过高的压力（Tillson，1997）。

文献中得出的工作压力与离职等结果变量之间的关系还不甚明确（Cavanaugh et al.，2000）。巴佛尔和内夫（Balfour and Neff，1993）的研究支持了工作压力与离职意愿之间的正向关系，他们利用护士样本的实证研究发现，心理上的较高工作需求对于此后的离职具有预测力。而斯佩克特和米歇尔斯（Spector and Michaels，1986）则指出，压力性工作不一定会导致离职。勒昂等（Leong et al.，1996）则没有发现工作压力与工作满意度和离职意愿之间有显著关系。博格和库珀尔（Bogg and Cooper，1995）也得出结论说，感知到的工作压力并不必然导致较差的工作结果。最近的调查甚至注意到，并不是所有工作压力都是坏事。工作压力有时候可以产生竞争优势，促发积极变化等。

卡范劳等（Cavanaugh et al.，2000）指出，出现这些混乱结论的主要原因可能在于压力来源的不同性质（基于员工的估计）。他们的研究样本来自1886个美国的职业经理人。该项研究发现，具挑战性质的工作压力与工作满意度正相关，与工作搜寻行为负相关；而具有妨碍性质的工作压力则与工作满意度负相关，与工作搜寻行为和离职正相关。这就意味着不同性质的工作压力对离职意愿的影响效果有所不同甚至截然相反。为了把具有消极作用的工作压力对于离职意愿的影响效应独立出来，本书考虑单独引入工作挑战性变量，以捕捉卡范劳等指出的不同压力来源引致的不同效应。普利斯（2001）则提醒到，需要考虑其他因素（比如社会支持等）对于工作压力与离职意愿之间关系的调节作用，否则很难得出确定性的结论。

尽管如此，还是有不少严谨的实证研究得出了工作压力与离职意愿之间的正向关系。实证研究结果表明，工作压力与自愿离职显著相关。而在一项元分析中发现，感情上的耗竭与离职意愿之间的相关性达到了 0.44（Cropanzano et al.，

2003）。其他研究也发现了感情耗竭与实际离职行为之间的相关关系（Liu et al.，2015）。导致心理紧绷感和感情耗竭的主要因素就是与工作压力中的工作需求维度（Berkman et al.，2015）。

法默尔和阿桂斯（2005）的研究则涉及工作压力构念的工作支持维度，相关实证结果表明，与上司相关的工作支持会影响员工的离职意愿。此外，大量研究指出，角色冲突和角色模糊与工作满意度和组织承诺相关（Hom et al.，2017）。德孔尼克和斯迪威尔（2004）发现，角色冲突对组织承诺既有直接的效应，又通过上司满意度对其产生间接效应。而角色模糊只对上司满意度产生影响，对组织承诺没有预测力。

在上述研究基础上，我们可以提出如下假设：

H12：工作压力会影响职业经理的离职意愿，职业经理感知到的工作压力越大，其离职意愿越高。

（三）工作挑战性

正如前述，现有研究对于工作压力与离职意愿等结果变量之间的关系得出不甚明确的结论。卡范劳等（2000）认为，这可能是因为工作压力来源的性质不同，具有挑战性的工作压力与工作满意度正相关，而具有妨碍性质的工作压力则与工作满意度负相关。为了分离出这两类不同性质工作压力对于离职意愿的不同影响效应，本书考虑引入工作挑战性变量。这一做法也有助于我们了解职业经理这一特殊群体对工作挑战性的反映是否积极。

其实本书第三章进行的探索性分析已经表明，中小民营企业职业经理尤其是高层职业经理大都有创业的动机，如果他们的企业家精神难以在企业中得到发挥，其出走似乎是很自然的事情。工作挑战性一定程度上可以反映企业给予经理人员发挥潜力的空间和平台，因此我们可以提出以下假设：

H13：工作挑战性会影响职业经理的离职意愿，职业经理感知到的工作挑战性越大，其离职意愿越低。

四、雇主因素

正如前述，雇主因素在中小民营企业职业经理离职决策过程中扮演着非常重要的角色。本书将在模型中正式检验该因素的显著性。雷丁（Redding，1990）曾指出，中国文化环境下员工对个人的忠诚远比对组织的忠诚更为重要。陈等（2002）建议，未来的研究应该检验雇主忠诚的决定因素，其可能包括对雇主的信任、与雇主的"关系"、雇主的体谅、与雇主的沟通、雇主的能力、品质、正直诚实以及关系人口变量等。本书通过文献整理、归纳和筛选工作，并结合前期实地调查和企业家深度访谈，决定在模型中引入雇主重视、雇主领导力、雇主诚信、领导公平、雇主成就动机和雇主信任六个与雇主个人相关的变量，以考察这些因素的影响效应。下面给出相关研究假设。

（一）雇主重视

员工在组织中是否受到上司的关注，以及这种关注是否会转化为具体的工作支持和个人福利对于员工的工作态度和离职意愿具有重要影响。法默尔和阿桂斯（2005）指出，当上司控制着下属所需要以建立和保持其现在合意身份的资源时，该上司就对下属具有实际的影响力。当上司实力较弱，同时其对于下属的重视度不够，提供资源的意愿较弱时，员工的离职意愿和其他撤退行为会增加。当上司实力较强，同时其重视度和提供资源的意愿也较弱时，员工会有强烈动机搜寻其他工作机会，同时缺席等心理撤退行为也会增多，离职意愿增加。埃森伯格等（2002）采用上司支持感知（PSS）这一概念来刻画上司对于下属的重视程度。作者发现，PSS 会影响员工的离职，而 POS 在其中起完全的媒介作用，即员工在某种程度上将上司与组织等同看待（Eisenberger and Stinglhamber，2011）。当上司给予自己足够的重视时，员工会把这种重视看成是组织支持的一种标志。尽管文献中对 PSS 与 POS 之间的因果关系还没有定论（Rhoades et al.，2001），但 PSS 与离职之间的关系却是很清楚的。

　　社会交换理论指出，基于个人信任之上的关系合约会激励员工采取那些并非上司特意要求的有利于组织的方式行动（Blau，1964；Prooijen，2015）。由于信任来自交易双方的社会互动和相互承诺的履行历史（Susanna and Aryee，2003），上司对于下属的重视有助于激起对方对自己的信任，从而稳固双方的心理契约，保证关系的长期维持（Eisenberger et al.，2001）。罗宾逊（Robinson，1996）的分析表明，维持经理人与雇主之间雇佣关系的心理契约包含着经理人对雇主兑现其承诺的信念，这些承诺包括薪水、升职、足够的权力、长期就业保障、培训、职业发展等与职业经理人利益息息相关的条款。这一契约能否继续保持下去主要取决于经理人对雇主的评价。如果雇主对员工的工作和生活不管不问，后者对于雇主的较低评价很容易造成这一契约的破裂，并最终导致经理人的离开（Robinson，1996）。大量社会交换理论研究对此给出足够的经验支持，一般认为，社会交易关系的缺乏会导致较高的离职意愿、较差的工作表现以及较少有利于组织的公民行为（OCBO）和较少有利于上司的公民行为（OCBS）（Takeuchi et al.，2015）。

　　上司对下属表示重视可以采取多种形式。舒詹勒和鲁坦斯（2006）发现，诸如赏识和绩效反馈这样的非财务激励措施有利于员工的保持。社会赏识和承认指来自个人或组织的非正式致谢、关注、称赞、肯定其表现等（Kirchler and Palan，2017；Li et al.，2016）。据内尔森（Nelson，2001）的调查，90%的经理人认为，非正式的工作赞赏有助于更好地激励员工，84%的经理人相信，当员工工作表现较好时给予其非财务的表扬有助于提高其业绩。非财务激励通常被员工看成是增加积极向上氛围的努力，因此员工会以积极的公民行为（Zagenczyk et al.，2015）和工作投入度（Harter et al.，2002）予以组织相应的回报。舒詹勒和鲁坦斯（2006）认为，公平理论可以对此提供一种可能解释，即受到足够非财务激励的员工不会轻易选择离职。

　　雇主因素对中国企业经理人而言更显重要的主要原因在于"在关系导向的社会，雇主在影响雇员行为和态度方面比作为非人格化的组织更为重要"（Chen et al.，2002，第353页），员工对雇主重视的反应比来自组织的支持更为强烈。在中国民营企业尤其是中小民营企业，来自人的规则（人治）而不是来自法律的规则（法治）规范着大多数组织内部行为，老板在组织里主宰一切，公司领导人常被看成是组织的标志和符号。组织个体常常认为，雇主赏识有助于自己获得更多的资源和升职机会（Selmer，2001）。他们会很自然地将雇主的重视程度联想为自己在公司前途命运的指标。因此我们可提出如下假设：

H14：雇主重视会影响职业经理的离职意愿，职业经理对雇主重视的感知越满意，其离职意愿越低。

（二）雇主领导力和雇主成就动机

雇主领导力体现了多大程度上雇主能够带领整个团队获得企业的成功，雇主成就动机则体现了雇主为了达到企业成功愿意付出的努力程度。由于企业成功对于员工的个人成功至关紧要，因此，雇主领导力和成就动机对于员工的工作态度和离职意愿自然就有了重要意义。陈等（2002）就认为，雇主的能力、品质以及正直诚实等会影响到员工对雇主的忠诚度。

领导力指"个人影响、动员和促使别人为了他们所在组织的效率和成功而贡献力量的能力"（House and Javidan，2004，第15页）。文献中出现的领导理论长期以来寻找那些与有效领导相关的特征。适宜性、情感稳定性、外向性、责任心等被归纳为主要的几种领导者个性特征（Mark and Canger，2004）。已有研究发现，领导人的这些个性特征与其成功的领导行为高度相关（Judge et al.，2002）。很显然，雇主领导力的这些维度也会影响到员工的离职意愿（Harris and Brannick，1999），因此可提出如下假设：

H15：雇主领导力会影响职业经理的离职意愿，职业经理对雇主领导力的感知越满意，其离职意愿越低。

H16：雇主成就动机会影响职业经理的离职意愿，职业经理对雇主成就动机的感知越满意，其离职意愿越低。

（三）雇主诚信

雇主诚信是影响职业经理人进入和退出民营企业的最重要因素之一（张建琦、黄文锋，2003；张建琦、汪凡，2003；吉云，2008）。民营企业主自身诚信不足不但阻碍了优秀职业经理人的进入，而且将直接导致经理人的背叛（张建琦，2002；Robinson，1996）。大量文献表明，信任和承诺、工作满意度、组织公民行为以及工作表现等与工作相关的态度和行为显著正相关（De Jong et al.，2016）。还有不少研究直接得出信任与离职意愿的负向关系（Schnake and Dumler，2000）。毕尔斯玛和库普曼（Bijlsma and Koopman，2003）的元分析结果也证实，员工与组织之间的信任关系有助于提高前者的忠诚度，进而降低其离职意愿。在此基础上穆罕默德和纳赛尔丁（2006）也发现，提高员工对组织或组织代理人的信任程度的确有助于降低其离职意愿。

罗宾逊（1996）的分析表明，维持经理人与雇主之间雇佣关系的心理契约包含着经理人对雇主兑现其承诺的信念，这些承诺包括薪水、升职、足够的权力、长期就业保障、培训、职业发展等与职业经理人利益息息相关的条款，这一契约能否继续保持下去主要取决于经理人对雇主诚信的评价，雇主诚信缺失很容易造成这一契约的破裂，并最终导致经理人的流失。苏珊娜和艾瑞（2003）利用取自香港华人员工（N＝152）的样本进行心理契约破裂与离职意愿、心理撤退行为关系的实证研究。结果证实了两者的显著相关关系，这一发现与阿尔科沃尔等（Alcover et al.，2017）、图恩雷和费尔德曼（Turnley and Feldman，2000）等人的结论一致。苏珊娜和艾瑞（2003）指出，导致心理契约破裂的两个首要因素是不守诺言和不一致。前者指雇主有意不遵守对员工的承诺，后者指员工与雇主就某一承诺具有不同的理解，总的来说就是雇主的诚信不足。

从信息经济学角度来看，雇主诚信缺失本质上是委托人道德风险的问题，它是雇主在信息不对称情况下进行各种权衡后采取的一种机会主义行为，因此，信息不完全或不确定性的存在是经理人特别看重雇主诚信的重要原因。如果雇主诚信不足，经理人预期其采取机会主义行为的概率将会很高，而这降低了经理人的期望收益。柯洛克（Kollock，1994）指出，诸如组织资源获取、工作目标确定、决策信息控制等方面的不确定性要求经理人对雇主具有足够信心，雇主诚信缺失会导致职业经理人没有动力去主动承担这类不确定性。张建琦、黄文锋（2003）进一步指出，财务信息上的欺诈会直接影响经理人的货币收益（如股权收益），而要求经理人配合欺骗顾客和社会则增加了自身的心理成本，并影响到自己的声誉。而且，雇主诚信缺失会影响到企业的长远发展，命运系于企业的职业经理人自然不愿将自己的前途葬送在这样的雇主手里。

此外，雇主诚信与职业经理人自身的诚信会相互影响。一方面，由于信任机制是依赖社会成员间默认同意的非正式规则维持的，雇主的失信行为会破坏这一规则的良性运转，降低职业经理人也失信的心理成本，"背叛成了一些经理人心安理得的事情"（张建琦，2002，第107页），经理人会"毫无歉意"地离开组织。陈等（2002）也指出，中国背景下，员工对雇主的信任程度、雇主自身正直诚实等品性会影响到员工对雇主是否保持忠诚。汪等（2002）也得出类似结论。另一方面，当经理人进入民营企业后发现雇主诚信不足时，为了保护自己的利益不受雇主可能的失信行为损害，离职也许就是他的最优策略。而对于准备进入民营企业的优秀职业经理人，没有诚信的雇主是得不到他"效力"的（张维迎，2003）。施魏普克（2001）就指出，诸如公平交易、信任、负责任和信守承诺这样的伦理道德原则对于关系型市场交易的发展是非常重要的。因此，雇主的诚信水平会影响到职业经理工作态度和离职意愿。张建琦、黄文锋（2003）的实证研究对此给予了一定支持。

由于信息不对称，经理人是不可能知道雇主真实的诚信水平的，他进行决策的依据只能是基于观察和相处经验，自己主观上认定的雇主诚信。本书在黄文锋（2007）和吉云（2008）的基础上利用四个维度构造雇主诚信变量，并相应地提出如下假设：

H17：雇主诚信会影响职业经理的离职意愿，职业经理对雇主诚信的感知越满意，其离职意愿越低。

（四）领导公平

领导公平是组织公平性的一个重要维度，为了反应本书重点强调的雇主影响因素，我们特意将其独立出来构造一个变量。这一做法可以帮助我们了解领导公平对经理人产生离职意愿的路径是否与其他组织类变量有所不同，从而构建更符合我国中小民营企业实际情况的职业经理流失过程模型。

领导公平构念主要关注企业领导人在对待下属时是否一视同仁，是否给予下属权利以足够的尊重。它来自员工对上司或雇主个人行为和品性的感知，会直接影响到下属对上司的看法，从而影响到双方的关系型交易关系（Cropanzano et al.，2003；Schwepker，2001；Konovsky and Pugh，1994），进而对前者的忠诚度产生影响（Chen et al.，2002；Wong et al.，2002）。

尔多干等（2006）依据自土耳其516个教师样本的经验证据表明了尊重职员—交互公平与LMX之间的关系。交互公平指的是人际沟通和交流的公平程度，它与LMX强相关。塔克奇等（Takeuchi et al.，2015）发现，雇员对领导人程序公平和交互公平的感知是相似的。在本书中，我们直接将尊重职员这一维度包括进领导公平的操作性定义，以反映其对离职意愿的影响，所以有下述假设：

H18：领导公平会影响职业经理的离职意愿，职业经理对领导公平的感知越满意，其离职意愿越低。

（五）雇主信任

雇主信任指雇主在多大程度上愿意相信员工会自觉维护雇主和组织的利益。雇主信任程度高就意味着雇主愿意给予更多的工作支持（Eisenberger et al.，2002；Farmer and Aguinis，2005）、更高的职位（Selmer，2001）和更多的授权（Schriesheim et al.，1998；Chen and Aryee，2007）。对在我国台湾地区和新加坡的华人组织进行的实证研究发现，这些华人公司在雇用员工时，主要考虑的因素就是私人信任，对于高层职位来说尤其如此（Kao，1990；Tong，1990）。"只有那些有好关系或忠诚于老板的人才会被提拔到较高职位"（Chen and Francesco，2000）。因此很显然，雇主对经理人的信任程度在职业经理离职决策过程中扮演着重要角色。

苏珊娜和艾瑞（2003）的实证研究表明，员工与组织之间心理契约破裂会导致前者的离职。心理契约指的是员工的一种信念，该信念涉及员工与其所属组织之间互惠交易的责任、条款和条件等因素，如果雇主体现出对于员工的不信任，那么这一契约很容易破裂（Schwepker，2001）。其他很多研究也发现了心理契约破裂与工作满意度、组织承诺以及离职意愿之间的关系（Alcover et al.，2017；Robinson，1996；Gupta et al.，2016；Turnley and Feldman，2000）。

雇主信任影响员工的工作态度和离职意愿这一发现也可以在领导—成员交换理论（LMX）框架内得到解释。按照该理论的说法，领导人所建立的高质量社会交换关系基于与组织成员之间的信任和互爱（Erdogan et al.，2006）。相反，低质量的社会交换即是经济交换关系，它的建立不会超过雇用合同范围（Zhang et al.，2015）。基于互惠规范，对于回报利益的义务感会加强人与人之间的关系（Eisenberger et al.，2001）。信任关系的相互性会导致雇主对经理人的信任程度也会反过来影响到后者对前者的信任程度。因此可提出如下假设：

H19：雇主信任会影响职业经理的离职意愿，职业经理对雇主信任的感知越满意，其离职意愿越低。

五、其他因素

（一）工作嵌入度

研究表明，关系构念的引入有助于提高离职模型的解释力。比如柯亨（1999）就发现，某些非工作领域的变量会影响到员工实际的离职决策（Kevin et al.，2004）。亲属责任会降低员工离职的容易程度，从而促使其在离职决策时谨慎行事（Waldman et al.，2015）。与此相关，阿津和费施贝恩（Ajzen and Fishbein，1977）的态度模型表明，个人行为会受到"其他人"对其应该如何行事的期望影响，而与自己保持特殊关系的"其他人"在其中扮演着重要角色，对离职这样的重要决策来说，"其他人"的期望更不容忽视。

米歇尔等（2001）借用经济社会学的"嵌入"①（Granovetter，1985）概念构造出工作嵌入度这一构念，他们认为，这一构念包括三个维度：第一，员工与其他人和活动保持联系的程度；第二，员工工作和交际圈与"生活空间"其他方面的匹配程度；第三，联系被打破的容易程度，即如果他们离开现在的公司，他们将会失去的东西。米歇尔等（2001）的实证结果显示，工作嵌入

---

① 在经济社会学文献中，"嵌入"被用以说明社会关系影响和约束个体经济行动的过程。

度对离职意愿和离职行为均有解释能力，在工作满意度、组织承诺、其他工作机会以及工作搜寻之外，工作嵌入度显著增加了模型对离职方差的解释。

进一步地，李等（2004）在此基础上将工作嵌入度具体分为两个维度进行度量，即工作内和工作外嵌入度。相关实证结果表明，工作外嵌入度与自愿离职和自动缺勤显著相关，而工作内嵌入度则没有相应的解释力；工作内嵌入度与组织公民行为和工作表现显著相关，而工作外嵌入度对此没有预测效力。此外，嵌入度还会调节缺勤、组织公民行为和工作表现对离职产生的效应。这两项研究充分表明了在离职影响因素模型中引入工作嵌入度构念的必要性。此后还有不少其他研究重点考察关系构念对员工离职的解释力（如Maertz and Campion，2004；Mossholder et al.，2005；Hom and Xiao，2006；等等）。

对于中国的经济组织来说，工作嵌入度还包含了一个非常特殊的维度：与雇主的私人"关系"。学者们普遍认为，每个国家和社会都有"关系"的影响存在着，但中国的特别之处在于，关系无处不在，并在日常生活中扮演着关键角色。中国社会中关系的基础可被区分为血缘基础和社会基础，两者都包含一个重要维度，即关系的密切程度，它取决于感情。曾和埃里克（Tsang and Eric，1998）指出，关系的特征是价值性、稀缺性和不可模仿性。新和皮尔斯（Xin and Pearce，1996）利用来自中国的数据检验了中国社会中关系的重要性。他们认为，个人关系在那些缺乏稳定法律和规制环境的国家显得特别重要，而中国目前所处阶段也体现出这样一些特征。

在中国的民营企业中，员工与雇主之间特殊的个人"关系"在雇佣关系中的确扮演着重要角色（Xin and Pearce，1996；Farh et al.，1998；Tsang，1998）。由樊景立等（1998）进行的一项对中国的研究指出，诸如信任、互爱、合意评估、交流的频繁度以及合意行动等结果变量都直接受到"关系"的影响。另一项来自不同样本的研究也发现，LMX的质量、下属的承诺度以及上司对下属工作表现的评价等都与"关系"显著相关（Chen and Francesco，2000）。对我国台湾地区和新加坡华人组织进行的研究也发现，公司在雇用员工时，私人信任是主要的考虑因素，尤其对高层职位来说更是如此（Kao，1990；Tong，1990）。所以，只有那些有好关系或忠诚于老板的人才会被提拔到较高职位。反过来则可以认为，身居高位的员工才会与老板有较好的关系。好关系意味着员工应该忠诚于他的老板，进而忠诚于组织，因为老板已被当成是公司的代表和标志。因此，一个拥有较高职位的员工应该对老板更忠诚，或者对于老板个人代表的组织有更高的承诺度（Chen and Francesco，2000）。

在中国社会里，雇用决策常常基于这一考虑，即新雇用的员工是某一与老板有关系的人的朋友或亲戚。这就是在中国，关系在就业关系中扮演如此重要角色的主要原因。员工对社会感情收益的分配喜欢按照不同的关系密切程度采用不同的规则，因此，他对自己与老板关系密切程度的感知会影响其对于交互公平性的感知（Wong et al.，2002），这一感知进而影响其离职意愿。因此我们可以提出如下假设：

H20：工作嵌入度会影响职业经理的离职意愿，职业经理感知到的工作嵌入程度越高，其离职意愿越低。

（二）匹配度

匹配度意味着某类组织具有对某类个体更多或更少吸引力的某种文化（O'Reilly et al.，1991）。德坎普（DelCampo，2006）指出，检验个人—组织匹配度与员工撤退行为的负相关关系将是离职文献重点关注的问题。

早期文献中，查特曼（Chatman，1989）、克里斯托弗（Kristof，1996）等重点研究了个人—组织匹配这一概念。最近，斯维德等（Swider et al.，2015）和江（Jiang，2016）等人也对此进行了研究。归纳起来，这些文献所给出的相关构念指的是相融程度，即个性特征、信念以及个人价值观与组织文化、战略需求、规范以及组织价值的一致性程度。与匹配度相似的另一概念是组织身份认同（van Dick et al.，2004）。在个人层面上，组织身份认同来自社会认同文献，指的是"个人与组织在感知上的同一性，以及将组织成功与失败看成是自己成功与失败的经验"（Mitchell et al.，2001，第1107页）。根据这一理论，个人与组织的匹配意味着自我与群体重叠部分的感觉，以及组织核心价值与身份特征的内部化，它是一个自我定义的概念（van Dick et al.，2004）。

当然，现有大量研究已经发现，匹配度与离职意愿负相关。有研究提出证据表明，相容性是影响工作选择的一个关键过程（Zimmerman et al.，2016）。即个人在评估周边工作环境时，会考虑到与自身与其是否相容的问题。李和米歇尔（1994）的展开模型也确认了匹配过程在员工多个离职路径中的作用。个人和组织之间在其道德维度——诚实上的价值观念相容程度越高，前者的离职意愿越低。范登伯格（Vandenberghe，1999）也发现，在保健行业内，组织与个人价值观的协调程度会影响到员工的离职倾向。卡梅尔—穆勒（2005）发现，新进员工个人与环境的匹配度会影响其之后的离职意愿。

此外，奥雷利等（O'Reilly et al.，1991）研究了匹配度与组织承诺、满意度和绩效之间的关系。孙等（2007）的最新研究指出，雇佣关系的关系观点强调雇用的过程，在这一过程中，组织会同员工发展出高质量、开放型的关系，这一关系以相互依赖、互利互惠为主要特征。相互依赖意味着雇主与雇员对他们的相关目标持有相同的预期（Dabos and Rousseau，2004），这一相同预期的含义可被匹配度这一概念所捕捉。

用于解释匹配度与离职意愿负相关关系的理论主要包括资源依赖理论和社会认同理论（Farmer and Aguinis，2005）。资源依赖理论的主要观点在于员工的身份保持有助于其获得足够的资源以实现其职业目标，因此，其职业目标与组织资源的匹配度会对其保留这一身份的意愿产生影响（Farmer and Aguinis，2005）。社会认同理论有时又被称为身份认同理论、自我确认理论或角色认同理论（Burke，1991；Brown，2015），这些理论指出，自我主要由个人扮演的各种社会角色来界定（Brown，2015）。自我确认理论认为，下属的需要应被满足，以建立、确认和保持其角色认同。对于个人而言，其给定身份的重要性决定于不再保持这一角色或者放弃角色期望带来的社会和个人成本（Bench et al.，2015；Brown，2015）。个人在意义解释过程中计算其不再扮演或放弃一种角色期望的成本被称为自我确认（Xu et al.，2015）。

范迪克等（2004）应用社会认同理论框架来研究个人行为。他们发现，个人会以其所属群体利益为导向进行思考和行动，因为这一群体成员的身份增加了他的社会认同度，而这会部分决定其自尊。在组织内，较强的组织认同与较低的离职意愿相关。范迪克等指出，由于认同是一种更为一般性的对员工和组织共同命运感觉的观念，因此认同与离职之间的关系将是间接的，由更具体的工作满意度在其间起中介作用，该文的四个样本均支持了这一假设。本书也将在实证研究中检验工作满意度和组织承诺等中介变量的作用。现提出如下假设：

H21：匹配度会影响职业经理的离职意愿，职业经理感知到自身与组织或雇主之间的匹配程度越高，其离职意愿越低。

（三）其他工作机会

大量研究证实了离职容易度对离职意愿和离职行为的重要影响效应。马奇和西蒙（1958）曾经将离职容易度理解为员工感知到的其他工作机会数量的函数，后者又是商业活动水平、外部组织数量以及员工个人特征等的函数。后来，这一构念又被操作化定义为"其他机会的可获得性"（Chen et al.，2016）、"认知机会"（Waldman et al.，2015）、"一般工作可获得性"（Trevor，2001）、"流动资本"（Trevor，2001）以及"流动容易程度"（Sun and Wang，2011）等。

其他工作机会是离职容易程度变量的最重要维度，本书尝试将其引入模型进行实证检验。这一变量在文献中常以这样一些形式出现：离职成本（Kammeyer-Mueller et al.，2005）、工作机会（Judge et al.，2010）、工作搜索成本、非正式组织的存在以及失业率等（Maertz and Campion，2004）。

最具启发意义的一个构念是格里菲斯等（2005）发展出的任职机会感知（employment opportunity index，EOI）。该构念经过因子分析最终得到包括五个维度的 EOI 度量，即流动容易程度、流动合意度、网络关系、其他工作机会的现实性以及可流动性。一系列探索性因子分析和验证性因子分析结果表明，5 维度构念具有满意的心理计量学性质和构念、标准相关效度。我们在模型中引入的其他工作机会变量便是参考该构念进行设计的，其在中国背景下的信度和效度将得到本书样本的检验。

已有研究表明，其他工作机会感知对员工的离职意愿具有重大影响（Griffeth et al.，2005）。这一影响可能是直接的，也可能通过工作满意度间接作用（Price，2001）。一项近来的元分析报告了这两个变量的相关系数达 0.11

（Griffeth et al.，2000）。南希（1991）指出，从交易关系的理论视角来看，对于其他工作机会吸引力的感知会对组织承诺产生直接影响效应（Rusbult and Farrell，1983）。卡梅尔—穆勒（2005）的动态模型则强有力地表明，离职受到员工感知到的离职成本的显著影响。这一研究系统确认了其他工作机会变量在离职模型中的重要作用。

与其他工作机会相关的另一些构念也被发现对于离职意愿具有复杂的效应，如失业率等（Sun et al.，2007）。前面我们曾经提到文献中关于工作绩效与离职之间关系的讨论，其中一种观点认为，高绩效会导致高离职（Salamin and Hom，2005）。该观点存在一个重要假设，即潜在雇主能够观察到该员工的确是高绩效（Allen and Griffeth，2001）。因此，其传导机制是高绩效导致员工更多的其他工作机会感知，而后者则提高了离职意愿。加科夫斯基（Jackofsky，1984）就指出，绩效表现直接影响了员工自己对于其他工作机会的感知，高绩效员工会有更高的感知水平，这导致其更可能会离职。南希（1988）则认为，加科夫斯基（1984）的看法意味着工作表现与自愿离职之间是正相关关系，但是，如果高绩效在提高满意度的同时增加了员工对其他工作机会的感知，那么，绩效对于离职的总效应是不确定的。[①] 所以，如果在模型中考虑其他工作机会变量的直接效应或调节效应，高绩效导致高离职的结论是否成立就值得怀疑。

其他工作机会影响离职意愿的机制是明显的。根据莫布里（1977）的中介联系模型，员工在正式离职前存在工作搜寻和工作评价活动。通过这一过程，员工会综合评价搜寻其他工作机会的难度、其他工作机会的未来价值以及与目前工作相比其优势所在，然后做出最后决策。心理学和组织行为学的相关研究表明，人们在日常活动中常常"惯性"行事，如果不是诱惑太多、太大，员工是不会轻言辞职的。但如果其他工作机会非常多，员工将不会过高地评价现在的工作，而这将直接导致其离职意愿的产生（Kevin et al.，2004）。因此我们可以提出如下假设：

H22：其他工作机会感知会影响职业经理的离职意愿，职业经理感知到的其他工作机会越多，其离职意愿越高。

---

① 这甚至可以用来解释张建琦、汪凡（2003）"高薪酬导致高离职"的实证发现。

第二节 中介变量和调节变量

一、中介变量

在马奇和西蒙（1958）的经典模型中，相关前因变量对离职产生直接影响作用。在此基础上，莫布里（1977）提出了考虑更多中间阶段的中介联系模型。该模型深入研究了工作满意度导致员工最终自愿离职之间的具体过程和作用机理，这一过程包括现状评估、满意度感知、考虑退出、评估搜寻行为的期望效用和成本、搜寻意愿、搜寻行为、其他工作评估、与现状的比较、离职意愿产生、实际离职。之后有大量研究尝试从实证上找到对于这些中间变量媒介作用的经验性支持。

格里菲斯等（2000）的元分析就发现，离职的直接前因变量工作满意度、组织承诺、工作搜寻、其他工作机会、撤退感知以及离职意愿等对于离职行为具有很好的解释效力。而这些变量又受到其他环境变量、个人变量和结构变量的影响（Price，2001）。普利斯（2001）确认了四个不能忽视的中介变量：工作满意度、组织承诺、工作搜寻行为和留职意愿。休林（1991）重点强调了员工对一般工作撤退行为（离职、缺勤、工作转换等）的感觉，以及这类感觉对一系列撤退行为的影响（Dickter et al.，1996）。温迪等（2005）应用经理人样本，通过研究工作转换与工作满意度之间相互影响、相互作用的动态机制和过程，对传统离职模型着重于工作满意度与离职之间递归关系的思路进行挑战。温迪等指出，工作满意度的低下会导致工作转换，工作转换又反过来暂时提高工作满意度（蜜月效应），之后工作满意度又降低（时滞效应）。因此，从员工整个职业生涯看来，其离职与满意度之间呈现相互影响的内生性关系。

南希（1991）给出了一个包括总体工作满意度、组织承诺等离职直接前因变量的综合模型。该文假设工作满意度与组织承诺之间存在反馈关系。实证结果发现，作为直接前因变量的工作满意度和组织承诺又受到工作环境感知多重集合的影响。工作范围感知和报酬系统的公正性两个变量对工作满意度具有直接效应，而工作参与度、组织可依赖性和感知到的其他工作机会则通过组织承诺对于工作满意度产生间接影响。此外还有三个变量对于工作满意度和组织承诺同时具有直接影响，即领导行为、与同事的关系、角色压力。南希的研究给后面的学者带来了很多启示。

（一）工作满意度

自 20 世纪 30 年代开始就有不少文献专门研究离职模型中的这一核心中介变量。霍普克（Hoppock，1935）在对一个社区中的工人进行调查和面谈的基础上发现，工作环境的某些要素（比如上司）、家庭期望以及"情感失调"都会影响到工作满意度（Brief and Weiss，2002）。布里夫和维思（Brief and Weiss，2002）总结道，至少在概念上，对员工情感和情绪会产生影响的工作场合内生变量可被分为这样几类：压力事件（或称反向刺激）、上司（George，2000）、工作团队特征、工作设置（比如工作复杂性、工作环境等）、组织回报和惩罚（Weiss et al.，1999）等。这些变量对于工作满意度的影响会受到组织和社会支持的调节（Rhoades et al.，2001）。

工作满意度是离职影响因素研究中被考察次数最多的变量（Hom and Kinicki，2001；van Dick et al.，2004）。自从马奇和西蒙（1958）识别出离职合意度和离职容易度这两个导致员工自愿离职的主要原因之后，概念化离职合意度的工作满意度构念就一直是离职研究关注的重点。据一项对于 PsycINFO 数据库的搜索显示，该数据库收入的包括 1976～2000 年有关工作满意度主题的研究达 7855 项之多（Harter et al.，2002），尽管这项搜索并不专门针对离职研究，但其数量之巨也足以表明学术界对于工作满意度变量的重视程度。

早期的工作满意度构念主要考察其情感层面。1976 年，洛克（Locke）给出了后来颇具影响力的工作满意度定义，即"由员工对其工作或工作经验的评价带来的一种愉快或积极情感状态"（Locke，1976，第 1300 页），此时，工作满意度被视为员工对工作本身的一种情感反应。大约 10 年以后，沃甘和尼尔（Organ and Near，1985）认识到，工作满意度既有情感维度，又有认知维度。摩托维德罗（Motowidlo，1996）在此基础上将自我报告的工作满意度定义为"有关工作环境合意度的判断"（第 176 页）。维思（Weiss，2002）与此相一致，并更简洁地将其理解为一种心理态度，他将工作满意度定义为"员工对其工作或工作情景所采取的一种积极（或消极）的评价性判断"（第 6页）。布里夫（Brief，1998）采用了最为接近心理态度的工作满意度构念，即"员工对具有一定程度合意性的工作经验进行情感和/或认知评价，通过这一评价所表现出来的内部状况就是工作满意度"（第 86 页）。

文献中发现的对员工工作满意度具有重要影响的因素众多。布里夫和维思（2002）认为，至少在概念上，对员工情感和情绪会产生影响的工作场合内生变量可被分为几个并不必然相互独立的类别：压力事件（或称反向刺激）、工作团队特征、工作设置（比如工作复杂性、工作环境等）、组织回报和惩罚等。而另一些研究则指出，下属的情感还会受到领导者的影响（George，2000）。维思等（1999）发现，组织回报结果也会影响到员工的幸福感，而程序公平虽然只扮演次要的角色，但也对满意度产生影响。南希（1991）指出，工作满意度会受到工作环境感知多重集合的影响。他发现，工作范围感知、报酬系统的公正性、领导行为、与同事的关系、角色压力五个变量对工作满意度具有直接效应。加特勒（Gaertner，1999）应用元分析结构方程模型方法对离职模型中工作满意度和组织承诺的前因结构变量进行检验。结果发现，大多数结构变量与工作满意度直接相关，值得注意的例外是薪酬的效应不显著。

由于大量研究表明员工对工作和组织的态度会直接影响其离职意愿（Steel，2002；Kammeyer-Mueller et al.，2005），因此，工作满意度在所有离职理论中都扮演着主要角色。在大多数离职研究中，它是被作为一个关键的心理学预测变量进行处理的（Dickter et al.，1996）。一个五维度的工作满意度构念与离职意愿的平均相关系数被发现达到 0.31（Kinicki et al.，2002）。另有几项元分析报告了工作满意度与离职之间的相关性： - 0.24（Tett and Meyer，1993）、 - 0.28（Steel and Ovalle，1984）、 - 0.19（Griffeth et al.，2000；Hom and Griffeth，1995）。

　　哈特尔等（Harter et al.，2002）基于 36 个公司 7939 个营业单位的样本，应用元分析方法在营业单位层面考察员工满意度—投入度与离职率、生产率等结果变量的关系。结果发现，员工满意度和投入度在商业单位层面上与离职率有关，这些相关性对于所有公司而言具有一般性，因此其对于大多数组织而言具有重要意义。杜等（Du et al.，2006）应用来自中国湖北的样本研究了一个中国建筑行业职业经理人的离职模型。相关结果表明，7 个工作满意度（JS）和组织承诺（OC）变量影响到建筑行业经理人的离职意愿。

　　进一步地，大量理论模型和经验研究指出，工作满意度对相关工作和组织特征（如薪酬、工作性质、晋升机会、工作群体关系）与离职之间的关系起中介（或部分中介）作用（Wendy et al.，2005）。特雷沃（2001）则认为，工作满意度对于自愿离职的影响会受到教育水平、认知能力以及职业专用性培训的调节作用。同时，离职模型中存在工作满意度与其他变量的两种交互效应，即工作满意度与一般工作可获得性对离职的交互效应；工作满意度与流动资本的交互效应。文中指出，一般工作可获得性对于工作满意度与离职之间关系的调节作用被几个概念模型讨论过了（Pindek et al.，2017）。主要观点是当其他工作机会不多时，满意度与离职之间的关系就会减弱，因为员工不能轻易"感情用事"，在做出实际离职决策之前，他会对于不确定的前景犹豫不决。而当员工的个人能力较强，流动资本较为丰厚，有很多工作机会可供选择时，工作满意度与离职之间的关系就比较密切。这是容易理解的，如果个人对于自己给劳动力市场发送的能力信号没有信心，那么，他是不会轻易由于对工作不满意而离职的。加科夫斯基（1984）就指出，高绩效员工更容易找到其他工作机会，因此他们的满意度水平对于离职的影响要比那些低绩效员工更强烈。即高绩效员工工作满意度与离职之间的联系更紧密。

　　在上述文献的基础上，本书主要检验工作满意度对于离职意愿的预测效力，及其对于相关前因变量与离职意愿之间关系的中介作用，因此我们提出以下假设：

　　H23：工作满意度会影响职业经理的离职意愿，职业经理感知到的工作满意度越高，其离职意愿越低。此外，工作满意度在相关前因变量与离职意愿关系间起中介作用。

（二）组织承诺度

研究表明，员工的组织承诺度（OC）与其离职意愿负相关（Schwepker，2001）。在离职文献中，组织承诺度与工作满意度共同形成影响离职意愿的最重要态度变量，其对于离职的预测力逐渐被学者们广泛接受。

早期学者在人力资源管理文献中采用较为宽泛的承诺变量，主要用于解释承诺度对于相关结果变量的影响。莫罗（Morrow，1993）的工作识别出了5种不同类型的承诺，即对于工作本身、职业、工作角色、组织和联盟的承诺。由于组织承诺之外的承诺度含义可被其他构念捕捉，组织研究逐渐将注意力集中于员工针对组织这一特殊对象的承诺度：组织承诺。一种被人们广为接受的组织承诺分类是基于个人态度与其行为的差异，即将组织承诺分为态度承诺和行为承诺（Zimmerman et al.，2016；Reichers，1985）。

在较宽泛的意义上，组织承诺指的是个人对于他所在组织的忠诚感和联系（Bozeman and Perrewe，2001）。组织承诺度被研究者们从多个方面和角度进行定义和概念化，他们将其定义为个人认同和参与某一特定组织的强度（Bozeman and Perrewe，2001，第604页），这一概念包含三个维度：组织目标和价值的强烈信念和接受、愿意为了组织利益而努力、保留组织成员身份的强烈意愿（Zimmerman et al.，2016）。此后，文献中出现多种组织承诺度的度量指标，单项目、多项目等。

组织承诺研究中被引用最多的是迈尔和艾伦（1991）极富创造性的观点。迈尔和艾伦超越了已有研究对态度承诺和行为承诺的分类，认为组织承诺作为一种心理状态，至少包括三个彼此分离的部分：愿望（感情承诺）、需要（连续承诺）和义务（规范承诺），他们认为，前述三个部分分别由不同的前因变量决定，其对于与工作相关的行为具有不同含义。迈尔和艾伦指出，此前文献提到的感情依附构念将承诺看成是个人对于某一组织的感情趋向，这一构念对应本书的感情承诺维度，即想要那样做；现有研究中提到的感知成本则来自个人对于离开组织会产生成本这样一种感知，其对应与本书的连续承诺，即需要那样做；而少数学者将承诺看成是一种应该留在组织的义务，这又对应本书的规范承诺——应该那样做。

在新构造的三维度组织承诺构念基础上，迈尔和艾伦（1991）考察了组织承诺各维度的影响因素。首先，迈尔和艾伦指出，（感情）承诺的影响因素可以归为四类：个人特征、结构特征、工作相关特征以及工作经验等。其次，连续承诺反映了员工对于离职成本的感知，任何有可能增加这一感知成本的因素都可被看成是一个前因变量。最常被提及的是赌注（side bets）或投资、其他机会的可获得性（availability of alternatives）。因此，年龄和工龄这些可能反映赌注和人力资本投资的变量就与连续承诺相关。最后，迈尔和艾伦认为，到目前为止，大多数规范承诺的理论发展只是理论性的，而非经验性的。维纳（Wiener，1982）指出，保留在某一组织的义务感觉来自施加在个人身上的规范压力的内部化，它要么在个人进入组织前已经产生（家庭或文化社会化），要么伴随着进入而产生（组织社会化），因此规范承诺的影响因素更具社会性质。

瑞德斯等（2001）的实证研究发现，组织支持（POS）会影响感情承诺，且在 POS 与员工自愿离职之间的负向关系中，感情承诺起媒介作用。这些结果表明，好的工作条件通过组织支持感知有助于提高感情承诺，从而降低员工的撤退行为。南希（1991）指出，从交易关系的理论视角来看，对于其他工作机会吸引力的感知也会对组织承诺产生直接影响（Rusbult and Farrell，1983）。工作参与度、组织可依赖性和感知到的其他工作机会通过组织承诺对于工作满意度产生间接影响。佩恩和安（Payne and Ann，2005）通过一项对1000 多名军官超过两年调查分析发现，辅导可以大大改进新进军官的组织承诺度，而与离职行为负相关，这一关系会受到辅导条件的影响，与辅导提供的支持类型无关。

虽然学者们关注组织承诺构念的原因在于其对于很多组织效果变量的较强解释力，但事实上，组织承诺研究中涉及最多的还是员工的自愿离职问题。提特和梅尔（Tett and Meyer，1993）报告的一份包括 178 份独立样本的元分析也得出类似结论，其发现组织承诺与离职之间的相关系数达到了 -0.33（Kammeyer-Mueller et al.，2005）。斯纳普和雷德曼（Snape and Redman，2003）则发现，规范承诺与离职意愿呈负向关系。其他还有大量研究确认了承诺与离职之间的负向关系（Sheridan and Abelson，1983；Mercurio，2015；Simons and Roberson，2003）。

为了研究组织承诺三个维度的不同影响，索梅尔斯（Somers，1995）考察这三个维度分别对于工作撤退意愿、离职以及缺勤行为的效应。结果发现，感情承诺是其中对于这些结果变量最具一致性的预测变量，并且是唯一一个既与离职相关，又与缺勤行为相关的变量。相对而言，规范承诺仅与撤退意愿相关，而连续承诺的直接效应则没有被观察到。但是，连续承诺与感情承诺的交互项对工作撤退意愿和缺勤行为具有预测能力。交互作用的形式为，较高的沉没成本会缓和感情承诺与相关结果变量之间的关系。该研究指出，连续承诺和规范承诺维度对于离职和缺勤行为方差只具有很小的解释能力。员工对于组织的情感联系（即感情承诺）通常被认为是员工对于公司贡献和忠诚度的重要决定因素（Rhoades et al.，2001）。感情承诺度高的员工被看成是对公司具有归属感和认同意识，这会增加其对于组织活动的参与程度，更愿意追求组织目标，其留在组织内的愿望也会更加强烈（Meyer and Allen，1991；Zimmerman et al.，2016）。

姚和王（Yao and Wang，2006）利用来自中国的242份样本，以考察规范承诺对于员工离职行为的影响。作者指出，传统上基于迈尔和艾伦（1991）三维度组织承诺的研究认为，感情承诺对于员工态度、离职意愿和行为具有最好的解释能力（Wong et al.，2002）。但是，随着跨文化研究越来越普遍，规范承诺的角色也得到了更多的注意（Wasti，2003）。特别地，瓦斯提（Wasti，2003）指出，在集体主义导向的土耳其社会，规范承诺在预测离职意愿方面非常重要。在中国这样一个也具有强烈集体主义倾向的社会，很多经验研究也支持了规范承诺的重要性。姚和王（2006）的实证结果就表明，感情承诺是组织满意度的重要预测变量，但规范承诺对于员工工作转换行为具有最大的影响效应。个人主义倾向和集体主义倾向对这一关系具有轻微的调节作用，因此，组织承诺的不同维度具有不同的效应。这一发现意味着规范承诺在预测组织行为方面的重要性，特别在集体主义观念盛行的情境之下更是如此。

基于以上分析可知，组织承诺有可能在相关前因变量与离职意愿之间关系中扮演中介角色。克罗潘扎罗等（2003）在同一个模型中对此给出了部分经验支持，作者发现，感情耗竭与有效工作行为（如留职意愿）之间的关系受到组织承诺的中介作用。鲁斯布特和法雷尔（1983）也发现，组织承诺会对工作参与度与离职之间的关系产生中介作用（Mitchell et al.，2001）。我们的研究也将在结构方程模型中以中介变量的角色引入组织承诺变量。

正如前述，组织承诺与工作满意度是影响员工离职的最重要态度变量，因此文献中有不少研究试图考察这两个变量之间的因果关系。不管方向如何，只要两者之间存在先后递进关系，或者相关前因变量对这两个态度变量具有相似的影响效应，则在研究中就可以放弃其中一个变量，集中精力于最具解释力的另一个变量。但迄今为止，研究者们的尝试还不太成功，相关文献给出的结果相当混乱。

文献中的主要假设和观点是满意度影响组织承诺，其得到不少理论和经验研究支持。但据库里范（1999）指出，至少有两项研究发现组织承诺先于满意度。这些研究指出，员工会调整其满意度水平以与现期承诺水平相一致。当然，还有研究认为两者是反馈关系或没有显著关系。持后一观点的学者指出，两者的相关性可能来自共同前因变量导致的"伪关系"。针对这一困惑，库里范（1999）考察了工作满意度与组织承诺之间可能的四种关系。作者给出的结构方程分析发现四个模型具有基本相同的拟合指标。这意味着满意度与组织承诺之间的相关关系可能的确来自共同前因变量问题，两者之间不存在真正的因果关系。

但对这一共同前因变量问题，文献中也得出多种不同结论。一些研究发现，所有结构变量既与满意度相关，又与组织承诺相关（George，2015）；另一些研究发现，所有结构化变量只与工作满意度相关（Price and Mueller，1986）；还有一种观点是，不同结构变量对工作满意度和组织承诺具有不同效应（Hom and Griffeth，1995）。一些研究报告，工作满意度是撤退感知的直接预测变量（Hom et al.，2017；Hom and Griffeth，1991；Tett and Meyer，1993）。另一些研究则指出，工作满意度与撤退感知的关系被组织承诺起中介作用（Zimmerman et al.，2016）。德孔尼克和斯迪威尔（2004）则确认了组织承诺与离职意愿和实际离职行为的一致性负向关系。

加特勒（1999）应用元分析结构方程模型方法对离职模型中工作满意度

和组织承诺的前因结构变量进行检验。结果发现，只有三个结构化变量（分配公平、发展机会和上司支持）在工作满意度之外对于组织承诺具有直接影响。但是，这些直接关系的效应较小，因为它们在小样本中不可检测。另外加特勒还发现，大多数结构变量与工作满意度直接相关。

根据上述分析我们提出以下假设：

H24：组织承诺度会影响职业经理的离职意愿，职业经理的组织承诺度越高，其离职意愿越低。此外，组织承诺在相关前因变量与离职意愿关系间起中介作用。

（三）工作主动性和工作状态

管理者们注意到，员工的工作表现对于其未来是否离职有预测作用（Mobley，1982）。首先，工作表现越优异的员工可能更易离职，因为他们更容易在劳动力市场上获得其他工作机会，当然，这需要其工作能力被其他雇主所知悉（Schwab，1991；Salamin and Hom，2005）。其次，与前述相反，由于工作表现越出色的员工越觉得自己在公司找到了适合自己的位置，因此离职意愿可能越低（Lance，1988；Hom and Griffeth，1995）。最后，员工产生离职的想法反过来可能会影响其工作表现，尤其是工作外表现如组织公民行为、组织内利他行为等。实证研究对于这些结论都给出了部分支持，但迄今为止还得不出一个统一的结论（Allen and Griffeth，2001）。有鉴于此，本书将注意力集中在前述第四种观点，将工作内表现操作化为工作状态变量，将工作外表现操作化为工作主动性变量，尝试检验二者与离职意愿之间的关系。

大量元分析结果显示出工作表现与离职之间的负相关关系（Hom and Griffeth，1995；Williams and Livingstone，1994），这意味着表现较差的员工更有可能离开公司。尽管有这些一致性发现，但有学者认为这些结论还是过于简单化了（Trevor et al.，1997）。应用更为精巧的方法，特雷沃等（1997）给出有力证据表明，绩效表现与离职之间呈现曲线联系。艾伦和格里弗斯（Allen and Griffeth，2001）也指出，非线性关系比先前人们所相信的更为普遍。

一般认为，员工的工作表现可以分为工作内表现和工作外表现两类，前者也常称为角色内表现或工作表现（Lee et al.，2004），后者则常被称为角色外表现（Eisenberger et al.，2001）、组织公民行为（Lee et al.，2004）、工作外互助表现（Harrison et al.，2006）、组织自发性行为（Eisenberger et al.，2001）以及帮助行为（Sparrowe et al.，2006）等。工作内表现即绩效表现，这是容易理解的，以下不予讨论。下面的分析围绕着工作外表现进行。

在组织中我们会观察到，一些员工会超越简单的角色要求，积极进行创新和自发活动。这种活动并未被组织正式规则所规定，更不是员工的职责要求，因此其行为动机主要来自员工对组织的忠诚度。史密斯等（Smith et al.，1983）将这种活动称为组织公民行为（OCB）。正式地，组织公民行为是一种角色义务要求之外的员工行为，它是员工自愿采取的，行动者通常不能获得来自组织正式报酬系统的回报。尽管没有正式激励，但这类行为对于组织效率却非常必要（Konovsky and Pugh，1994）。根据乔治和布里夫（George and Brief，1992）的界定，角色外活动包括帮助同事、采取行动保护组织免遭风险、提供具建设性的意见、获取有利于组织的知识和技能等员工行为（Eisenberger et al.，2001）。贝腾柯尔特等（Bettencourt et al.，2001）发展出一个含有三个维度的服务导向组织公民行为框架，即忠诚、参与和服务（Sun et al.，2007）。斯帕罗等（2006）指出，帮助行为是群体成员为了其他群体成员或整个群体的利益而采取的某种自觉行为，它与组织公民行为的利他主义维度紧密相关。综合来看，工作外表现一般包括帮助工作伙伴、鼓舞士气、认可、支持和捍卫组织目标等，本书将这一构念操作化为工作主动性变量。与此相对应，我们用工作状态构念来间接衡量经理人的工作内表现。

既然工作主动性来自员工对组织的忠诚度和认同感，那么，工作主动性的缺乏就可被认为是对组织的忠诚度和认同感较低的表现之一，其对于员工离职意愿的预测力不可忽视。员工组织公民行为的减少意味着员工将会减少工作努力，降低其工作参与度（Chen et al.，1998）。如果包括士气建立、关系增进等非工作互助表现（Aryee et al.，2010）被看成是员工对雇主最终较好回报的预先支付，那么，这一方面表现的减少就是员工计划离开公司的一个信号。类似地，在米歇尔等（2001）的工作嵌入模型中，阻止员工离职的一个主要因素是通过非工作互助行为发展起来的人际关系。摩索尔德等（2005）也提供证据表明，在公司拥有更少人际联系的员工更有可能离职。而大多数有利的人际联系正来自自发的公民行为，如果员工减少这类行为的投入，其离开的意愿就很明显了。

综合这些分析，本书提出如下假设：

H25：工作主动性对职业经理的离职意愿具有预测能力，职业经理的工作主动性越高，其离职意愿越低。此外，工作主动性在相关前因变量与离职意愿关系间起中介作用。

H26：工作状态对职业经理的离职意愿具有预测能力，职业经理的工作状态越好，其离职意愿越低。此外，工作状态在相关前因变量与离职意愿关系间起中介作用。

（四）工作寻找意愿

中介联系模型指出，工作搜寻在员工的离职决策过程中扮演着非常重要的角色（Mobley，1977）。一个没有其他实际工作机会的员工不会轻易做出离开组织的决定。其在正式宣称离开组织前，通常会进行某种工作搜寻活动，将自己工作转换过程中可能面临的风险降到最低。

有研究发现，当其他工作机会不多时，工作满意度与离职之间的关系会有所减弱（Pindek et al.，2016），因为员工不能轻易"感情用事"。在做出最终离职决策之前，他会对不确定的前景犹豫不决。此外还有不少研究指出，当员工的个人能力较强，流动资本较为丰厚，有很多工作机会可供选择时，工作满意度与离职之间的关系就比较紧密，反之就比较微弱（Trevor，2001）。这是容易理解的，如果个人对自己给劳动力市场发送的能力信号没有信心，他是不会轻易由于工作不满意而离职的。因此，当员工的工作满意度、工作主动性、组织承诺度和雇主承诺度降低时，他会在做出实际离职的决策之前进行尽可能多的工作寻找活动（Liu et al.，2015；Cropanzano et al.，2003）。一旦有更好的其他工作机会，其离开的决心就很大了。

不过奇怪的是，现有文献还鲜有研究发现工作寻找行为与离职之间的显著关系。卡梅尔—穆勒（2005）指出，这可能是因为大多数研究使用静态数据进行检验的缘故。我们认为，不管如何，工作寻找意愿在员工的离职决策过程中肯定扮演着重要角色，现在提出如下假设：

H27：工作寻找意愿对职业经理的离职意愿具有预测能力，职业经理的工作寻找意愿越高，其离职意愿越高。此外，工作寻找意愿在相关态度变量（比如工作满意度、雇主领导力等）与离职意愿关系间起中介作用。

二、调节变量

本书考察六种调节效应。前三种即工作参与度、承诺倾向和创业动机的调节作用已在前面相关章节提出假设，下面讨论另外三种调节作用。

（一）观念意识

大量研究中国背景下人力资源管理问题的学者都注意到，来自西方组织理论的结论未必完全适合于中国。相应地，通行于西方世界的 HR 管理措施也常常会"水土不服"（Tsui，2004；Hom and Xiao，2006；Farh et al.，2007；等等）。本书考察中国民营企业的经理人离职问题，同样不能忽略东西方文化差异导致的观念意识差异的影响。

文献中通常把东西方员工观念意识的不同归因为两种价值取向的不同，即自我中心倾向和群体中心倾向，这又与更广义的个人主义和集体主义社会规范密切相关（Schaubroeck et al.，2000）。霍弗斯特德（Hofstede，1991）和其他一些研究者指出，个人主义和集体主义是不同文化取向的关键特征。同时，自我中心和群体中心两个概念用以反映个人层次上文化价值观的特征（Wagner，1995）。瓦格纳（Wagner，1995）对来自 492 个大学生的样本进行的实证研究发现，群体规模、个体可识别性、共同责任意识、个人主义/集体主义水平会影响到班级群体的横向合作。个人主义或集体主义的水平对群体规模、可识别性与合作之间的关系起调节作用。

个人主义—集体主义是一个分析维度，它给出个人据以追求个人利益和共同利益的相对权重（Wagner，1995）。个人主义者更关注自己的利益，而倾向于忽略集体利益，特别是在两者有所冲突的情况下更是如此。相反，集体主义者更多地关注他们所属群体的利益，甚至要求舍弃个人利益也在所不惜（Wang et al.，2013）。个人主义重视个人的权利和自由，而集体主义则重视团体和群体成员之间的良好关系（Thomas et al.，2016）。中国传统的儒家文化就带有很浓厚的集体主义色彩，这一传统文化特别注重和睦、互惠和忠诚（Earley，1989；梁漱溟，2005）。这成为指导人们处理人际关系的主要原则，被社会中所有阶层人士所接受（Selmer，2001；Wong et al.，2002）。

马库斯和北山（Markus and Kitayama，1991）也观察到，西方人对自我报有独立的观点，强调独立性、独特型和个人的内在特征，而亚洲人对自我持有相互依赖的观点，强调联系、社会因素以及关系等（黄光国，2005）。在一项比较中国和美国大学生的经验研究中，布洛克勒和陈（Brockner and Chen，1996）也得出大体相同的结论。布洛克勒和陈的工作在组织行为跨文化研究方面颇具独特性，它为分析两种文化间的差异提供了一个完整的理论框架。伊尔雷（Earley，1989）在美国和中国的管理人员之间比较了文化价值观对于偷懒行为的影响效应。结果发现，美国经理人独立工作时表现更好，而中国经理人则在团队中工作得更好。这些研究表明，在个人主义取向的社会中，自我指的就是个人，而在集体主义取向的社会中，自我被一般化为包括了一个由某些人组成的网络（Markus and Kitayama，1991；费孝通，2005）。

上述观念意识的差异已被发现对相关结果变量具有影响作用，当然，这种影响大多通过调节效应作用于模型中的特定关系。肖布洛克等（2000）在研究工作控制处理工作需求问题时检验了文化因素和不同效能观念的调节作用。结果表明，在美国，对那些报告出较高水平自我效能的员工，较高的控制感知水平可以缓解工作需求对于心理健康和离职意愿的影响；但对于那些报告出较低水平自我效能的美国员工而言，控制水平反而会增大工作需求的影响效应。但是，对于相匹配的香港样本，集体效能以相同的方式同控制水平交互影响工作需求的影响。这一不同被作者归因为东西方观念意识的不同。

近年来，一些研究在考察东方文化影响下产生的观念差异时，常常将其命名为传统观念（Farh et al.，1997，2007；Chen and Aryee，2007；等等）。这样做的主要原因在于，随着中国越来越开放，接受现代教育和现代文化思潮影响的员工越来越多，还持有典型东方文化观念的年轻人越来越少，在现代人的眼里，持有儒家文化、集体主义、群体导向这种意识的个体便是较为"传统"的了，因此，以保有传统观念的程度来刻画观念意识的差异具有一定合理性。

　　20 世纪 80 年代文献中出现了中国个人传统观念这一构念，并被定义为："传统中国社会中在大多数人身上体现出的，或多或少与动机、价值、态度和性情特征相关的典型模式，这一模式在我国台湾、香港以及中国大陆这样的当今华人社会中依然能够观察到。"（Farh et al.，2007，第 717 页）施瓦茨（Schwartz，1992）将传统观念定义为尊崇和接受传统社会的习俗和规范。在中国社会，传统文化的决定性特征包括尊重权威、孝顺父母、敬奉祖先、宿命主义以及无权力普遍意识。由于尊重权威是传统观念的关键维度（Farh et al.，1997），研究者们认为，持有较高传统观念的员工应具有同那些对权力距离持有较高认同度的员工相似的特征（Ma et al.，2016）。

　　高传统型的员工更愿意服从领导的指引，更少倾向于扮演领导者的角色，因此，当他们被授以权力时，甚至会觉得不安。高传统型员工接受某一工作责任时的不情愿（勉强）源自他们的无权力意识或低代理意识。因此，授权将不会提高高传统型员工的自我概念。科尔克曼和夏皮洛（1997）指出，高权力距离的员工不喜欢自主性强、责任重大的工作。而后者恰恰是高度自我管理的主要特征（Chen and Aryee，2007）。

　　樊景立等（1997）发现，对于持有较少传统观念，较高现代价值观的员工而言，组织公平（分配公平和程序公平）与其公民行为（OCB）具有最强的相关性，即员工的传统观念会对组织公平性与 OCB 的关系起调节作用。姚和王（2006）利用来自中国的 242 份样本研究规范承诺对于员工离职行为的影响。结果表明，感情承诺是组织满意度的重要预测变量，但规范承诺对于员工离职行为具有最大的影响效应。传统观念意识（即个人主义倾向/集体主义倾向）对这一关系具有轻微的调节作用，组织承诺的不同维度在不同员工的观念意识下对离职具有不同的效应。这一发现意味着规范承诺在预测组织行为方面的重要性，特别在传统观念（即集体主义倾向）盛行的情境之下更是如此。本特波和李沃特（Bontempo and Rivero，1992）有类似发现，他们指出，社会取向越是倾向于个人主义，相比于规范，态度对于个人行为具有越好的预测能力；反之，社会越倾向于集体主义，规范具有越好的预测能力。瓦斯提（2003）也利用来自土耳其的样本考察了社会取向对于组织承诺与离职意愿之间关系的调节作用，相关假设得到了实证支持。

樊景立等（2007）在前述研究的指引下，对取自中国大陆163对上司—下属关系的样本进行实证研究，结果发现，权力距离和传统观念改变了组织支持和工作结果之间的关系。当权力距离较低或者传统观念较弱时，两者的关系较强，反之，较弱。文章还发现，相对于传统观念，权力距离是一个更强且更为一致的调节变量。但后者在文献中又常被包括进前一构念之中（Ma et al.，2016）。此外，樊景立等还发现，传统观念会对公平性感知与员工表现（包括感情承诺、工作绩效以及公民行为等多个维度）之间的关系产生调节作用。樊景立等的解释是，由于对权威的顺从和尊重，对权力距离持有较高认同度的员工在考虑自身对公司的贡献问题时，很少会基于互惠性规范。反之，对权力距离持有较低认同度的员工则更有可能以互惠性规范作为自己与公司进行人力资本交易的主要原则。

此外，陈和艾瑞（2007）发现，在东方背景下，基于组织的自尊和感知到的内部地位对授权与感情承诺之间的关系起到完全的媒介作用，对授权与工作满意度之间的关系起部分媒介作用，而传统观念则调节授权与这些中介变量的关系，传统观念越弱，授权与中介变量的关系越强，反之则越弱。

因此我们预期，对于中小民营企业的职业经理来说，其个人所持价值观念也会调节各相关变量感知与离职意愿之间的关系，现在提出如下假设：

H28：职业经理所持有的观念意识对相关前因变量与离职意愿之间的关系起调节作用，传统观念意识越强，这一相关关系越弱。

（二）风险规避度

马奇和西蒙（1958）的先驱性研究指出，离职容易度会直接影响员工的离职意愿。科文等（2004）、格里菲斯等（2000）的研究证实了这一点。虽然没有明确指出，但离职容易度本身包含了风险因素。因此对于员工来说，在其他条件相同的情况下，将要转换的工作机会的风险越小，其离职的容易度就越高。但是，由于人们的风险偏好程度有所差异，包含同样风险的其他工作机会对于不同风险规避度的员工而言具有不同的吸引力。因此，在离职模型中正式引入风险规避度的影响非常必要。遗憾的是，我们还没有在文献中发现太多考虑了风险规避调节效应的研究，一个例外是近年来艾伦等（Allen et al.，

2005）所做的一项实证分析。

艾伦等（2005）的主要目的在于检验个人差异对离职意愿与实际离职行为之间关系的调节效应。结果表明，风险规避度对意愿与行为之间的关系起调节作用。具体来说，对于那些风险规避度较低的员工来说，离职意愿对于离职行为具有更好的预测效力，报告出较高离职倾向的员工将极有可能将其"愿望"转换为实际的"行为"。艾伦等认为，风险规避度产生这一调节效应的原因可以归结为两个方面：第一，离职行为包含成本、风险和潜在障碍，但意愿表达却不含成本；第二，某些人会表现出态度、信念与行为之间更为系统的一致性，这导致其意愿与行为之间的关系更为紧密。

由于我们不能获得研究实际离职行为影响因素的纵向数据，因此难以验证艾伦等（2005）的发现是否适用于本书研究对象。这里我们尝试在直接前因变量与离职意愿之间关系中引入风险规避度的作用，考察风险规避度在这一阶段的调节效应是否显著。现提出相关假设：

H29：职业经理的风险规避程度对相关前因变量与离职意愿之间的关系起调节作用，风险规避度越大，这一相关关系越弱。

（三）雇主因素

前面曾经指出，雇主相关因素会影响经理人的离职意愿。但同样重要的是，雇主因素还对其他相关变量（比如组织因素、工作因素）对离职意愿的影响起调节作用。

正如前述，在传统儒家文化影响下，雇主在中国员工心目中具有重要地位（Farh and Cheng，2000）。在儒家伦理秩序中存在五伦之说，在五伦关系中，位于较低地位的个人有义务服从和忠诚于他们尊敬的上位人物（Wong et al.，2002），而处于高位的人物则被认为应该对下属表现出慈善和关爱。员工有时候忠诚于个人远胜于忠诚于组织和系统（Redding，1990）。在这种情况下，就算经理人的工作满意度和组织承诺度降低，他也不会轻易离开组织，因为这会使他"背叛"自己应该保持忠诚的雇主。反之，当经理人对雇主个人的承诺度降低时，其工作满意度和组织承诺等态度变量对于离职意愿的影响就比较强烈了，因为组织已经没什么值得"留恋"的了，自己的离开可以问心无愧。

另外值得注意的是，尽管当今我国的法制建设已经取得一定进展，但总的来说，中国社会在很多方面还保留着人治而非法治的状态（Chen and Francesco，2000），这种背景下，个人宁愿将自己的前途系于雇主个人，而不是组织自身。这已被我们前期所做的实地调查给出了部分验证。对职业经理而言，对老板表示忠诚有助于自己从组织获取直接好处或者得到更好的升迁机会（Selmer，2001；Wong et al.，2002）。"在关系导向的社会，雇主在影响雇员行为和态度方面比作为非人格化的组织更为重要。"（Chen et al.，2002，第353页）因此，对于经理人前途命运具有重要影响的雇主比组织本身更为职业经理所重视，后者不会轻易在对组织不满的情况下贸然做出离职决策，他要考虑自己是否还应继续"追随"老板。因此我们可以提出如下假设：

H30：雇主相关因素对组织因素与离职意愿之间的关系起调节作用，经理人感知到的雇主因素满意度越高，这一相关关系越弱。

第三节　应变量和控制变量

一、离职意愿和离职行为

离职意愿与实际离职行为高度相关（Schwepker，2001；Murray and Zimmerman，2005），但是很显然，就像个人态度未必一定转化为个人具体行动一样，离职意愿并不一定意味着实际的离职行为。如果员工的离职意愿通常不会转化为行为，那么对公司而言，员工产生离开的想法就不是十分严重的问题。但如果离职意愿高就意味着高的离职概率，那么，在实际离职行为发生之前，公司就有一定的"缓冲时间"来改变员工的态度，从而在最后一刻留住员工。[1] 因此，考察离职意愿和离职行为两个概念的本质含义以及相互关系，是离职文献的一个重要任务。

---

[1]　尽管这并不容易。在我们的前期实地调查中，大多数雇主就表示，职业经理如果产生了离开的想法，那么挽留行动通常不会奏效，况且这样做还容易导致其他经理人的纷纷效仿。

有 23 项离职研究报告了离职意愿与实际离职行为之间显著正相关关系（Schwepker，2001）。欧基菲和德里拉（O'Keefe and Delia，2016）等大量研究也指出了意愿是行为的最佳预测变量。其中，米切尔（Mitchel，1981）应用一个来自经理人的样本对此进行了验证。穆雷和泽梅尔曼（2005）总结道，一般而言，离职意愿是实际离职行为的最好预测变量之一，因为采取某一行为的意愿通常被发现为其相应行为的最好预测因素。

另一些研究从相关前因变量分别对离职意愿和离职行为影响的角度考察后两个概念的差异和相互关系。在一项元分析中发现，感情耗竭与离职意愿之间的相关性达到了 0.44（Cropanzano et al.，2003）。而其他研究则确认了感情耗竭与实际离职行为之间的高度相关性（Liu et al.，2015）。这就意味着，同样的一些前因变量影响着员工的离职意愿和离职行为，后两者很可能存在着高度联系。

当然，也有不少研究指出，大多数表示出离职意愿的员工最终并未离开，其态度变量仅能解释 5% 的离职行为方差（Allen et al.，2005）。同时，离职意愿对于离职行为的解释力很少会超过 10%~15%（Griffeth et al.，2000；Hom and Griffeth，1995）。这一结果可用计划行为理论进行解释，该理论指出，通常来说，意愿与行为之间的关系会被某些其他因素影响（Ajzen，2002）。由于意愿是假设的，他们倾向于高估合意行为的好的一面，特别是在实际行为具有成本和风险时。因此，当意愿转化为行为过程中存在其他因素影响时，相关行为可能不会出现。

艾伦等（2005）基于这一理论考察了个人差异对离职意愿与实际离职行为之间关系的调节作用。结果表明，自我监督能力和风险规避对意愿与行为之间的关系起调节作用。具体来说，离职意愿与离职行为之间的关系对于自我监控能力较低和风险规避程度较低的人而言更强烈。作者解释道，个性因素在这里起调节作用的两个原因是：一是离职行为包含成本、风险和潜在障碍，但意愿表达却不含成本；二是某些人会表现出态度、信念与行为之间更为系统的一致性，这导致其意愿与行为之间的关系更为紧密。此外，索梅尔斯（1995）也发现，工作相关变量与离职意愿的关系似乎比与实际离职行为之间的关系更为紧密，后者还受到其他很多因素的影响。

因此，离职意愿是否能很好地预测离职行为，很大程度上受到个人、组织、工作等其他因素的影响。由于正式检验这两者关系需要纵向数据，鉴于条件所限，我们暂时无法取得这样的数据，因此本书不打算对此进行严格的实证分析。但考虑到这一问题的重要性，我们构思了一个次优的替代做法。[①] 通过有离职经验的经理人对于前任职公司的相关评价得到回溯性数据，结合现任职公司的样本，通过方差分析、Logit 离散应变量模型等计量方法，尝试考察离职意愿对于离职行为的预测功效。由于这一做法并未在现有文献中出现过，其可靠性尚未得到验证。同时，回溯性数据可能会面临卡梅尔—穆勒（2005）指出的所谓回顾偏差（recall biases）问题，因此相关结果仅具有参考意义。

现提出有关假设：

H31：离职意愿与实际离职行为相关，职业经理的离职意愿越高，其实际离职的概率越高。

二、主要控制变量

离职文献在相关过程模型和因素模型的实证检验中引入的控制变量主要包括：年龄（Mitchell et al., 2001；Chen and Francesco, 2000）、性别（Krishnan et al., 2006；Mitchell et al., 2001）、婚姻状况（Mitchell et al., 2001）、教育水平（Hom et al., 2017；Chen and Francesco, 2000；Trevor, 2001）、在本公司的工龄（Mossholder et al., 2005；Griffeth et al., 2000；Sommer et al., 1996；Jovanovic, 1979；Kammeyer-Mueller and Wanberg, 2003）、进入前在其他公司的平均任职时间（Murray and Zimmerman, 2005；Fleishman, 2010；Hom et al., 2017）、在前一任职公司的工龄（Cascio, 1976）、总工龄（Mitchell et al., 2001；Chen and Francesco, 2000）、职位层级和工作级别（Mitchell et al., 2001）、公司规模和经营年限（Sun et al., 2007）、工作经验或职业阶段（Lucas et al., 1987；Russ and Mcneilly, 1995）、个体人口背景与群体人口背景的差异程度（Charles et al., 1989；Dulebohn et al., 2016）以及其他个体的心理和人口统计学特征（Krishnan et al., 2006）。

---

① 具体研究方法和结果在第六章第四节给出。

在此基础上本书考虑在因素模型中引入性别、婚姻状况、年龄、职位、工作年限、本公司工龄、受教育程度、此前工作经验等控制变量。我们将根据需要按照一些有意义的控制变量对样本进行分类，通过分组考察更深入地理解不同类别职业经理人的主要流失影响因素，为本书提出有针对性的流失治理机制提供依据。

第四节　计量检验程序

一、量表效度和信度检验

我们在文献阅读的基础上初步筛选出拟进行调查的变量和相关测项，然后在前期企业深度访谈和定性研究的基础上进行扩展和删减，形成初步调查量表。通过初步调查修订量表，随后进行正式大面积调查。在取得数据后，首先利用 SPSS 软件的数据压缩功能对原始数据进行探索性因子分析，将那些载荷低于 0.5 的测项删除，并按照因子载荷的归属重新定义变量及与其相对应的测项。之后利用 LISREL 软件对重新产生的模型进行验证性因子分析（CFA），将潜变量负载低于 0.5 的测项删除（张勉，2006），以确保用于正式分析测项的会聚效度。最后利用 SPSS 软件的可靠性检验功能对通过效度检验的变量进行信度检验，Cronbach'α 系数低于 0.7 的变量只保留一个含义最接近构念定义的测项。经过这一系列检验程序的变量和测项以及相应的样本数据用于正式的实证分析。

二、结构方程模型分析（SEM）

本书采用目前国际上较为流行的 LISREL8.72 软件进行结构方程模型分析，初步设定的路径为：

（1）感知变量 X_1，…，X_{19} 影响态度变量 Y_1，…，Y_3。

（2）感知变量 X_{20}，$\cdots$，X_{23} 与态度变量 Y_1，$\cdots$，Y_3 共同影响态度变量 Z_1 和 Z_2。

（3）态度变量 Z_1 和 Z_2 影响离职意愿 T_1。

这一系列阶段组成的过程模型将应用相关检验方法进行分析，通过理论研究和拟合指数比较，根据初始模型反馈出的修正指数不断调整相关变量间的路径，最终找到对实际调查数据具有最高拟合程度的过程模型，为下一步研究打下基础。

三、稳健性和调节效应检验

在 SEM 分析的基础上，应用 EViews 软件通过 OLS 或 Logit 离散应变量模型进一步检验职业经理离职影响因素。为了检验相关显著性影响因素的稳健程度，我们事先设计了两个测度离职意愿的指标，并将其置于调查问卷的不同部分以保证其可靠性。其中一个是"我希望在公司一直工作到退休"（反向提问），该指标采用李克特 7 分制度量；另一个是"我打算在公司度过整个职业生涯"（反向提问），该指标采用二项选择，被提问者回答"是"或"否"。我们将分别应用这两个被解释变量构建模型，通过比较两个模型的估计参数以判断本书提出的职业经理流失影响因素的稳健性。

在此基础上，我们进一步检验前面提出的六组调节效应，通过将相应的交叉项分别引入模型，考察这些变量的调节作用。

此外，我们将有选择地按照一些有意义的控制变量将样本分组，分别检验相关模型，以揭示更多的信息，为之后提出有针对性的职业经理流失治理建议提供进一步支持。

四、离职行为和离职意愿预测效力的一致性分析

通过 Logit 离散应变量回归模型以及方差分析，考察离职行为是否与离职意愿态度变量的预测相一致。当然，由于这里应用的方法在文献中还没有出现过，据此得出的结论仅具有参考价值。

第五章　流失过程模型的实证检验：以广东民营企业为例

第一节　样本和测项

一、样本

我们的调查对象是职业经理人，样本数据取自广东的中小民营企业。量表通过现场填写、邮寄以及电子邮件等方式进行发放，发出1500份，回收568份，回收率达到38%。去除含有过多缺填项或明显随意填写的问卷后，有效问卷为550份。调查对象中男性332人，女性201人，未填写性别者17人；已婚217人，未婚316人，未填者17人。根据有效问卷提供的简单描述统计信息可知（见表5-1），用于实证分析的样本能够充分代表抽样总体。

表5-1　　　　　　　　　　　样本信息

变量	均值	最大值	中位数	最小值	标准差	样本数
年龄（岁）	28.45	60	27	18	5.79	528
职位	1.61	3	2	1	0.64	524
总工龄（年）	6.92	37	5	0.5	5.80	509
本公司工龄（月）	33.42	214	24	1	29.50	517

续表

变量	均值	最大值	中位数	最小值	标准差	样本数
教育程度	2.16	4	2	1	0.88	528
公司规模	1.80	3	2	1	0.58	522
公司年限（年）	10.22	100	9	1	8.04	509
工作经验（家）	2.11	13	2	0	1.70	508

资料来源：根据回收问卷整理。

二、变量和测度指标

（一）量表的产生和修订

我们首先经过文献筛选初步确定引入本书模型进行实证检验的前因变量、中介变量和调节变量，并按照相关文献提供的量表设计测度指标；之后根据企业实地调查和深度访谈资料对初步量表做进一步修改和扩展；随后经过多轮内部和外部会议讨论，按照英文原文和中文语言习惯对相关变量、测项及其表述进行删改和扩充，使之既符合中文表述习惯且易于理解，又满足内容效度的要求；最后将由此形成的量表请5位不同学历层次的在职职业经理和5位在校非本专业的学生试填，并给出试填的感受和建议，在此基础上再通过内部会议讨论，最终确定用于正式调查的量表（参见附录1）。大多数指标采用李克特7分制度量，1分表示对相应描述"完全不同意"，7分表示"完全同意"。下面简要介绍相关情况。

工作满意度（Q1）。四个测项，相关指标最初来自库里范（1999）的四维度量，我们将原量表中两条反向测度的指标修改为正向测度，确保其符合中国人的理解习惯。一条代表性的描述为"我能从工作中获得满足感"。

组织承诺（Q2）。三个测项，最初来自埃森伯格等（2001），代表性描述为"我对公司具有很强的归属感"。

工作主动性（Q3）。三个测项，来自埃森伯格等（2001），并参考其他相关文献做了部分修改，代表性描述为"我常常帮助同事做职责范围以外的工作"。

职业承诺（Q4）。三个测项，最初来自陈等（2002），根据讨论结果将承诺对象改为"公司"，代表性描述为"我为公司取得的成就感到荣耀"。

工作状态（Q5）。二个测项，来自库里范（1999），代表性描述为"我有时会对在本公司工作感到后悔"。

组织吸引力（Q6）。三个测项，来自黄文锋（2007），代表性描述为"我愿意推荐朋友来公司工作"。

工作寻找意愿（Q7）。三个测项，参考普利斯（2001）"工作寻找行为"变量的相关测项修改而成，代表性描述为"未来三年内我不可能去寻找其他工作"。

组织回报系统（Q9）。三个测项，最初来自瑞德斯等（Rhoades et al.，2001），代表性描述为"员工在公司具有获取更高报酬的机会"。

薪酬（Q10）。三个测项，根据薪酬理论给出，并按照前期调查资料进行部分修改，代表性描述为"我对我的薪酬总体上感到满意"。

组织条件（Q11）。四个测项，根据张建琦、汪凡（2003）结合访谈资料修改而来，代表性描述为"公司管理制度完善"。

人际氛围（Q12）。三个测项，根据前期调查资料设计，代表性描述为"公司上下级之间关系融洽"。

公平性（Q13）。三个测项，前两条取自瑞德斯等（2001）中"程序公平"变量相应指标中负荷最高的两项（分别为0.72和0.68），后一条取自西蒙斯和罗伯逊（2003），代表性描述为"高层决策时会征求相关人员的意见"。

职业成长机会（Q14）。三个测项，参考本森等（2004）的建议，并结合张勉（2006）和访谈资料设计，代表性描述为"在公司有机会学习新知识和新技能"。

工作自主性（Q15）。三个测项，来自库里范（1999），代表性描述为"我可以控制自己的工作进程"。

工作压力（Q16）。四个测项，最初来自普利斯（2001），本书采用来自张勉（2006）相关构念四个维度中具有最高因子负荷值的测项，代表性描述为"我的工作负担超出了所能承受的范围"。

工作挑战性（Q17）。三个测项，来自卡范劳等（2000），选用负荷较高且与本书主题最为相关的三个指标，代表性描述为"我的工作责任重大"。

领导重视（Q18）。三个测项，最初来自埃森伯格等（2001）"组织支持度（POS）"构念中负荷超过 0.70 的三个指标，将原测项中的"组织"改为"领导"，代表性描述为"领导很看重我对组织做出的贡献"。

雇主领导力（Q19）。三个测项，在陈等（2002）的指引下，我们参考了文献中的企业家领导力理论设计相关指标，代表性描述为"老板具有很强的企业家能力"。

雇主诚信（Q20）。四个测项，来自黄文锋（2007）和吉云（2008）与本书主题最相关的四项，代表性描述为"老板通常会兑现其对员工的承诺"。

领导公平（Q21）。三个测项，根据文献中的领导公平理论（Cropanzano et al.，2003）设计，代表性描述为"老板对所有员工都一视同仁"。

雇主成就动机（Q22）。三个测项，根据个人成就动机理论设计，代表性描述为"老板把工作作为生活中最重要的事情"。

工作嵌入度（Q23）。三个测项，在米歇尔等（2001）的指引下，结合前期调查资料设计，代表性描述为"我是熟人介绍进入公司的"。

个人与公司的匹配（Q24）。四个测项，在米歇尔等（2001）中相应变量负荷最高的三个测项的基础上，结合社会认同理论设计，代表性描述为"在公司我可以充分发挥自己的才能"。

其他工作机会（Q25）。四个测项，来自格里菲斯等（2005）的转换容易度感知构念（EIO），该构念原有五个维度，共 14 个项目，本书选用每个维度中负荷最高的一个测项，并将中文翻译后含义相近的两个指标合并，最后剩下四个测项，代表性描述为"如果离开公司，我将会找到更好的工作"。

雇主信任（Q26）。三个测项，根据黄文锋（2007），结合前期调查资料设计，代表性描述为"老板相信员工会自觉维护公司利益"。

组织变革（Q27）。一个测项，根据苏珊娜和艾瑞（2003）有关心理契约破裂的研究，结合前期调查资料设计，该问题为"公司正在或将要经历重大的组织变革或调整?"，被试需要回答"是"或"否"。

工作参与度（Q29）。三个测项，来自米尔维斯和劳勒尔（Mirvis and Lawler，1977），原有构念包含 4 个项目，本研究选用其中载荷大于 0.7 的三个，代表性描述为"工作是我的主要乐趣"。

风险规避度（Q30）。三个测项，来自戈麦斯梅佳和巴尔金（Gomez-Mejia and Balkin，1989），原有四个项目，此处删减了其中一个与本书主题不相关的测项，代表性描述为"我更喜欢收入稳定、风险不大的工作"。

观念意识（Q31）。三个测项，来自樊景立等（2007）的"中国传统观念"或"权力距离"构念，原文有6个项目，本书选用在含义上与离职关系最为紧密的三个。这一构念最初由多夫曼和霍维尔（Dorfman and Howell，1988）构造出来用于在中国台湾的研究，代表性描述为"发生争论时应让地位更高者裁决"。

承诺倾向（Q32）。三个测项，来自普利斯（2001）和张勉（2006），代表性描述为"我愿意长期在一个公司工作"。

创业动机（Q33）。三个测项，在前期企业访谈和调查的基础上设计，代表性描述为"如果条件成熟，我会考虑自主创业"。

被解释变量是"离职意愿"，为了让被调查者尽可能地报告其真实想法，我们采用"计划"和"期望"这样的中性词汇名称，并采用反向提问的方式以打消其顾虑。实际调查中，为了正式分析时进行稳健性检验，我们设计了两个指标以测度离职意愿，并将其放在调查表的不同部位，确保所获信息的可靠性。其中一个是"我希望在公司一直工作到退休"（Q8），采用李克特7分制度量；另一个是"我打算在公司度过整个职业生涯"（Q28），被试以"是""否"二项选择回答。

此外，为了避免共同方法方差（CMV）问题，我们将被解释变量和中介变量置于调查表的前面部分，使被调查者在回答问题的初始阶段就会反映其真实倾向。

（二）探索性因子分析（EFA）

为了压缩数据归并变量以避免多重共线性问题，并确保相关变量的会聚效度，我们首先应用 SPSS16.0 软件对调查数据进行探索性因子分析。KMO 检验统计量为 0.938，巴特利特球形检验统计量为 3160（p<0.001），表明我们的数据非常适合进行因子分析。在获得因子结构后，根据相关因子载荷矩阵及其对应测项的含义重新定义变量和归并，以作进一步分析。表 5-2、表 5-3、

表 5 – 4 是按最大方差法旋转后得到的因子载荷矩阵，载荷值低于 0.5 的指标已经被删除，重新定义和命名的新构念及其相应测项也在表中给出。下面简要介绍新构念的相关情况。

表 5 – 2 EFA 因子载荷矩阵

测项	组织条件与机会（OSC）	雇主领导力（BLH）	满意度和承诺度（JSC）	雇主公平与信任（BFT）	领导重视（BCI）
Q9_1	0.80				
Q10_1	0.78				
Q9_3	0.77				
Q10_2	0.75				
Q9_2	0.70				
Q11_2	0.68				
Q13_3	0.65				
Q10_3	0.65				
Q13_2	0.57				
Q11_1	0.55				
Q6_2	0.53				
Q6_1	0.53				
Q22_3		0.83			
Q22_1		0.79			
Q22_2		0.70			
Q19_3		0.68			
Q19_1		0.67			
Q20_1		0.65			
Q20_4		0.62			
Q20_3		0.55			
Q1_1			0.72		
Q1_3			0.70		
Q1_2			0.68		
Q1_4			0.67		
Q2_2			0.58		
Q2_1			0.58		

续表

测项	组织条件与机会（OSC）	雇主领导力（BLH）	满意度和承诺度（JSC）	雇主公平与信任（BFT）	领导重视（BCI）
Q2_3			0.54		
Q21_3				0.63	
Q20_2				0.61	
Q21_1				0.59	
Q21_2				0.57	
Q26_2				0.57	
Q18_1					0.71
Q18_3					0.61
Q18_2					0.60
Q17_3					0.55
Q17_2					0.53

注：表中所列测项的因子载荷值均高于0.5。

表5-3　　　　　　　　　　EFA 因子载荷矩阵

测项	工作压力（JP）	创业动机（EM）	工作主动性（JFC）	承诺倾向（PC）	工作寻找意愿（JL）	工作自主性（JC）	工作参与度（JI）
Q16_2	0.75						
Q16_4	0.74						
Q16_3	0.73						
Q16_1	0.71						
Q33_2		0.89					
Q33_1		0.87					
Q33_3		0.84					
Q3_3			0.65				
Q4_1			0.60				
Q3_2			0.60				
Q4_2			0.59				
Q4_3			0.55				
Q32_1				0.78			
Q32_2				0.70			

测项	工作压力（JP）	创业动机（EM）	工作主动性（JFC）	承诺倾向（PC）	工作寻找意愿（JL）	工作自主性（JC）	工作参与度（JI）
Q32_3				0.63			
Q7_2					-0.73		
Q7_1					-0.72		
Q7_3					-0.52		
Q15_2						0.68	
Q15_3						0.64	
Q15_1						0.57	
Q29_2							0.82
Q29_3							0.76
Q29_1							0.53

表5-4　　　　　　　　　　　　　EFA 因子载荷矩阵

测项	人际氛围（SR）	其他工作机会（OJ）	观念意识（VI）	工作嵌入度（JE）	风险规避度（RA）	工作状态（JA）	组织变革（CR）
Q12_2	0.69						
Q12_3	0.63						
Q12_1	0.52						
Q25_2		0.79					
Q25_3		0.69					
Q31_2			0.74				
Q31_1			0.66				
Q31_3			0.55				
Q23_1				0.74			
Q23_2				0.71			
Q30_3					0.70		
Q30_2					0.61		
Q30_1					0.58		
Q5_1						-0.53	
Q5_2						-0.52	
Q27							0.68

组织条件和机会（OSC）。根据原始量表和表 5 - 2、表 5 - 3、表 5 - 4 探索性因子分析结果可知，归因于这一新建构念的测项（负荷值大于 0.5）原来归属于组织回报、薪酬、组织条件、公平性以及组织吸引力 5 个构念。由此可知，该构念主要反映的正是组织方面最重要的因素，这些因素对于经理人离职意愿的解释力被浓缩进一个因子之中。这里我们虽然只提取了其中负荷值最大的 4 个测项用于正式分析，但需要注意的是，得到的结果反映了组织回报、薪酬等 5 个方面组织因素对于离职意愿的影响效应。因此，在解释实证结果的意义时，可从原始构念的角度出发。

雇主领导力（BLH）。该构念包含的测项原来归属于雇主成就动机、雇主领导力和雇主诚信 3 个原始变量。容易看出，这些因素均与雇主能力和品行有关，反映的是来自雇主方面的影响。

雇主公平与信任（BFT）。该构念包含的测项原来归属于领导公平、雇主诚信和雇主信任 3 个原始变量，从相应的测项表述可以看出，该构念反映雇主对待下属的方式，体现雇主与员工之间社会交换关系（LMX）的质量。根据本书前面提出的假设，这类因素对经理人的离职意愿具有重要影响。

雇主重视（BCI）。该构念包含的测项原来归属于领导重视和工作挑战性，反映雇主关心员工、培养员工的程度。

满意度和承诺度（JSC）。正如前文所述，工作满意度和组织承诺度是不同的态度变量。但在本研究中我们发现，这两个构念具有高度相关性。LIS-REL 估计出的 PHI 矩阵显示出两者高达 0.57（t = 12.59，p < 0.001）的相关系数。因此，EFA 表明两者同属一个因子并不是一个意外的结果。事实上，这一构念与哈里森等（2006）构造的"总工作态度"较为相似，后者已被发现对包括离职倾向在内的员工综合绩效标准具有显著影响。我们在进行相关实证结果解释时，不再区分二者。

工作主动性（JFC）。该构念包含的测项原来归属于工作主动性和职业承诺两个变量，我们设计这两个构念的初衷在于分别从经理人对待工作本身和组织两方面的态度考察其工作积极性。但 EFA 却表明这两者实际上反映了同样的东西，即工作表现。

EFA 中因载荷过小而被删除的变量包括职业成长机会和匹配度，表明本书构造的这两个构念其效度不能满足分析要求。除此之外，其他构念全部按照原来的定义和测度进入实证分析过程。

（三）验证性因子分析（CFA）和信度检验

在 EFA 给出的因子结构基础上，我们选取每个因子所包含测项中载荷值最大的四个（不足四个测项的全部选取）应用 LISREL8.72 软件进行验证性因子分析（相关程序见附录2）。并将通过验证性因子分析的构念（$\lambda > 0.5$）进行进一步的信度检验，具体采用 SPSS 的数据可靠性分析功能给出的 Cronbach's α 信度系数进行判断，系数 $\alpha > 0.7$ 的变量通过信度检验。表5－5 给出 CFA 载荷矩阵，表5－6 给出通过 CFA 检验的潜变量描述性统计量和相应的 Cronbach's α 信度系数。

表5－5　　　　　　CFA 潜变量载荷矩阵（LISREL 标准估计值）

构念		测项数	1	2	3	4
解释变量	JSC	4	0.83	0.81	0.78	0.7
	JFC	4	0.5	0.48[a]	0.82	0.81
	JA	2	0.86	0.74	—	—
	JL	3	0.53	0.63	0.81	—
	OSC	4	0.83	0.84	0.78	0.79
	SR	3	0.82	0.78	0.79	—
	JC	3	0.64	0.73	0.75	—
	JP	4	0.65	0.7	0.7	0.8
	BCI	4	0.46[a]	0.74	0.82	0.8
	BFT	4	0.75	0.9	0.87	0.86
	BLH	4	0.84	0.79	0.92	0.69
	JE	2	0.52	0.8	—	—
	OJ	2	0.48[a]	0.94	—	—
	JI	3	0.7	0.88	0.81	—
	PC	3	0.79	0.7	0.77	—
	EM	3	0.87	0.91	0.72	—
	CR	1	1[b]	—	—	—
被解释变量	TOVL	1	1	—	—	—

注：a. 标注出的测项在相应潜变量上的载荷值 $\lambda < 0.5$，在进行下一步分析时予以删除；b. 只有一个测项的构念在编 LISREL 程序时，假设其没有测量误差，强制相应的 $\lambda = 1$。

表 5－6　　　　　　　　　　潜变量描述性统计量及信度系数

序号	潜变量	样本	最小值	最大值	均值	标准差	信度系数 α
1	JSC	541	1	7	5.53	1.04	0.860
2	JFC	539	3	7	6.15	0.79	0.710
3	JA	501	1	6.5	2.44	1.47	0.777
4	JL	540	1	7	3.60	1.51	0.725
5	TOVL	528	1	7	4.26	2.06	—[a]
6	OSC	536	1	7	4.53	1.40	0.883
7	BLH	532	1	7	6.18	1.01	0.865
8	BFT	534	1	7	5.23	1.37	0.907
9	BCI	536	1	7	4.52	1.40	0.865
10	JP	536	1	7	3.26	1.44	0.806
11	EM	529	1	7	4.98	1.49	0.869
12	PC	532	1	7	5.14	1.33	0.798
13	JC	536	1	7	5.41	1.11	0.749
14	JI	531	1	7	5.30	1.20	0.828
15	SR	536	1.67	7	5.50	1.05	0.839
16	OJ	534	1	7	2.52	1.78	—
17	JE	533	1	7	2.53	1.92	0.573[b]
18	CR	505	0	1	0.71	0.45	—
19	RA	531	1	7	4.26	1.25	0.554[b]
20	VI	531	1	7	4.65	1.24	0.656[b]
	有效样本				460		

注：a. 这类变量只有一个测项，不必进行内部一致性检验；b. 对应变量的信度系数 $\alpha < 0.7$，表明这些构念采用三个测项度量的信度难以得到保证，因此在进行下一步分析时，选取其中最接近构念定义的测项来代替相应构念（张勉，2006）。

三、实证检验方法

通过前面一系列效度和信度检验后的数据用于之后的正式实证分析。SEM 应用 LISREL8.72 软件的路径分析程序进行（原始程序参见附录 3），我们先按照前一章给出的假设路径进行初始模型的拟合，然后根据反馈出来的修正指数以及相关理论逐步修改模型，最终获得拟合程度最佳且符合理论的"好"模型。

第二节 结构方程模型检验结果

一、潜变量皮尔逊相关系数矩阵

从表5-7、表5-8给出的简单相关系数矩阵可以看出，经理人离职意愿与各解释变量之间的相关关系均较为显著，方向也与假设完全符合。其中，与离职意愿相关性最强（r>0.3）的六个变量是满意度和承诺度（JSC-）、工作寻找意愿（JL+）、组织条件和机会（OSC-）、雇主公平和信任（BFT-）、领导重视（BCI-）、承诺倾向（PC-），这提示我们在后面的实证分析中需要重点关注这些解释变量。

表5-7 潜变量皮尔逊相关系数矩阵

变量	JSC	JFC	JA	JL	CR	OSC	BLH	BFT	BCI
JSC	1.000								
JFC	0.460	1.000							
JA	-0.531	-0.330	1.000						
JL	-0.401	-0.117	0.221	1.000					
CR	0.062	0.061	-0.124	0.059	1.000				
OSC	0.353	0.069	-0.288	-0.368	-0.366	1.000			
BLH	0.394	0.430	-0.328	-0.278	-0.254	0.281	1.000		
BFT	0.422	0.188	-0.280	-0.439	-0.394	0.621	0.524	1.000	
BCI	0.438	0.202	-0.255	-0.385	-0.339	0.455	0.268	0.468	1.000
JP	-0.316	-0.166	0.408	0.165	0.176	-0.247	-0.191	-0.267	-0.240
EM	-0.002	-0.007	0.084	0.030	0.078	-0.031	0.122	-0.019	-0.009
PC	0.389	0.264	-0.222	-0.405	-0.519	0.302	0.370	0.409	0.298
JC	0.507	0.367	-0.409	-0.226	-0.299	0.401	0.414	0.420	0.492

续表

变量	JSC	JFC	JA	JL	CR	OSC	BLH	BFT	BCI
JI	0.413	0.382	-0.309	-0.235	-0.276	0.310	0.384	0.391	0.228
SR	0.418	0.257	-0.311	-0.244	-0.243	0.467	0.461	0.530	0.444
OJ	-0.100	-0.226	0.184	0.125	0.192	-0.154	-0.309	-0.196	-0.179
JE	0.162	-0.113	-0.083	-0.294	-0.214	0.168	-0.053	0.170	0.347
TOVL	-0.368	-0.154	0.275	0.519	0.033	-0.366	-0.254	-0.394	-0.339

表5-8　　　　　　　　　　潜变量皮尔逊相关系数矩阵

	JP	EM	PC	JC	JI	SR	OJ	JE	TOVL
JSC									
JFC									
JA									
JL									
CR									
OSC									
BLH									
BFT									
BCI									
JP	1.000								
EM	0.143	1.000							
PC	-0.178	-0.065	1.000						
JC	-0.300	0.024	0.319	1.000					
JI	-0.146	-0.018	0.357	0.345	1.000				
SR	-0.325	-0.004	0.343	0.433	0.263	1.000			
OJ	0.220	0.165	-0.082	-0.197	-0.170	-0.185	1.000		
JE	-0.044	-0.125	0.128	0.168	-0.004	0.054	-0.007	1.000	
TOVL	0.176	0.078	-0.519	-0.299	-0.276	-0.243	0.192	-0.214	1.000

二、职业经理流失过程模型的拟合优度

我们在图5-1、图5-2中给出了两个待选模型的基本结构，在表5-9中

给出了原模型 M1 和修订模型 M2 的主要拟合指数。根据侯杰泰等（2004）的建议，χ^2、RMSEA 以及信息指数 AIC 越小越好，其他指数则越大越好。其中相对拟合指数 NFI、NNFI、CFI 在 0.9 之上的模型才是可以接受的，其越接近 1，表明对数据的拟合程度越佳。容易看出，修订模型 M2 具有更低的χ^2、RM-SEA 和 AIC，和更高的 NFI、CFI、GFI。因此可以判定，M2 对于本研究样本数据具有较高的拟合优度，是一个"好"模型，可以确定为最终的职业经理流失意愿形成过程模型。

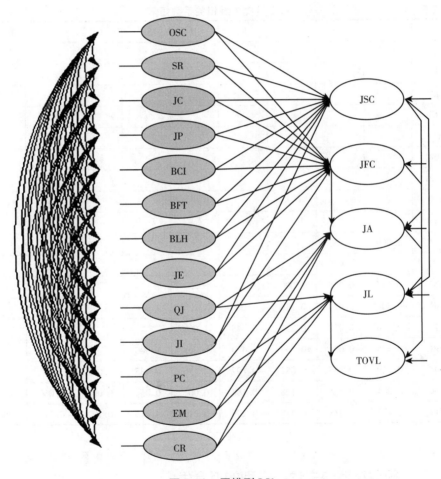

图 5 - 1　原模型 M1

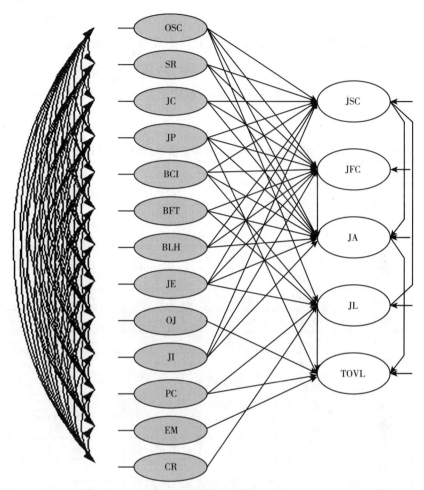

图 5 – 2　修订模型 M2

表 5 – 9　　　　　　　　　　SEM 模型拟合指数比较

模型	χ^2	df	RMSEA	AIC	NFI	NNFI	CFI	GFI	AGFI
M1	2630. 16	1069	0. 057	3042. 16	0. 94	0. 96	0. 96	0. 81	0. 78
M2	2471. 02	1058	0. 054	2905. 02	0. 95	0. 96	0. 97	0. 82	0. 78

三、标准化路径系数及其显著性

表 5 – 10 给出了最终选定模型 M2 的标准化路径系数及其显著性（具体的因子负荷值及路径系数参见附录 4）。中介变量方面，工作寻找意愿非常显著

地影响经理人的离职意愿（$p < 0.001$）；工作状态也在 0.05 的水平上具有显著影响。此外，满意度和承诺度显著影响工作主动性和工作状态（$p < 0.001$）。而工作主动性与工作状态之间没有显著关系；满意度和承诺度与工作寻找意愿之间的关系也不显著，这表明其对于离职意愿的影响主要通过工作状态变量进行间接传递。

表 5 – 10　　　　结构方程模型 M2 的标准化路径系数（LISREL 估计值）

变量		JSC	JFC	JA	JL	TOVL
中介变量	JSC	—	0.39 ***	− 0.43 ***	− 0.09	—
	JFC	—	—	0.09	—	—
	JA	—	—	—	—	0.12 **
	JL	—	—	—	—	0.54 ***
前因变量	OSC	− 0.02	− 0.10	− 0.10	− 0.18 **	—
	BLH	0.09	0.37 ***	0.11	—	—
	BFT	0.02	− 0.16 *	0.07	− 0.13	—
	BCI	0.14 *	− 0.02	0.2 **	− 0.12 *	—
	JP	− 0.08	− 0.05	0.48 ***	—	− 0.16 ***
	JC	0.17 **	0.18 **	− 0.22 ***	—	—
	JI	0.26 ***	0.15 **	− 0.04	—	—
	SR	0.25 ***	− 0.02	0.13	—	—
	JE	0.06	− 0.13 ***	0.03	− 0.16 ***	—
	EM	—	—	—	—	0.05
	PC	—	—	—	− 0.31 ***	− 0.23 ***
	OJ	—	—	—	—	0.09 **
	CR	—	—	—	0.10 **	—
R^2（N = 456）		0.53	0.55	0.56	0.53	0.52

注：＊表示在 0.10 的水平上显著，＊＊表示在 0.05 的水平上显著，＊＊＊表示在 0.01 的水平上显著。

前因变量方面，领导重视、工作自主性、工作参与度以及人际氛围对经理人的满意度和承诺度具有显著影响；雇主领导力、雇主公平与信任、工作自主性、工作参与度以及工作嵌入度对工作主动性具有显著影响；雇主重视、工作压力和工作自主性显著影响经理人的工作状态；对工作寻找意愿具有直接影响的变量包括雇主重视、工作自主性、工作嵌入度、承诺倾向以及组织变革等；最后，工作压力和其他工作机会对离职意愿具有直接的显著影响。

四、相关变量对离职意愿的影响效应分解

表 5 – 11 给出了各变量对被解释变量的直接效应、间接效应和总效应，这是本书的核心结果。就总效应而言，除了工作主动性、雇主领导力、雇主重视、人际氛围、创业动机之外，其他 12 个变量均对经理人的离职意愿具有显著影响。其中，工作状态、工作寻找意愿、其他工作机会全部通过直接的方式影响离职意愿；工作压力和承诺倾向同时通过直接和间接的渠道影响离职意愿；其他显著变量则完全通过间接渠道对离职意愿产生影响。为了便于阅读，我们将相关假设在本章和下一章的验证情况归纳在第六章的表 6 – 14 中。

表 5 – 11　　　　　　　各变量影响效应分解（LISREL 估计值）

	变量	直接效应	间接效应	总效应
中介变量	JSC	—	– 0. 10 **	– 0. 10 **
	JFC	—	0. 01	0. 01
	JA	0. 12 **	—	0. 12 **
	JL	0. 54 ***	—	0. 54 ***
前因变量	OSC	—	– 0. 11 **	– 0. 11 **
	BLH	—	– 0. 02	– 0. 02
	BFT	—	– 0. 07 *	– 0. 07 *
	BCI	—	– 0. 05	– 0. 05
	JP	– 0. 17 ***	0. 07 **	– 0. 10 **
	JC	—	– 0. 04 **	– 0. 04 **
	JI	—	– 0. 03 **	– 0. 03 **
	SR	—	– 0. 01	– 0. 01
	JE	—	– 0. 09 ***	– 0. 09 ***
	EM	0. 05	—	0. 05
	PC	– 0. 23 ***	– 0. 17 ***	– 0. 40 ***
	OJ	0. 09 **	—	0. 09 **
	CR	—	0. 06 **	0. 06 **

注：* 表示在 0.10 的水平上显著，** 表示在 0.05 的水平上显著，*** 表示在 0.01 的水平上显著。

第三节 影响效应讨论

一、中介变量的影响效应

莫布里（1977）提出的中介联系模型开创了把离职看成是一个"过程"的先河。之后大量相关研究表明，员工的离开并不是一个简单的时点决策，它涉及主观感知、满意度降低、信息搜寻、比较评价等复杂的阶段和程序。本书通过结构方程模型检验获得的过程模型也表明，中小民营企业职业经理流失会经历复杂的过程。从对组织、雇主、工作等相关方面的现状感知开始，经理人会经历满意度下降、工作积极性下降、工作搜寻动机产生和工作状态低下等过程，最终产生离开组织的想法。

从表5-11中看出，就总体效应而言，四个中介变量中有三个对于经理人的离职意愿具有显著影响。首先，满意度和承诺度会降低经理人的离职意愿（$p < 0.05$）。这一结果支持了我们的假设 H23 和 H24。经理人的工作满意度和组织承诺度每增加1个单位，其离职倾向就降低0.1个单位。该结果意味着，不管什么原因引致，工作不满及其对组织忠诚度的降低都会大大提高经理人离职的可能性。从表5-10我们可以进一步看出，满意度和承诺度的影响效应通过工作主动性和工作状态间接实现，相关标准化路径系数达到0.39和-0.43，且都在0.01的水平上显著。这里的传导机制可以概括为：在对组织、工作等相关因素感知的影响下，经理人的工作态度发生变化，这一变化进而降低其工作积极性，职责范围内的工作表现随之下降，最后产生离职意愿。经理人是否充满工作热情、是否能从工作中获得满足感以及是否在感情上忠诚于公司对其是否愿意留在公司具有重大影响。虽然现有研究表明导致这类心理态度变化的原因非常多（Price，2001），但正如本书过程模型所揭示的那样，经理人对相关个人、组织、雇主、工作以及其他机会的感知是其核心影响变量，这些因素通过该渠道间接引致经理人离职意愿的产生。

其次，工作状态对离职意愿具有较强解释力（$\eta = 0.12$，$p < 0.05$），支持了我们的假设 H26。在我们最终选定的过程模型 M2 中，工作状态对离职意愿的影响是直接的。虽然据此不能完全判定二者的因果关系，但至少可以确定的是，较差的工作状态伴随着较高的离职概率。如果组织观察到经理人比较糟糕的工作状态，这就很可能意味着其在不远的将来会离开公司。工作状态反映出经理人为了获取组织报酬愿意付出努力的程度，努力意愿的减少可以看成是员工计划离开公司的一个信号。经理人如果已经不在乎组织对自身绩效表现的评估，那么，其留下的愿望肯定非常微弱了。

最后，工作寻找意愿对离职意愿具有更为显著的影响效应，其标准化路径系数达到惊人的 0.54（$p < 0.001$），经理人的工作搜寻意愿每提高 1 个单位，其离职意愿就提高 0.54 个单位。该结果给予我们的假设 H27 以强有力支持。经理人频繁关注其他工作机会的信息意味着其有了离职想法。这一意愿反映出经理人在产生离职倾向之前的谨慎意识，即其离职决策并不是贸然做出的，在真正下决心辞职之前已经做好了充分准备。通过搜寻行为获得的信息有助于其能在其他公司找到更好的工作。如果经理人甚至到了不隐瞒自己寻找其他工作的动机的程度，那么，其离开几乎是必然的事情了。产生工作寻找动机的原因是复杂的，除相关因素的间接影响之外，组织因素、雇主重视、工作嵌入度、承诺倾向以及组织变革等都会直接促使经理人产生寻找其他工作机会的想法。比如，组织变革让经理人产生动荡不安、前途未卜的感觉，消除这一感觉的最好办法就是做好离职的准备，经理人不得不通过各种渠道搜寻工作信息。而承诺倾向较低的经理人在企业正常运转的情况下也会频频关注人才市场信息，这类员工不认为频繁"跳槽"是不符合职业道德的行为。

此外，工作主动性变量未通过显著性检验，表明本样本中由经理人自己报告的角色外表现指标对于离职意愿没有解释力。我们的假设 H25 未能得到本结构模型的支持。本书尝试从三个方面对此进行解释。首先，本样本中的工作表现指标可能存在"自我虚报"的问题。文献中采用的工作表现类指标大多取自上司、同事或客户的评估（Lee et al., 2004），因此其对于离职意愿具有一定的解释效力。但由于条件所限，我们难以取到这样的客观数据，通过经理人对自己角色外表现的自我评估得到的数据不一定能够真实反映这一变量，因此其显著性可能受此影响。其次，从表5－7、表5－8潜变量相关矩阵可以看出，工作主动性与满意度承诺度变量的相关系数达到0.46，结构模型可能面临多重共线性问题，工作主动性对离职意愿方差的解释力已被满意度和承诺度变量部分包含。最后，现实中打算辞职的经理人可能的确没有表现出工作主动性的下降，即在工作外表现方面较为积极的经理人未必不会离职，这类表现反而可能是掩盖其内心真实意愿的一种方式。下一章我们尝试在Logit模型中应用另一个离职意愿测度指标重新检验该假设。

二、前因变量的显著性及其影响路径

提出过程模型的一个重要考虑在于，个人、组织、雇主以及工作等方面因素对员工离职的影响作用是间接发生的，经理人对这些因素的感知并不会立刻反映在离职意愿的高低上。前述满意度、工作状态等态度变量在其间起着重要的中介作用。结构方程模型方法在分析此类问题时颇具优势，它可以同时估计前因变量与中介变量以及被解释变量之间的复杂路径，为我们理解各因素的影响机理和作用路径提供深刻洞察。

SEM的实证结果显示，除了雇主领导力、雇主重视、人际氛围、创业动机之外，其余9个构念对于离职意愿总影响效应的显著性都得到了支持（参见表5－11）。下面按照标准化路径系数的大小依次予以讨论。

承诺倾向的影响效应最大，其系数达到－0.40，且在0.001的水平上显著，强有力地支持了我们的假设H2a。这一结果表明，经理人自身对于离职这一行为的价值观对其离职意愿的产生具有最为重要的预测效应。容易理解，一个对离职行为不慎重对待，甚至将"跳槽"当成人力资本积累手段的经理人是很难长期留在同一个组织中的。这类个体倾向是员工进入组织前就已经具有的特征，公司很难短期改变。承诺倾向较低的员工要么觉得长期待在同一家公司枯燥乏味，要么把"工作跳跃"当作职业生涯中保持竞争力的一种策略，他们认为，在不同的公司工作有助于提高自身技能和资历（Parker et al., 2015；Connie and Kammeyer-Mueller, 2000）。因此不要期望这类经理人会真正长期忠诚于某一组织。我们还将在下一章进一步检验该构念的调节作用。

组织条件和机会的系数为 −0.11（p < 0.05），其影响效应居于第二位。前面 EFA 产生的因子结构显示，该构念包含着组织回报、薪酬、组织条件、公平性以及组织吸引力五个原始概念的信息。因此可以判定，我们的假设 H4、H5、H6a、H6b 和 H8 得到有力支持。组织因素一直是有关员工态度、工作绩效和离职意愿文献重点考察的对象（Ramlall，2003；Krishnan et al.，2006）。本书实证结果也表明，组织自身因素在中小民营企业职业经理流失过程中扮演着重要角色。经理人对于组织回报和组织条件更低的预期、更低的程序公平性感知以及薪酬满意度，会导致其更高的离职意愿。经理人到公司工作的主要目的是积累和实现自己的职业资本（黄文锋，2007），这一目标在本公司是否能够达到将在很大程度上决定其去留。容易理解，公司完备的激励制度、良好的发展空间以及具有竞争力的薪酬等组织因素都有助于经理人职业目标的实现，因而更易吸引其留下来。进一步需要指出的是，组织条件和机会因素是通过其他态度变量如工作满意度、组织承诺等间接影响经理人的离职意愿的（见表 5 − 10），即经理人对相关组织因素的感知不会立即反映在自己的离职倾向上。

工作压力系数估计值是 −0.10，影响效应排在第三位。虽然该因素的总效应在 0.05 的水平上显著，但出乎意外的是方向与假设相反（H12），经理人感知到的工作压力越大，其离职意愿越低。据我们所知，文献中给出的工作压力与离职之间的关系虽然还不甚明朗（Cavanaugh et al.，2000），但负向关系的发现却不多见。一个例外是卡范劳等（2000）对 1886 个美国职业经理样本所做的实证研究。该项研究发现，具挑战性质的工作压力与工作满意度正相关，与工作搜寻行为负相关；而具妨碍性质的工作压力则与工作满意度负相关，与工作搜寻行为和离职正相关。即不同性质的工作压力对离职意愿的影响效果有所不同甚至截然相反。本书最初引入工作挑战性变量来捕捉前者的负向效应，以将具有消极作用的工作压力的效应独立出来，但由于工作挑战性的三项指标未能通过信度和效度检验，SEM 模型中未能引入该构念进行检验。

尽管如此，卡范劳等（2000）的结论却启示我们给出对本书结果一种可能解释。即职业经理这一特殊群体可能把本书的压力概念理解成具挑战性的工作压力。这类员工会认为，感知到较高的工作压力意味着其所负责任和自身职位的重要性更大，自己对公司而言是"举足轻重"式的人物。职业经理大多具有较高的成就动机，他们常常把更重的工作负担理解为自身职业的成功，即只有得到老板赏识的经理人才会肩负重担。因此，其对工作压力的感知反向影响离职意愿。当然，这一解释需要其他相关研究的支持，进一步实证分析可以考虑引入职业经理个人成就动机变量，以考察其是否对本书发现的负向关系产生调节作用。另外值得指出的是，这一总效应上的负向关系主要通过直接渠道发生作用。表 5 – 10 和表 5 – 11 的结果表明，工作压力通过工作状态等中介变量最终对离职意愿产生的间接影响是正向的（p < 0.05），即工作压力越大，工作状态越差（ξ = 0.48，p < 0.001），进而离职意愿越高（这一间接效应为0.07，且在 0.05 的水平上显著）。但由于负向的直接效应太大（ξ = – 0.17，p < 0.001），工作压力对于离职意愿的总效应就表现为负向关系（– 0.17 +0.07 = – 0.10）。这提示我们，如果工作压力不会导致工作状态的下降，那么，这类压力的增大反而有助于经理人的留职。进一步研究有必要按照卡范劳等（2000）的建议设计不同性质的工作压力指标，检验哪些压力会导致工作状态下降，从而提高离职意愿，哪些压力会直接降低离职意愿。

工作嵌入度的总效应达到 – 0.09，且在 0.01 的水平上显著，支持了我们的假设 H20。这一结果证实了米歇尔等（2001）首先提出的这一构念对离职方差的解释效力，表明中小企业职业经理很看重个人"嵌入"组织的程度。在组织中有"熟人"，或者与老板之间关系较为密切的经理人更不愿意离开。现在很多企业在招聘新员工时已经开始重视求职者与公司现有员工之间的关系，这也从侧面证明工作嵌入度是一个非常重要的影响因素。另外根据表 5 – 10，我们发现该变量是通过工作主动性（ξ = – 0.13，p < 0.01）和工作寻找意愿（ξ = – 0.16，p < 0.001）等中介变量间接影响离职的。前一关系的方向与假设和常识不符，一种可能解释是，工作嵌入度高的经理人觉得自己在公司有"熟人"，或者与老板有比较好的私人关系，就算表现差也不会受到组织的正式惩罚，[①] 外部约束力的缺乏使其敢于"放纵"自己。因此，嵌入程度越深，

---

① 这在我们前期调查遇到的一个案例中得到了验证，一家从事医药代理的公司老总告诉我们，从创业伊始就追随她的一位"老臣"离职前工作表现一直不够好，但碍于情面一直难以对其采取措施，使其有机可乘。

经理人的工作积极性越弱。这一发现与西方大多数文献的结论有所不同，体现出中国文化背景下特殊关系主义治理的重大影响。与此相关但有所不同的是，工作嵌入度越高，"关系"网络的非正式约束力越强，经理人越不愿轻易出去寻找其他工作机会，并最终离开组织。因此就总体效应而言，工作嵌入度的确有助于降低经理人的离职意愿。

其他工作机会的总效应也是 0.09（$p < 0.05$），支持了我们的假设 H22，与离职文献的主流结论相一致（Griffeth et al.，2005）。值得注意的是，其他工作机会对离职意愿的影响是直接的。这表明，即使经理人的工作满意度、组织承诺度以及工作主动性等处于较高水平，但一旦有了更好的工作机会，其离职打算便直接产生，他们会在没有任何前兆的情况下"突然"离开组织。通常而言，由其他工作机会引致的离职大多经过理性的比较、评价和计算过程（Maertz and Campion，2004），经理人不会经历工作态度和工作状态的明显变化阶段。对于这类离职的经理人，公司很难在事先观察到相关讯息，以做好准备。因此，其他工作机会导致的流失可能会让企业措手不及。

雇主公平与信任的总效应达到 -0.07，但只在 0.10 的水平上显著，我们的假设 H17、H18 和 H19 只得到轻微支持。这表明，中小民营企业职业经理虽然在就职选择上会考虑到相关雇主因素，但重视的程度并不太高，他们更看重的是组织因素，或者本公司与其他公司的比较。相对于雇主自身吸引力，组织方面吸引力才是最为重要的。经理人已经意识到，简单地将自己的前途命运系于某个人是不明智的，非人格化的组织制度才更为可靠，因此，就算老板个人对待下属有某些不公，或者对自己并不是充分信任，但只要组织方面的条件还令人满意，继续留在这样的公司也没什么不妥。当然，这也从一个侧面反映出现阶段我国民营企业经理人大多非常理性，其职业生涯规划不会受到某些个人的重大影响。这一结果表明，就直接影响而言，西方企业职业经理较为看重组织自身因素的一般结论也适用于中国的民营企业。当然，这也从侧面反映出中国企业及员工已经在"现代化"进程中取得一定的进展了。尽管如此，正如前面所指出的那样，中小民营企业中雇主因素是不能轻易忽视的，结构方程模型只能检验一个方面的影响。我们将在下一章检验其对相关组织因素的调节作用，同时还会按经理人背景特征和公司特征进行分组考察，检验这一关键变量对某些类别经理人的影响效应是否与此不同。

组织变革的总效应为 0.06（$p < 0.05$），并与预期的方向一致。有力地支持了我们的假设 H10。这在一定程度上验证了李和米歇尔（1994）展开模型中强调的"冲击"效应。表明职业经理这一层次的员工也会因为组织面临变革而受到"冲击"，从而产生辞职的打算。我们的结构模型还揭示，该因素是通过工作寻找意愿间接发挥作用的，这意味着组织变革并不会直接导致离职。当经理人感知到组织将要发生变革时，他首先会增加工作搜寻行为，如果搜集到的信息表明离开更为有利，他才会最终选择离开。企业变革会让人们产生动荡不安、前途未卜的感觉，经理人常常在这种情况下寻找其他工作，另谋高就。组织如果不能消除员工的这种心态，其在转型过程中将会不可避免地流失大量优秀人才。

工作自主性变量系数为 -0.04（$p < 0.05$），支持了我们的假设 H11，处于职场上层的经理人群体很看重控制工作进程的自由程度。我们认为，一方面，这类员工的工作价值取向决定了他们会把自主性本身看成自身的需要，享有更高的自主性意味着更高的地位和得到更多信任，这可以从表 5 - 10 给出的结果中得到部分证明。相关路径系数显示，工作自主性是通过影响满意度和承诺度（$\xi = 0.17$，$p < 0.05$）、工作主动性（$\xi = 0.18$，$p < 0.05$）和工作状态（$\xi = -0.22$，$p < 0.01$）从而对离职意愿发生间接效应的。职业经理大多处于人才市场顶端，本身素质较高、能力较强，且充满自信，如果没有足够权力控制自己的工作进程，对与自己相关的事项没有"发言权"，那么，其对工作的满意度必然下降，而对组织的忠诚度也会减弱。另一方面，工作自主性有助于职业经理人力资本的积累和提高，更高层次管理能力的培养需要更多的"自由裁量空间"，较高的工作自主性让经理人有更多的空间"自由发挥"，这种训练可以提高其适应更高层管理岗位的能力，增强在市场上的"可雇用性"。因此容易得出，这两者都会影响到经理人的最终离职决策。

工作参与度变量的系数为 -0.03（$p < 0.05$），支持了我们的假设 H1a。表明经理人对工作行为本身的看法及其努力工作的意愿会影响其离职。当经理人将工作看成是自己生活中一件可有可无的事情的时候，他们会在工作稍不如意时便轻易地做出辞职的决定。进一步从表 5 - 10 中可以看出，较高的工作参与

度会提高满意度和承诺度（$\xi = 0.26$，$p < 0.001$），增加工作主动性（$\xi = 0.15$，$p < 0.05$），最终降低其离职意愿。高参与度员工把工作本身当成生活中的头等大事，并将其作为自己的主要乐趣来源，在其他条件不变的情况下，这类经理人会具有更高的工作满意度和组织承诺度，工作的积极性也更高。拥有一份工作的重要性使其对能够给他提供机会以进行工作活动的组织抱有感激之心（Lance，1991），因而具有较高的承诺度。此外，为了考察这一因素更多的影响作用，我们将在下一章应用 Logit 模型检验其对于相关直接前因变量的调节效应。

雇主领导力、雇主重视、人际氛围、创业动机 4 个构念在本章的结构模型中没有得到验证。前面我们指出，雇主公平与信任变量的效应只得到轻微支持（$p < 0.10$），而与此同类的雇主领导力和雇主重视等两个雇主因素也没有被发现其对于经理人的离职意愿具有显著影响。这表明现阶段中小民营企业的职业经理在就职选择时不会直接考虑过多雇主方面因素，最看重的还是薪酬、公平性、公司形象等组织因素以及工作因素。比如，雇主重视反映的是老板给予经理人的精神奖励，即非正式的表扬、鼓励和承认其贡献等，经理人并不认为这些可以替代正式的组织激励。这些结果意味着，经理人大多属于较为理性的决策者，不会简单地将自己的前途命运紧密联系于某些个人，非人格化的组织吸引力才更为重要。即使雇主领导力不足，对自己也未加特殊关注，只要公司激励制度、发展机会等组织条件较为优厚，没有理由不继续留下来。当然，正如下一章调节效应检验所表明的那样，雇主因素虽然没有前述这些直接效应，但却会对组织因素与离职意愿之间关系产生调节作用，这是我们不可轻易忽略的。

人际氛围构念在本样本中也没有影响效应，不支持我们的假设 H7。该结果表明经理人的选择更具"务实"性质，只要收入、发展机会等组织条件具有足够吸引力，就算公司氛围不佳也不在意。当然，对这一解释需要保持谨慎，人际氛围这样的"软"环境吸引力需要较长时间才会体现出其价值，工龄较短的员工对此可能没有意识，表 5-1 显示，本样本中经理人的平均工龄不到 3 年。但很显然，长期留任公司的员工会越来越在乎公司的人际环境，组织要想长期保留住优秀的人才，这一因素同样不可小视。进一步的研究需要考虑工龄因素的影响。[1]

　　创业动机的影响也不显著，不支持我们的假设 H3a。这意味着在现阶段，大多数中小企业经理人的职业发展目标还是做"职业管理者"，具有较高离职意愿经理人的未来打算并不是自我创业，而是另一家公司。[2] 我们在下一章将考察这一变量对于其他影响因素的调节作用，并将按照年龄和职位分类，以考察创业动机对不同类别的经理人而言是否有不同的效应。后面的结果将表明，对于中高层经理人而言，创业动机对离职意愿具有显著正影响。这意味着处于高位的经理人的确会在自我创业的"冲动"下离开公司，验证了我们前期调查和定性研究得到的相关结果。

　　此外，正如前述，职业成长机会和匹配度两个构念由于 EFA 揭示的因子结构表明其相关测项不能满足效度要求，其对于离职意愿的影响效应未能在本研究中得到考察。但正如第四章相关假设指出的那样，有大量文献确认过这两个构念的预测效力。因此，下一步的研究需要从内容效度和会聚效度两个方面入手重新设计测项，以检验其对经理人离职意愿的预测效力。

---

[1]　下一章的分组回归发现，女性经理人在离职决策中很看重人际氛围的质量，这可能与其偏好有关。

[2]　前面已经指出，其他工作机会对于经理人的离职意愿具有显著影响（p < 0.05）。

第六章　流失影响因素的
进一步实证研究

第一节　实证结果的稳健性检验

一、流失影响因素的重要度和满意度排序

表6-1给出了经理人流失影响因素的重要度和满意度排序。由此可知，就经理人直接主观评价而言，其择业时最看重的五个因素依次为：雇主领导力、雇主公平与信任、组织条件和机会、人际氛围以及工作主动性。[①] 满意度方面，我们在表中只给出了经理人对于任职公司相关组织因素和工作因素感知的排序，[②] 满意度最高的五个因素依次为：雇主领导力、人际氛围、工作自主性、雇主公平与信任以及组织条件和机会。

---

① 这里的重要度排序简单地基于经理人在调查问卷中直接报告的主观权重（未进行均值差异性检验），仅具有参考意义。正如上一章实证分析所揭示的那样，在统计意义上，对职业经理流失影响效应的排序与此并不相同，后者才具有实际意义。

② 其他影响因素得分均值的比较没有意义，所以没有列出。此外，与重要度排序一样，满意度排序也仅具有参考价值。

表 6 – 1　　　　　　　　　影响因素的重要度和满意度排序

重要度排序				满意度排序			
变量	重要度均值	标准差	排序	变量	满意度均值	标准差	排序
BLH	6.03	1.03	1	BLH	6.18	1.01	1
BFT	6.03	1.07	2	SR	5.50	1.05	2
OSC	5.91	1.03	3	JC	5.41	1.11	3
SR	5.83	0.97	4	BFT	5.23	1.37	4
JFC	5.79	1.10	5	OSC	4.53	1.40	5
JSC	5.76	0.91	6	BCI	4.52	1.40	6
JC	5.72	0.96	7	JP	3.26	1.44	7
BCI	5.43	1.19	8				
JI	5.36	1.21	9				
PC	5.08	1.27	10				
JP	5.02	1.44	11				
EM	4.95	1.60	12				
RA	4.91	1.31	13				
VI	4.84	1.31	14				
OJ	3.45	1.93	15				
JE	2.95	1.93	16				

注：表中均值排序未进行差异性检验，所以这一顺序的统计显著性并没有保证。

二、基于 OLS 与 Logit 模型比较的稳健性检验

为了确保实证结果的可靠性，我们预先在调查问卷中设计了两个不同的指标以度量被解释变量——离职意愿，[①] 一个是"我希望在公司一直工作到退休"（Q8，李克特 7 分制度量），另一个是"我打算在公司度过整个职业生涯"（Q28，回答"是"或"否"）。下面我们应用这两个被解释变量构建 OLS 和 Logit 离散应变量模型，直接将中介变量和前因变量分别单独引入检验程序，

---

　　① 为了保证填表人在回答时两个指标不相互影响，我们将两者分别放在调查问卷的不同位置，这样可以保证得到的信息真正体现出填表人心理倾向的内部一致性（详见附录 1 给出的调查问卷）。

以考察相关影响效应的稳健程度。需要指出的是，由于这里研究的模型没有考虑相关变量的中介效应，得出的结论可能与上一章有所不同，因此相关结果仅具有参考意义。我们的主要目的在于通过比较两个采用不同应变量测度的不同模型，以验证前一章主要实证结果的可靠性。

OLS 模型的构造为：$y_i = x_i'\beta + \varepsilon_i$，其中 y_i 是被解释变量，指个体 i 的离职意愿（以 Q8 测度），x_i 指引入模型的相关影响因素向量，我们这里分别考察直接前因变量（即上一章模型中的中介变量）和前因变量的效应。

Logit 模型的构造为：$P(Y=1) = \dfrac{e^{\beta'X}}{1+e^{\beta'X}}$，其中，Y 是离职意愿，来自问题 Q28 的测度，$Y=1$ 表示经理人离职，$Y=0$ 则表示不离职，$P(Y=1)$ 指某一个体 i 选择"离职"的概率，X 是相关影响因素矩阵。

上述两个模型采用 EViews5.0 软件进行估计，相关结果参见表 6 - 2。通过简单比较容易看出，两个模型相关因素的影响效应几乎完全一致，[①] 这表明本书的主要实证结论是非常可靠的，样本中经理人报告的离职意愿体现出足够的内部一致性。需要再次强调的是，此处前因变量的影响效应与前一章 SEM 模型发现的有所不同，主要原因是前者没有考虑相关变量的中介效应，对管理实践更具意义的是结构方程模型的结果。

表 6 – 2　　　　　　　　　稳健性检验结果

OLS			Logit		
变量	模型 1	模型 2	变量	模型 3	模型 4
常数项	3.777 ***	9.260 ***	常数项	2.197 *	7.145 ***
JFC	− 0.158		JFC	− 0.357 **	
JSC	− 0.206 **		JSC	− 0.343 **	
JA	0.150 **		JA	0.253 ***	
JL	0.619 ***		JL	0.460 ***	
OSC		− 0.217 ***	OSC		− 0.267 **
BLH		0.010	BLH		− 0.009

① 这指的是作用方向和显著性程度，由于模型不同，单位也不同，估计参数的绝对值没有可比性。后面会讨论 Logit 的边际效应，以进一步揭示相关影响因素对于经理人离职意愿的预测效力。

	OLS			Logit	
变量	模型1	模型2	变量	模型3	模型4
BFT		−0.151*	BFT		−0.267*
BCI		−0.042	BCI		−0.006
JP		−0.063	JP		0.022
EM		0.099*	EM		0.237***
PC		−0.556***	PC		−0.759***
JC		−0.093	JC		−0.005
JI		−0.085	JI		−0.390***
SR		0.058	SR		0.165
OJ		0.092*	OJ		0.139*
JE		−0.110**	JE		−0.122*
CR		0.172	CR		−0.245
调整的 R^2	0.313	0.326	麦克法登 R^2	0.192	0.293
F 统计量	56.737***	19.115***	似然比统计量	119.321***	189.888***
样本量	491	487	样本量	459	475

注：* 表示在 0.10 的水平上显著，** 表示在 0.05 的水平上显著，*** 表示在 0.01 的水平上显著。

三、Logit 模型中影响因素的边际效应

模型 3 和模型 4 中系数反映的不是相应变量对离职概率的边际效应，这类模型的边际效应通过下式计算：

$$\frac{\partial[y \mid x]}{\partial x} = \frac{e^{\beta'X}}{1 + e^{\beta'X}}\Big[1 - \frac{e^{\beta'X}}{1 + e^{\beta'X}}\Big]\beta \qquad (6-1)$$

容易看出，某一解释变量的边际效应与所有解释变量的取值和系数有关，为了给出具体数值，我们基于模型 3 在所有直接前因变量的均值处计算相关边际效应，[①] 结果列于表 6 - 3 中。该结果表明，经理人的工作主动性在均值处

---

① 为了简洁，模型 4 中的类似效应没有给出，但很容易通过同样的方法计算得到。

每增加 1 个单位，其离职概率就降低 8.6 个百分点；满意度和承诺度每增加 1 个单位，离职概率降低 8.3%；工作状态每下滑 1 个单位，其离职概率增加 6.1%；工作寻找意愿每提高 1 个单位，其离职概率提高 11.1%。

表 6 - 3   Logit 模型的边际效应

变量	边际效应	标准误
常数项	0.529	0.278
JFC	− 0.086	0.036
JSC	− 0.083	0.040
JA	0.061	0.022
JL	0.111	0.021

第二节　调节效应检验

一、个人因素对于态度变量的调节效应

我们应用 Logit 离散应变量模型来检验相关因素的调节效应。第一类调节效应来自五个个人变量，即工作参与度、承诺倾向、创业动机、风险规避度以及传统观念意识，我们将考察其对于离职意愿两个直接前因变量工作状态和工作搜寻意愿的调节作用。表 6 - 4、表 6 - 5 给出了相关结果。

表 6 - 4   个人因素的调节效应

变量	模型 1	模型 2	模型 3	模型 4	模型 5
C	0.727	0.648	0.439	0.447	2.265 *
JSC	− 0.247	− 0.280 *	− 0.177	− 0.210	− 0.382 **
JFC	− 0.196	− 0.151	− 0.203	− 0.171	− 0.324 **
JA	1.055 ***	0.225 ***	1.487 ***	0.246 ***	0.108
JL	0.432 ***	1.059 ***	0.387 ***	1.317 ***	0.449 ***
JA × JI	− 0.149 ***				

续表

变量	模型 1	模型 2	模型 3	模型 4	模型 5
JL×JI		−0.113 ***			
JA×PC			−0.226 ***		
JL×PC				−0.172 ***	
JA×EM					0.028
麦克法登 R^2	0.208	0.213	0.234	0.249	0.192
似然比统计量	128.527 ***	131.903 ***	144.856 ***	154.115 ***	118.4232 ***
样本量	456	456	456	456	455

注：＊表示在 0.10 的水平上显著，＊＊表示在 0.05 的水平上显著，＊＊＊表示在 0.01 的水平上显著。

表 6−5　　　　　　　　　　　　　个人因素的调节效应

变量	模型 6	模型 7	模型 8	模型 9	模型 10
C	2.482 **	1.618	2.225 *	1.945 *	2.085 *
JSC	−0.389 **	−0.325 **	−0.360 **	−0.319 **	−0.335 **
JFC	−0.350 **	−0.289 *	−0.341 **	−0.328 **	−0.332 **
JA	0.244 ***	0.685 ***	0.249 ***	0.581 ***	0.252 ***
JL	0.214 *	0.445 ***	0.458 ***	0.437 ***	0.610 ***
JL×EM	0.047 ***				
JA×RA		−0.086 **			
JL×RA			−0.001		
JA×VI				−0.067 *	
JL×VI					−0.037
麦克法登 R^2	0.200	0.198	0.189	0.195	0.193
似然比统计量	123.649 ***	122.375 ***	116.752 ***	120.611 ***	119.269 ***
样本量	455	456	456	456	456

注：＊表示在 0.10 的水平上显著，＊＊表示在 0.05 的水平上显著，＊＊＊表示在 0.01 的水平上显著。

　　由表 6−4、表 6−5 可知，工作参与度和承诺倾向两个个人变量的调节效应得到强有力的支持；创业动机、风险规避度和传统观念意识三个个人变量的调节效应则得到部分支持，下面给出具体解释。

　　工作参与度对工作状态与离职意愿之间关系的调节效应为 −0.149，对工作搜寻意愿的调节作用为 -0.113，两者方向均与假设一致，且都在0.01的水平上显著，支持了我们的假设 H1b。这一结果表明，工作参与度不仅对经理人的离职意愿产生直接影响，而且还会缓和工作状态、工作搜寻意愿与离职之间的关系，即工作参与度越高，工作状态较差、工作搜寻意愿较高的经理人越不会轻易辞职（图6-1、图6-2给出了更为形象的描述）。原因在于，参与度

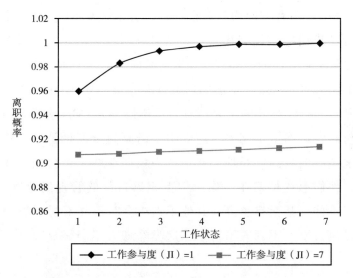

图6-1 工作参与度（JI）对工作状态的调节效应

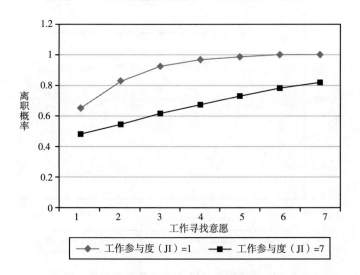

图6-2 工作参与度（JI）对工作寻找意愿的调节效应

高的经理人把工作当成是生活当中的头等大事，其主要乐趣也来自工作自身，因此，即使其他原因导致自己的工作状态有所下滑，且萌生寻找其他工作的想法，最终很可能也不会离开。这类经理人对失业的恐惧有时候抵消了其他因素带来的不满。

承诺倾向对工作状态的调节效应为 − 0.226，对工作搜寻意愿的调节效应为 − 0.172，两者方向均与假设一致，且都在 0.01 的水平上显著，强有力地支持了我们的假设 H2b。这一结果表明，承诺倾向会缓和相关直接前因变量对于离职意愿的影响效应，承诺倾向越高，经理人的离职决策越不会受其工作状态和工作搜寻意愿的影响（见图 6 − 3、图 6 − 4）。由图 6 − 3 还可以发现一个令人意外的结果，对于承诺倾向极高的经理人而言，工作状态甚至与离职概率呈负相关，这表明承诺倾向全部抵消了工作状态下滑的影响。承诺倾向较高的经理人并不认为长期在同一个公司工作会枯燥乏味，相反，他们愿意长期在工作岗位上积累自己的管理经验和人事资历。当工作状态不佳，甚至有意寻找其他工作机会时，其不愿"挪动"的观念会促使其谨慎行事。不到万不得已，这类经理人不会轻易离开自己长期供职的公司。

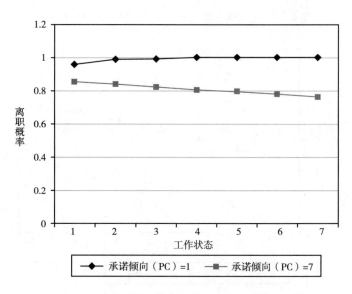

图 6 − 3　承诺倾向（PC）对工作状态的调节效应

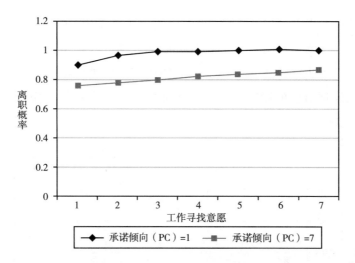

图 6 - 4　承诺倾向（PC）对工作寻找意愿的调节效应

创业动机对工作状态的调节作用不显著，但对工作搜寻意愿的调节效应则达到 0.047，方向与预期相一致，并在 0.01 的水平上显著，该结果部分支持了我们的假设 H3b。该结果表明，创业动机会增加工作搜寻意愿与离职意愿之间关系的敏感性，即创业动机较强烈的经理人一旦打算寻找其他工作机会，其最终离开可能性也会大大增加（相对创业动机较弱的经理人而言）（见图 6 - 5）。出现这一结果的主要原因在于，如果由组织、雇主或工作因素导致经理人的满意度和承诺度下降，从而激发他去寻找其他工作机会，那么，即使没有找到更好的工作，由于创业动机强烈的经理人有了自我创业的打算，他们最终也可能会毅然辞职。此外，我们的结果还表明创业动机不会加剧工作状态与离职意愿之间的正相关关系，即创业动机强烈的经理人不会因为工作状态糟糕而更贸然地辞职。

风险规避度对工作状态的调节系数为 - 0.086，方向与假设一致，且在 0.05 的水平上显著，但对工作寻找意愿的调节效应不显著，假设 H29 只得到部分支持。该结果表明，风险规避度会减弱工作状态与离职意愿之间的关系（见图 6 - 6），即对风险较为"畏惧"的经理人在工作状态比较糟糕的情况下也不会轻易辞职，因为他担心离开公司后难以迅速找到其他工作。这是很容易理解的，只有愿意承担不确定性风险的经理人才敢于在状态下滑时尝试其他可能性。此外，风险规避度不会减弱工作寻找意愿对离职意愿的影响，这可能意味着工作寻找行为本身可以部分降低未来事件的不确定性，惧怕风险的经理人也敢于出去一试。以后的研究需要进一步区分出哪些具体因素抵消了风险规避度的影响，以更深入地揭示风险规避与工作搜寻行为之间的相互影响关系。

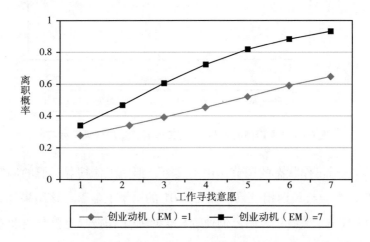

图 6 – 5　创业动机（EM）对工作寻找意愿的调节效应

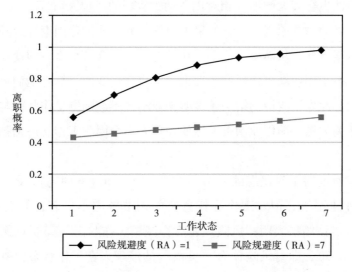

图 6 – 6　风险规避度（RA）对工作状态的调节效应

传统观念意识对工作状态的调节系数为 − 0.067，方向与预期相符合，但只在0.10的水平上显著，同时，该构念对工作搜寻意愿的调节作用不显著，因此，我们的假设H28只得到轻微支持。该结果表明，观念的传统程度会轻微地减弱经理人工作状态与离职意愿之间的关系。经理人的观念意识越富传统色彩，其离职决策越不会受其工作状态影响（见图6－7）。东方文化塑造出的传统意识强调尊重权威、集体主义和群体导向（Farh et al.，1997，2007；Chen and Aryee，2007），持有这类观念的经理人不会在工作状态不佳的情况下"个人主义"地行事，他会很看重公司的群体利益，最终在"顾全大局"的想法下留在公司。这一发现在西方离职模型中还没有出现过。当然，我们的这一结果比较微弱，进一步研究有必要继续考察该构念的重要调节效应，尤其是针对那些年龄较长、观念更趋传统的经理人。

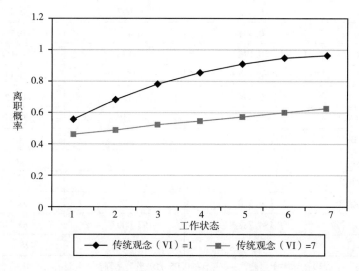

图6－7　传统观念（Ⅵ）对工作状态的调节效应

二、雇主因素对组织因素的调节效应

我们考察雇主领导力、雇主公平与信任以及雇主重视三个雇主因素对组织因素——组织条件和机会的调节作用。表6－6给出的结果显示，雇主领导力、雇主公平和信任对组织因素的调节效应得到实证支持，雇主重视的调节效应不显著。下面做具体分析。

表 6-6 雇主因素的调节效应

变量	模型 1	模型 2	模型 3
C	15.390 ***	10.363 ***	7.636 ***
OSC	-2.122 **	-0.962 **	-0.377
BLH	-1.278 **	-0.015	-0.012
BFT	-0.260 *	-0.806 **	-0.261 *
BCI	-0.013	0.001	-0.125
JP	0.035	0.038	0.024
EM	0.238 ***	0.238 ***	0.237 ***
PC	-0.781 ***	-0.794 ***	-0.762 ***
JC	-0.015	-0.007	-0.002
JI	-0.434 ***	-0.420 ***	-0.394 ***
SR	0.173	0.126	0.168
OJ	0.137 *	0.145 **	0.139 *
JE	-0.094	-0.124 *	-0.121 *
CR	-0.208	-0.210	-0.240
OSC × BLH	0.291 **		
OSC × BFT		0.132 ***	
OSC × BCI			0.025
麦克法登 R^2	0.300	0.298	0.293
似然比统计量	194.788 ***	193.000 ***	190.048 ***
样本量	475	475	475

注：*表示在 0.10 的水平上显著，**表示在 0.05 的水平上显著，***表示在 0.01 的水平上显著。

三个雇主因素中有两个对组织因素的调节效应比较显著，我们的假设 H30 得到足够支持。雇主领导力的调节系数为 0.291，方向与假设相一致，且在 0.05 的水平上显著。该结果表明，雇主领导力会弱化组织因素与离职意愿之间的负相关关系。意味着中小民营企业雇主自身领导力越强，职业经理的离职决策越不容易受到组织因素的影响（见图 6-8）。根据上一章给出的因子结构我们已经知道，该构念包括了雇主成就动机、雇主领导力和雇主诚信 3 个原始变量的相关测项。由此可以推知，如果民营企业雇主成就动机较强、企业家能力突出且严守诚信，那么，即使经理人对组织方面的因素如薪酬、程序公平性以及发展机会等不太满意，他也不会轻易离开，因为他对老板自身充满信心。从图6-8大体可以看出，在其他条件不变的情况下，当经理人感知到组织因素的满意度居于最低水平时，雇主领导力可将由组织因素导致的高离职概率最多降低达40%。据笔者所知，该结果在西方离职模型中还没有出现过。在市场制度较为完善、个人主义传统盛行的社会背景下，雇主自身特征不会对下属的理性决策产生实质影响，后者的利益可以受到法律、组织规章以及合约等制度规范的保护，他不必将此系于某些个人身上。

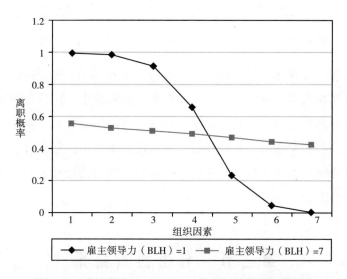

图6-8　雇主领导力（BLH）对组织因素的调节效应

此外，雇主公平与信任对组织因素的调节效应为0.132，方向符合假设，且在0.01的水平上显著，表明雇主自身对待下属的公平及信任程度会影响相关组织因素对于离职意愿的效应。雇主对经理人越公平、越充满信任，后者的离职决策越不会受到组织因素的影响（见图6-9）。即使经理人感知到某些组织因素吸引力不足，他也会从老板给予的公平感和信任感中得到一定的心理补偿。从图6-9也可以看出，雇主公平与信任可以把离职概率最多降低约60%。由此可见，雇主自身在防止经理人大量流失方面的确可以发挥重要作用。

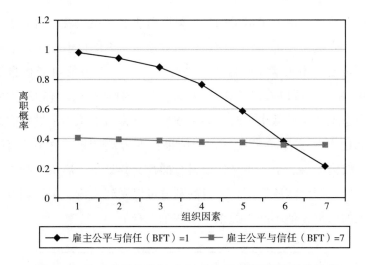

图 6 – 9　雇主公平与信任（BFT）对组织因素的调节效应

上述发现的管理含义是明显的。它实际上意味着那些在薪酬、发展空间、公司形象方面与大型企业或外资企业存在明显差距的中小民营企业还是有很多办法可以提升其吸引力。如果企业主自身的确有愿望做大做强企业，那么，通过提高自己的企业家能力、诚信经营，同时任人唯贤、信任下属，其组织方面吸引力的劣势便会被雇主自身的吸引力所抵消，优秀的经理人才就不会在稍不如意时毅然出走了。

第 三 节　分 组 回 归 结 果

一、按人口统计学背景分组的回归结果

表 6 – 7、表 6 – 8 给出样本按人口统计学背景分组后得到的 Logit 回归结果。这里我们只考察组织、个人、雇主、工作等方面影响因素的效应，因此直接将这些变量引入模型。从表 6 – 6 中结果可知，除了组织条件和机会、承诺倾向以及工作参与度之外，其他因素的影响效应在各组的显著性并不一致，下面进行简要分析。样本按性别分组后得到的 Logit 回归结果显示，相对而言，

女性更为看重雇主领导力、雇主公平与信任等雇主因素，以及公司人际氛围这样的"软"环境吸引力；而男性对这些因素的敏感度都不高，创业动机是影响男性经理人离职意愿的重要因素。这意味着企业需要根据经理人的性别差异对各自不同的偏好予以关注。强化企业文化，增进人际互动，以改善公司的人际氛围，这对于吸引优秀的女性经理人非常必要；与此同时，在公司内部要有足够的空间给男性经理人发挥其企业家精神，否则，他们会因为具有其他创业机会而离开组织。

表 6 - 7 　　　　　　　　　　　　按人口背景分组回归结果

变量	按性别分组		按婚否分组		按年龄分组		按职位
	女性	男性	未婚	已婚	<30 岁	≥30 岁	基层
C	4.969 **	7.715 ***	5.833 ***	10.775 ***	6.105 ***	9.155 ***	5.680 ***
OSC	-0.385 *	-0.304 *	-0.402 ***	-0.143	-0.288 **	-0.233	-0.435 **
BLH	0.584 *	-0.161	-0.085	0.486	0.193	0.058	0.132
BFT	-0.710 ***	-0.072	-0.025	-0.988 ***	-0.198	-0.976 ***	-0.116
BCI	-0.186	0.173	-0.001	-0.163	-0.097	0.303	-0.182
JP	-0.118	0.094	-0.070	0.323 *	-0.013	0.261	-0.265 *
EM	0.181	0.377 ***	0.195 *	0.233	0.161	0.296 *	0.199
PC	-0.701 ***	-0.880 ***	-0.682 ***	-1.150 ***	-0.769 ***	-1.075 ***	-0.752 ***
JC	0.216	-0.163	-0.087	-0.006	-0.044	0.001	-0.040
JI	-0.382 *	-0.424 **	-0.296 *	-0.308	-0.487 ***	0.039	-0.256
SR	0.441 *	-0.015	0.335	-0.251	0.372 *	-0.335	0.484 **
OJ	0.213	0.142	0.214 **	0.099	0.093	0.273 *	0.191
JE	-0.038	-0.101	0.009	-0.163	0.003	-0.099	-0.147
CR	-0.414	-0.092	-0.145	-0.649	-0.095	-0.787	0.108
麦克法登 R²	0.256	0.367	0.227	0.465	0.253	0.468	0.242
似然比统计量	58.53 ***	148.70 ***	78.36 ***	121.57 ***	101.36 ***	100.54 ***	67.22 ***
样本量	173	294	275	192	306	156	221

注：* 表示在 0.10 的水平上显著，** 表示在 0.05 的水平上显著，*** 表示在 0.01 的水平上显著。

表 6-8 按人口背景分组回归结果

变量	按职位	按总工龄分组		按本公司工龄分组		按教育分组	
	中高层	<5 年	≥5 年	<2 年	≥2 年	<本科	≥本科
C	9.162 ***	5.441 ***	8.431 ***	6.120 ***	9.266 ***	6.072 ***	8.641 ***
OSC	-0.018	-0.407 **	-0.136	-0.259	-0.320 *	-0.101	-0.518 **
BLH	-0.061	0.659 **	-0.353	0.359	-0.375	0.200	-0.333
BFT	-0.751 ***	-0.397	-0.268	-0.340	-0.227	-0.306 *	-0.287
BCI	0.390 *	-0.183	-0.017	-0.247	0.350 *	-0.056	0.161
JP	0.331 **	-0.255	0.248 *	-0.115	0.203	0.099	-0.187
EM	0.266 **	0.196	0.222 *	0.240 *	0.138	0.232 **	0.305 **
PC	-0.925 ***	-0.638 ***	-0.911 ***	-0.672 ***	-1.055 ***	-0.691 ***	-0.843 ***
JC	0.172	0.035	0.155	-0.139	0.145	0.031	-0.205
JI	-0.491 **	-0.699 ***	-0.173	-0.319 *	-0.554 ***	-0.537 ***	-0.215
SR	-0.377	0.434 *	-0.157	0.201	0.223	0.068	0.476 *
OJ	0.098	0.241 *	0.116	0.258 **	0.039	0.116	0.206
JE	-0.053	-0.167	-0.067	0.010	-0.231 **	-0.102	-0.096
CR	-0.715	0.195	-0.414	-0.328	-0.194	-0.325	-0.193
麦克法登 R²	0.428	0.298	0.354	0.277	0.375	0.283	0.322
似然比统计量	141.61 ***	76.82 ***	122.56 ***	85.12 ***	116.92 ***	108.25 ***	78.75 ***
样本量	239	200	250	231	225	276	188

注：*表示在0.10的水平上显著，**表示在0.05的水平上显著，***表示在0.01的水平上显著。

样本按婚姻状况分组后得到的回归结果表明，组织条件、创业动机以及其他工作机会是未婚经理人在进行离职决策过程中重点考虑的因素；而雇主公平与信任、工作压力（+）则显著地影响着已婚经理人。产生这一差异的原因在于，未婚经理人大多处于事业发展的初期阶段，其职业选择还处于不稳定时期，职业生涯前景尚不明朗，公司开具的更"实在"的现实条件更容易吸引这类经理人。此外，未婚经理人大多加入公司不久，其对组织的归属感和忠诚度还没有建立起来，一旦其他公司开出更为优厚的物质条件，或者公司外面存在自我创业的机会，那么他们会毫无愧意地离职。相对而言，已婚经理人倒不太在意这些可见的诱惑力，他们比较看重老板是否公平对待下属，并愿意相信自己，对这点感到满意的已婚经理人对组织具有较强的承诺度，他们不会轻易在有其他工作机会或创业机会时离开公司。这里存在一个重要的管理含义，即在安排公司的核心职位时可适当地向已婚者倾斜。此外我们还发现，工作压力会提高已婚者的离职意愿，这与前一章全样本过程模型的相关结果有所不同，后者为负向关系。[①] 这可能与已婚经理人家庭事务负担加重有关，其他条件不变的情况下，这类员工更不愿意承受较高工作压力。

　　按年龄分组结果显示，30 岁以下的经理人比较重视组织条件以及人际氛围；而 30 岁以上的经理人更看重雇主公平与信任，创业动机和其他工作机会也对其离职意愿产生显著影响。将前述按婚姻状况分组得到的结果与此相对照可以看出，年龄较小且未婚的职业经理的确非常看重薪酬、发展空间、程序公平等组织因素，而年龄较长且已婚的经理人则主要根据雇主公平与信任这样的雇主因素进行择业，这需要引起企业家们的高度关注。在设计相关职业经理流失治理措施时，有必要针对不同类别的经理人实行区别对待，在总成本最小化的前提下尽可能满足各类经理人的特殊需求。此外我们还发现，创业动机和其他工作机会也对大龄经理人的离职决策产生影响，这表明，职业发展已经有一定积累的经理人可能想在事业顶峰阶段尝试创业，以寻求职业生涯的突破。

　　按职位分组结果表明，处于公司底层的经理人更看重组织条件和机会以及公司的人际氛围；而中高层经理人则对雇主公平与信任、雇主重视等雇主因素更加重视，同时，创业动机也显著影响中高层员工的离职意愿。对照前面的分析容易看出，由于职位低微，难以经常接触老板，处于事业发展早期的基层经理人大多不太看重雇主自身因素，他们对薪酬、组织制度、发展前景这样的组织因素更为关注。与此相反，公司的中高层经理有机会与老板频繁交流，雇主自身的品行修养及其对自己的赏识和关心会对其离职与否产生重大影响。此外，中高层经理的创业动机也显著影响其离职意愿，一旦自身有了创业的冲动，他们有能力将创业热情转化为实际的创业行动。综合这些发现可以认为，中小企业要想留住那些优秀的高级经理人才，只靠薪酬、职位等物质吸引力是远远不够的，企业家自身的能力和品行可能更为重要。

---

　　① 前一章的 SEM 模型发现工作压力会降低离职意愿，所以影响方向有所不同。

按总工作年限分组回归结果显示，相对而言，工作经历不长（<5年）的经理人更看重组织条件、雇主领导力、人际氛围以及其他工作机会，而对于有着丰富工作经历的员工而言，工作压力和创业动机更容易促使其产生离职的想法。这与前面按年龄分组得到的结果较为相似，原因也大体相同，因此不再赘述。

按公司工龄分组回归得到的结果表明，加入公司不久的新员工（<2年）在离职决策时主要考虑其他工作机会和创业可能性，而工龄较长的老员工（≥2年）则更关心组织条件和机会、雇主重视以及工作嵌入度等因素。可能的解释是，新员工入职不久，还未形成对组织的归属感和忠诚度，其与公司的其他联系（工作嵌入度）也还没有建立起来，因此，一旦有了其他更好的工作机会，或者存在自我创业的可能性，他们将会体现出较高的离职倾向。相对而言，工龄较长的老员工已经形成组织归属感（如果组织的确具有足够吸引力的话），并且已经了解到老板是否会赏识自己、关心自己的利益，与此同时，他们已经建立起与公司其他成员的联系，因此，其离职决策更易受到这些因素的影响。如果对这方面的感知较为满意，那么，其他公司提供更好的工作机会他也不为所动。这里的管理含义在于，留住新员工的最好策略是让他迅速认识到本公司在劳动力市场上的竞争优势，使其难以很快地找到其他更好的选择；而留住老员工的策略更为复杂，由于他对公司及外部劳动力市场已经具有充分了解，只有组织自身条件的确较为优厚，同时老板还体现出足够的关心和照顾，这些经理人才愿意长期留在公司。当然，老员工在公司长时间工作建立起来的私人关系也能在一定程度上起到阻止其离职的作用。

按教育程度分组得到的结果表明，相对而言，教育程度较低的经理人（专科及以下）在离职决策时更为关注雇主的公平与信任，而教育程度较高的经理人（本科及以上）则比较重视组织条件和机会以及公司人际氛围，创业动机对两者的离职意愿都有显著影响。出现这一差异的原因尚难以解释，进一步研究需要深入考察教育程度差异导致的其他特征差异，进而从这一角度解释教育对于相关因素的调节作用。

二、按公司特征分组的回归结果

表 6-9 给出了按公司特征分组后得到的 Logit 回归结果。可以看出，按资产规模分组回归中，除工作压力、创业动机以及承诺倾向对不同规模企业经理人都有显著影响之外，组织条件和机会、工作参与度以及其他工作机会只对较大企业的经理人离职意愿具有显著影响。出现这一差异的主要原因在于，小企业自身组织条件与其他企业相比不占优势，员工在进入组织前就对此已经了然于心，一旦选择来到这类小型企业，他们就不会过多考虑组织方面的因素，除非自身承诺倾向不足、创业动机强烈，或者工作压力太大，否则他们不会离开。相对来说，规模稍大的企业则有能力改善自身组织条件以增加吸引力，如果其提供的薪酬、发展空间以及人力资本投资等低于经理人的期望，后者会将其理解为公司"亏待"了自己。因此，员工在离职决策过程中会将公司提供的条件与其他公司相比较。这一结果意味着，规模较大企业更需要提高和维持组织吸引力，否则，一旦其他公司开出更好的条件，在本公司颇受冷遇的经理人很容易在诱惑之下"跳槽"。

表 6-9　　　　　　　　　　　按公司特征分组回归结果

变量	按资产规模分组		按公司年限分组	
	<4000 万元	≥4000 万元	<10 年	≥10 年
C	9.976 ***	5.902 ***	6.431 ***	8.861 ***
OSC	-0.386	-0.265 *	-0.317 *	-0.157
BLH	-0.287	0.145	0.027	-0.087
BFT	-0.064	-0.290	-0.318 *	-0.043
BCI	-0.046	0.058	-0.103	0.172
JP	-0.328 *	0.194 *	-0.080	0.140
EM	0.276 *	0.225 **	0.271 **	0.204
PC	-0.729 ***	-0.781 ***	-0.676 ***	-0.889 ***
JC	-0.139	0.008	0.016	-0.093
JI	-0.124	-0.547 ***	-0.397 **	-0.425 **
SR	-0.037	0.226	0.354 *	-0.349

续表

变量	按资产规模分组		按公司年限分组	
	<4000 万元	≥4000 万元	<10 年	≥10 年
OJ	0.080	0.192 **	0.095	0.238 **
JE	-0.128	-0.103	-0.024	-0.149
CR	-0.102	-0.407	-0.306	-0.309
麦克法登 R^2	0.279	0.319	0.254	0.377
似然比统计量	48.51 ***	143.21 ***	79.27 ***	112.72 ***
样本量	132	326	233	217

注：* 表示在 0.10 的水平上显著，** 表示在 0.05 的水平上显著，*** 表示在 0.01 的水平上显著。

按公司年限分组回归的结果显示，成立时间较短企业（<10 年）的经理人在离职决策过程中更容易受到组织条件和机会、雇主公平与信任、创业动机以及人际氛围的影响；而老资历企业（≥10 年）的经理人则对这些不太敏感，他们的离职决定主要受其他工作机会的影响。出现这一差异的可能解释是，新企业一般规模小、实力弱，但富有生机与活力，这类企业的经理人在进入前已经对此有所了解，一旦选择进入，必然意味着其或者偏好于新创企业，或者没有足够能力进入老资历企业。因此，他在第二次择业时可能不会考虑其他工作机会的影响。相反，老资历企业已经营多年，如果与其他公司相比各方面条件较为逊色，则意味着其发展前景令人悲观，因此，经理人在离职决策时更加关注其他公司的吸引力。此外，新创企业中的经理人与老板接触较多，他很了解雇主是否信任自己，对老板的品行和能力也有很深入的了解。因此，若自己觉得能力并不比老板逊色，那么，他们会在创业动机的驱使下出走创办自己的企业。

三、管理含义

上述按个人或公司特征分组回归得到的结果对管理实践具有重要意义。首先，中小企业职业经理流失问题对于不同个人或不同公司而言是不同质的。企业不可能采取同一套措施来治理所有的经理人流失问题。明智的做法是深入了解、区别对待，在保留经理人才的过程中真正做到有的放矢。

其次，不同人口统计学特征个体在离职决策过程中具有不同偏好和想法，企业可以在掌握的人口信息基础上设计出经理人流失预警机制。根据不同类别经理人在现有条件下离职的可能性，按照多样性和差异性原则适当调整和组合职位安排，使重要职位的经理人不会在同一种"冲击"之下出现"人才地震"、悉数离开，即使某一核心人员离职，其职位也能很快地得到填充，企业的生产和经营不至于在某些员工出走的情况下面临瘫痪。

再次，由于人口信息和个人变量对经理人的离职动机具有预测能力，企业在招聘阶段就可初步判断其进入组织后的离职概率。因此，雇主可以在有关组织、工作以及个人信息基础上综合评价，只招用那些最合适的员工。对于劳动力市场上最优秀的人才，如果企业自身没有信心在以后留住他们，那么在招聘阶段就不要在他们身上浪费太多精力。

最后，由以上分析可知，中小民营企业并非天然地没有吸引力。对于某类经理人而言，企业的"小"反而是优势。只要掌握好员工的偏好和期望，充分发挥自身的独特吸引力，中小民营企业在人才争夺战中同样具有竞争力。

第四节　离职意愿对离职行为的预测效果

一、研究意义和研究方法

虽然离职意愿是离职行为最好的预测变量（Murray and Zimmerman，2005），但也有不少研究发现，很多表现出离职倾向的员工最终并没有真正离开（Allen et al.，2005）。现有文献表明，离职意愿对离职行为的解释力很少超过10%~15%（Griffeth et al.，2000；Hom and Griffeth，1995）。由于离职行为影响因素的实证研究需要纵向数据，进行这类连续调查的难度极大，因此大多数离职文献还是以离职意愿作为被解释的对象，以间接研究离职行为的影响因素。当然，由于表现出离职意愿的员工其工作状态、工作表现等都有所下滑，对此进行考察本身也极有价值，可以在一定程度上帮助管理层预测几个重要的效果变量。但由于离职研究的主要目的还在于预测与防范可能的离职行为，因此，离职意愿是否与实际的离职行为体现出一致性便是一个很关键的问题。

本书在现有研究条件下构思出一个方法[①]来考察所取样本中离职意愿与离职行为的一致性。首先，我们让接受调查的经理人以回忆的方式报告其对前一任职公司相关组织、雇主、工作及其他因素的感知。[②] 通过收集这些有过离职经验的经理人对前一个自己曾经离开过的公司的评价信息，结合现在职经理对于现任职公司相关变量的感知，我们可以采用方差分析方法研究表现出离职意愿的经理人（即现在表示要离开公司的人，为了简洁，以下称为 A 类经理人）与已经离开公司的经理人（即报告其离开前一公司的人，以下称为 B 类经理人）之间对相关变量感知的统计性差异，如果相关因素感知在两者之间没有体现出系统性差异，那么可以初步认为离职意愿的预测与离职行为具有高度一致性。

此外，我们还尝试应用 Logit 离散应变量模型来直接检验离职行为的影响因素，并将相关结果与离职意愿模型相比较，以判断两者预测效应是否一致。具体来说，我们将在公司连续工作超过 4 年的经理人设定为"未离职"[③]（针对现任职公司而言），并度量出他们对现供职公司的相关感知变量，同时将那些有过离职经验的经理人设定为"离职"（针对前任职公司而言），并度量出他们对前任职公司的相关感知变量，由此组成的样本可用以进行离职行为影响因素的检验。尽管这样做可能会面临卡梅尔—穆勒（2005）所指出的回顾偏差（recall biases）问题，但在现有条件下，将其结论与结构方程模型中的相关结论（总效应）进行比较还是具有一定参考价值。据此我们可以判断离职行为与离职意愿的预测是否一致。

[①] 据笔者所知，这一方法迄今为止在现有文献中还没有被使用过，因此相关结论的可靠性还需要进一步验证。

[②] 经理人是否有过其他公司的工作经历也由他们自己报告，如果没有，则这部分问题不用回答。

[③] 这一设定带有一定程度的主观性，但有研究表明，留职时间越长的员工其离职概率越低（例如 Jovanovic，1979；Mobley et al.，1979；Chen and Francesco，2000；Mitchell et al.，2001；等等），将 4 年确定为分界点还是有其合理之处的。

二、方差分析

表 6 - 10 给出了主要前因变量的描述性统计量，表 6 - 11 给出了方差分析（ANOVA）的结果，表 6 - 12 给出了方差齐性检验结果。除组织条件和机会、雇主重视、工作压力之外，其他因素感知均值在 A、B 两类经理人之间均表现出显著差异（p < 0.05）。根据这些均值的大小比较（参考表 6 - 10），结合前一章 SEM 流失过程模型得出的相关因素作用方向，我们可以尝试性地检验：可以预测离职意愿的相关影响因素是否也能满意地预测离职行为？

表 6 - 10 本公司及前公司相关因素感知的描述性统计量

变量		样本	均值	标准差	标准误	均值95%置信区间	
						下限	上限
OSC	0[a]	283	4.047	1.343	0.080	3.890	4.204
	1	408	4.251	1.448	0.072	4.110	4.392
	总样本	691	4.167	1.408	0.054	4.062	4.272
BLH	0	282	5.887	1.131	0.067	5.755	6.020
	1	406	5.078	1.308	0.065	4.950	5.205
	总样本	688	5.410	1.300	0.050	5.312	5.507
BFT	0	283	4.725	1.403	0.083	4.561	4.889
	1	405	4.400	1.446	0.072	4.259	4.541
	总样本	688	4.534	1.436	0.055	4.426	4.641
BCI	0	283	4.165	1.348	0.080	4.007	4.323
	1	405	4.376	1.415	0.070	4.238	4.514
	总样本	688	4.289	1.390	0.053	4.185	4.393
JP	0	283	3.474	1.356	0.081	3.316	3.633
	1	406	3.597	1.312	0.065	3.469	3.725
	总样本	689	3.546	1.331	0.051	3.447	3.646
JC	0	283	5.098	1.143	0.068	4.964	5.232
	1	406	4.883	1.301	0.065	4.756	5.010
	总样本	689	4.971	1.242	0.047	4.878	5.064

续表

变量		样本	均值	标准差	标准误	均值95%置信区间	
						下限	上限
SR	0	283	5.209	1.087	0.065	5.081	5.336
	1	408	4.734	1.312	0.065	4.606	4.861
	总样本	691	4.928	1.246	0.047	4.835	5.021
OJ	0	284	2.729	1.774	0.105	2.522	2.936
	1	404	3.906	2.215	0.110	3.689	4.123
	总样本	688	3.420	2.123	0.081	3.261	3.579
JE	0	283	2.297	1.762	0.105	2.091	2.503
	1	405	2.607	1.932	0.096	2.419	2.796
	总样本	688	2.480	1.869	0.071	2.340	2.620
CR	0	282	0.727	0.446	0.027	0.675	0.779
	1	360	0.578	0.495	0.026	0.527	0.629
	总样本	642	0.643	0.479	0.019	0.606	0.681

注：a.“0”表示本公司有离职意愿经理人组成的样本，相关统计量基于其对现公司的感知；“1”表示有过离职经验的经理人组成的样本，相关统计量基于其对于前任职公司的感知。

表6-11　　　　离职意愿与离职行为一致性检验的方差分析结果

变量	类别	总方差	自由度	平均方差	F值	显著性水平
OSC	组内	6.940	1	6.940	3.511	0.061
	组间	1361.879	689	1.977		
	总计	1368.819	690			
BLH	组内	109.136	1	109.136	71.122	0.000
	组间	1052.669	686	1.535		
	总计	1161.805	687			
BFT	组内	17.625	1	17.625	8.639	0.003
	组间	1399.527	686	2.040		
	总计	1417.152	687			
BCI	组内	7.433	1	7.433	3.861	0.050
	组间	1320.674	686	1.925		
	总计	1328.107	687			

续表

变量	类别	总方差	自由度	平均方差	F 值	显著性水平
JP	组内	2.494	1	2.494	1.409	0.236
	组间	1216.395	687	1.771		
	总计	1218.889	688			
JC	组内	7.721	1	7.721	5.033	0.025
	组间	1053.921	687	1.534		
	总计	1061.642	688			
SR	组内	37.673	1	37.673	25.104	0.000
	组间	1033.980	689	1.501		
	总计	1071.652	690			
OJ	组内	231.054	1	231.054	55.294	0.000
	组间	2866.549	686	4.179		
	总计	3097.603	687			
JE	组内	16.070	1	16.070	4.625	0.032
	组间	2383.645	686	3.475		
	总计	2399.715	687			
CR	组内	3.519	1	3.519	15.661	0.000
	组间	143.797	640	0.225		
	总计	147.316	641			

表 6-12　　　　　　　　　方差齐性检验

变量	莱文统计量	自由度1	自由度2	显著性水平
OSC	2.617	1	689	0.106
BLH	9.064	1	686	0.003
BFT	1.282	1	686	0.258
BCI	2.221	1	686	0.137
JP	0.063	1	687	0.802
JC	7.008	1	687	0.008
SR	12.170	1	689	0.001
OJ	27.689	1	686	0.000
JE	7.730	1	686	0.006
CR	61.248	1	640	0.000

组织条件和机会（OSC）是离职意愿的重要预测变量，[①] A 类经理人的均值是 4.047，这意味着，统计意义上对组织条件和机会的满意度低于该值的经理人会体现出离职的意愿。与此相对应，B 类经理人的均值为 4.251，即已经离开前任职公司的经理人对前公司的满意度在统计上低于该值。由于方差分析结果表明这两个均值这 0.05 的显著性水平上没有差异，表 6-12 中方差齐性检验也保证了这一结果的可靠性。因此可以认为，组织条件和机会对离职意愿和离职行为具有同样的预测效力。

雇主公平与信任（BFT）。A 类经理人的均值为 4.725，大于 B 类的 4.400，且在 0.05 的水平上具有显著差异。该结果表明，对雇主公平与信任满意度低于 4.725 的经理人就会表现出离职的意愿，而这一意愿要转化为实际的离职行为，则需要有更低的满意度（< 4.400）。在其他条件不变的情况下，如果某一经理人对公司老板公平与信任的感知位于这两个数值之间，那么，该经理人会表现出离职意愿，但最终很可能不会真的离开。这一发现的管理含义在于，一旦发现员工的工作状态下降，且频频关注其他公司的信息，那么，公司应尽快采取相关措施扭转其初始看法，阻止其将离职想法转化为实际的离职行动。以下变量的均值差异可做类似分析。

工作压力（JP）感知对 A、B 两类经理人来说没有显著差异，这意味着其对离职意愿和离职行为具有同等解释效力，该变量通过了方差齐性检验，所以这一结果是可靠的。

工作自主性（JC）。A 类经理人均值（5.098）大于 B 类经理人的 4.883，该差异在 0.05 的水平上显著。表明工作自主性能够预测经理人是否产生离职意愿，但不一定能够预测其离职行为，由于这一变量的方差分析没有通过方差齐性检验，因此该结果不一定可靠。

其他工作机会（OJ）。A 类经理人均值为 2.729，小于 B 类经理人的 3.906，并在 0.05 的水平上显著。该结果表明，能够促使在职经理人产生离职倾向的其他工作机会感知不一定导致经理人的最终离开，除非这一感知提高到

---

① 我们只考察前一章结构模型发现的显著性影响因素，由于不显著的因素已被证明对离职意愿没有预测效力，进行这类一致性检验没有太大意义。

3.906 以上，此外，该变量没有通过方差齐性检验，这一方差分析结果不一定可靠。

工作嵌入度（JE）。A 类经理人的均值（2.297）小于 B 类经理人（2.607），且差异显著（p < 0.05）。该结果意味着，那些工作嵌入度低于 2.297 的经理人不但会体现出离职意愿，而且极有可能实现这一意愿。因为在统计意义上，只要该值小于 2.607，其离职行为就会发生。这表明离职意愿和离职行为具有一致性，但这一结果未通过方差齐性检验，所以不一定可靠。

组织变革（CR）。A 类经理人的均值为 0.727，大于 B 类经理人的 0.578，如果企业发生的某一组织变革激发起经理人的离职意愿，那么，该变革也很可能会促使其最终发生离职行为。离职意愿与离职行为具有一致性，但需要留意的是，该结果也没有通过方差齐性检验。

综合以上分析可知，七个因素中只有组织条件和机会、工作压力在预测离职意愿和离职行为时体现出可靠的一致性，即如果某一职业经理报告出的相关因素感知能够预测其产生离职的意愿，那么，其最终离开组织的可能性也非常大。工作嵌入度和组织变革虽然也体现出一致性，但由于未通过方差齐性检验，该结果未必可靠。其他三个因素的方差分析结果也不可靠。因此，我们的假设 H31 只得到部分支持。下一小节应用 Logit 模型作进一步考察。

三、Logit 回归模型

表 6-13 给出了分别用离职意愿和离职行为做应变量的 Logit 回归结果。[①] 容易看出，除雇主领导力（BLH）、其他工作机会（OJ）以及工作嵌入度（JE）等三个显著性变量在两个模型中体现出一致性之外，其他显著性变量均体现出不一致性。这再一次表明我们的假设 H31 只得到部分支持。另外值得注意的是，回归模型中表现出一致性的变量与方差分析给出的结果并不完全相

---

① 为了进行比较，我们在两个模型中都只引入了 A、B 两类经理人都有感知评价的变量，其他对一致性问题没有意义的变量没有引入第一个模型。

同，因此，我们的分析并不一定可靠，更严谨的离职行为影响因素研究需要应用纵向数据。

表 6 - 13　　　　　　　　　　　Logit 回归结果比较

解释变量	被解释变量	
	离职意愿	离职行为
C	5. 766 ***	6. 216 ***
OSC	− 0. 289 ***	0. 095
BLH	− 0. 286 *	− 0. 807 ***
BFT	− 0. 338 ***	− 0. 057
BCI	− 0. 023	0. 377 ***
JP	0. 084	− 0. 038
JC	− 0. 142	− 0. 320 ***
SR	0. 019	− 0. 211 *
OJ	0. 139 **	0. 303 ***
JE	− 0. 145 **	− 0. 124 **
CR	− 0. 008	− 0. 234
麦克法登 R^2	0. 187	0. 231
似然比统计量	123. 186 ***	124. 787 ***
样本量	483	477

注：＊表示在 0. 10 的水平上显著，＊＊表示在 0. 05 的水平上显著，＊＊＊表示在 0. 01 的水平上显著。

第五节　研究结论

本章首先考察了计量模型的稳健性。我们利用两个不同的离职意愿度量，分别引入 OLS 和 Logit 模型考察模型的可靠程度。结果发现，两个模型相关影响因素的显著性几乎完全一致，这表明本书的主要实证结论是非常可靠的，样本中经理人报告的离职意愿体现出足够的内部一致性。前面给出的过程模型和因素模型可为提出实用的管理建议提供可靠依据。此处我们还在 Logit 模型的基础上计算出相关因素对经理人离职意愿的边际效应，结果清晰地反映出 4 个中介变量对于离职意愿的直接影响效应。

调节效应检验研究了两类调节作用，一类是个人因素对于态度变量的调节效应，另一类是雇主因素对组织因素的调节效应。第一类效应检验结果表明，工作参与度和承诺倾向两个个人变量的调节效应得到强有力的支持；创业动机、风险规避度和传统观念意识三个个人变量的调节效应则得到部分支持。这意味着个人因素在相关组织、工作、雇主以及态度变量与离职意愿的关系中扮演着非常重要的角色，组织可以应用一定的人力资源措施（比如招聘、入职培训、组织社会化过程等）使其有助于经理人的保留。

第二类调节效应检验表明，雇主领导力、雇主公平和信任对组织因素与离职意愿之间的关系具有调节作用，而雇主重视的调节效应不显著。这意味着经理人对雇主自身因素的感知会影响其他因素的效应。这对那些在薪酬、发展空间、公司形象方面与大型企业或外资企业存在明显差距的中小民营企业来说是一个好消息，此类企业有很多办法可以改善自身吸引力。如果雇主自身的确有愿望做大做强企业，那么，通过提高自己的企业家能力、诚信经营，同时任人唯贤、信任下属，其组织方面吸引力的劣势便会被雇主自身的吸引力所抵消，优秀的经理人才就不会在稍不如意时毅然出走。

按人口统计学背景分组回归得到结果表明，相对而言，女性较为看重雇主领导力、雇主公平与信任等雇主因素，以及公司人际氛围这样的"软"环境吸引力；而男性对这些因素的敏感度都不高，创业动机是影响男性经理人离职意愿的重要因素。组织条件、创业动机以及其他工作机会是未婚经理人在进行离职决策过程中重点考虑的因素；而雇主公平与信任、工作压力则显著地影响着已婚经理人。30 岁以下的经理人比较重视组织条件以及人际氛围；而 30 岁以上的经理人更看重雇主公平与信任，创业动机和其他工作机会也对其离职意愿产生显著影响。处于公司底层的经理人更看重组织条件和机会以及公司的人际氛围；而中高层经理人则对雇主公平与信任、雇主重视等雇主因素更加重视，同时，创业动机也显著影响中高层员工的离职意愿。工作经历不长（<5 年）的经理人更看重组织条件、雇主领导力、人际氛围以及其他工作机会，而对于有着丰富工作经历的员工而言，工作压力和创业动机更容易促使其

产生离职的想法。加入公司不久的新员工（<2 年）在离职决策时主要考虑其他工作机会和创业可能性，而工龄较长的老员工（≥2 年）则更关心组织条件和机会、雇主重视以及工作嵌入度等因素。教育程度较低的经理人（专科及以下）在离职决策时更为关注雇主的公平与信任，而教育程度较高的经理人（本科及以上）则比较重视组织条件和机会以及公司人际氛围，创业动机对两者的离职意愿都有显著影响。

按公司特征分组后得到的结果发现，除工作压力、创业动机以及承诺倾向对不同规模企业经理人都有显著影响之外，组织条件和机会、工作参与度以及其他工作机会只对较大企业的经理人离职意愿具有显著影响。此外，成立时间较短企业（<10 年）的经理人在离职决策过程中更容易受到组织条件和机会、雇主公平与信任、创业动机以及人际氛围的影响；而老资历企业（≥10 年）的经理人则对这些不太敏感，他们的离职决定主要受其他工作机会的影响。

本章最后研究了经理人离职意愿对其实际离职行为的预测效果。进行这一研究具有重要意义，虽然离职意愿是离职行为最好的预测变量（Murray and Zimmerman，2005），但也有不少研究发现，很多表现出离职倾向的员工最终并没有真正离开（Allen et al.，2005）。因此，离职意愿是否会转化为实际的离职行为，表现出较高离职意愿的经理人最终是否真的离开便是一个非常重要的问题。由于对后者的检验需要纵向数据，在现有条件下我们难以取到这类数据，所以本书构思出一个方法来尝试性地予以考察。方差分析结果和 Logit 模型比较均表明，离职意愿与离职行为的一致性只得到部分支持，但正如正文中指出的那样，由于条件所限，此处分析不够严谨，相关结果只具有参考价值。对离职意愿与离职行为之间关系更可靠的研究需要使用纵向数据。

由本章及上一章实证分析可以看出，我们提出的研究假设大多得到了经验支持，表 6 - 14 归纳出相关实证结果。

表 6 - 14　　　　　　　　　本书所有研究假设的实证支持情况

研究假设	实证支持与否	研究假设	实证支持与否	研究假设	实证支持与否
H1a	支持	H9	未检验	H21	未检验
H1b	支持	H10	支持	H22	支持
H2a	支持	H11	支持	H23	支持
H2b	支持	H12	支持（－）	H24	支持
H3a	不支持	H13	未检验	H25	不支持
H3b	部分支持	H14	不支持	H26	支持
H4	支持	H15	不支持	H27	支持
H5	支持	H16	不支持	H28	部分支持
H6a	支持	H17	支持	H29	部分支持
H6b	支持	H18	支持	H30	支持
H7	不支持	H19	支持	H31	部分支持
H8	支持	H20	支持		

第七章　职业经理流失的经济学解释

第一节　引　　论

前几章从经验上考察了职业经理流失的过程和原因，即现实中职业经理的自愿离职决策受到诸多个人、组织、雇主以及工作等因素的影响。据此为民营企业提出相应的治理机制和措施似乎是很容易的事情了，只要按照模型给出的显著性变量，对相关影响因素进行改进就足以提高组织的吸引力，从而留住优秀的职业经理。但问题远远没有这么简单，现实中的中小企业在试图增强自身吸引力的同时需要考虑这样做的成本，有时候维持现状才是最优的。比如提高薪酬待遇以挽留职业经理就会直接增加人事成本，如果某一有潜在离职可能的经理人留下给企业带来的期望收益不足以抵消其薪酬成本，那么，企业主经过权衡后会认为针对该经理人提高薪酬并不划算。因此，一方面，职业经理非常看重前面我们指出的那些影响因素，如果其感知不满意，离职意愿必然提高；另一方面，企业又认为改善这些因素会"得不偿失"，维持一定程度的离职意愿更为有利。

所以，需要进一步探讨的问题是：为什么经理人会看重这些有关其个人福利的因素？为什么企业主不愿意尽可能地改善这些因素以降低经理人的离职意愿，而宁可选择维持这一均衡？有没有办法打破这一均衡，实现企业与经理人之间的"双赢"？在本章我们将应用严格的经济学分析工具，参考社会学、社会心理学等相关领域的研究成果，尝试从理论上对此做出回答。

分析将表明，大多数民营企业维持这样的均衡有其深刻的经济和社会根源。在雇主重视经理人能力和忠诚度，而经理人重视职位和货币回报的双重二维空间中，职业经理的流失以及企业经营的家族化是有关经理人能力和忠诚度信息不对称的一个均衡。信息不对称导致的逆向选择使职业经理人难以进入民营企业的核心管理集团，企业的运作退化到家族成员主导的封闭模式。过去的家族企业研究者们大多只是在描述家族式经营的种种现象，以及一定程度上证明家族式管理的优劣，这是远远不够的，我们还需要找到解决相关问题的思路。由于家族模式是一个均衡，有必要先找到支持这一"低效"均衡的经济和社会原因，然后在此基础上有针对性地提出改变均衡的对策，才有助于留住职业经理，实现民营企业家与职业经理人之间的"双赢"匹配。

具体来说，本章将基于民营企业与职业经理之间的二维空间匹配，在信息不对称假设下证明职业经理的流失和民营企业的家族化是一个均衡。我们将表明，只有改变了支持均衡的背后原因，"家族主义困境"才有可能在满足民营企业与职业经理参与约束和激励相容约束的条件下被突破。此外，我们还将在此基础上引入民营企业与经理人之间的互动，进而建立一个三期动态信息揭露模型，该模型意味着双方互动导致的信息揭露可在一定程度上缓解信息不对称问题，改善静态模型中的均衡。但正如我们将要看到的那样，帕累托最优的完全匹配很难达到。这就意味着，企业主们在考虑放弃家族模式，大量引入外部管理资源，进而采取现代公司管理制度时需要非常谨慎。

第二节　民营企业与职业经理之间的二维空间匹配

一、中国民营企业与职业经理人力资本交易的特殊性

中国民营企业与职业经理的人力资本交易并不完全基于工具式合约。与西

方契约社会的企业不同，中国民营企业甚至海外华人企业在引入职业经理的过程中涉及更多有关个人品行的问题。企业的目标是找到"德才兼备""忠心耿耿"的职业经理人，只有那些能力超群，且品行端正、忠贞不贰的经理人才会被委以重任、身居要职。而那些能力出众，但品行不端的经理人则成为企业主们重点防范的对象（郑伯壎，1995）。与此相对应，中国职业经理在企业中的追求也有自身特别之处。虽然西方社会的普通经理人在追求自身的职业成功时也会考虑到职位和权势（Herriot and Pemberton，1994），但中国的职业经理似乎"更胜一筹"。在追求货币收益之外，职阶高低、离核心的远近以及职位重要性程度等都是他们重点考虑的要素。

由于人力资本交易双方的动机和需要都包括了特殊的维度，通行于西方世界的市场交易规则很难适用于中国雇主与职业经理之间的交易。虽然理论家和实践者们都有意无意地察觉到这个问题，但坦白地说，我们对此还是知之甚少。我们还没有一个可以解释诸如家族模式、家族困境、家长制作风、泛家族化等华人企业特有现象的系统理论。为了找到"富有效率的中国特色的企业管理模式"（储小平，2000，第479页），这样的理论必不可少。

古典市场理论将人力资本交易看成是与资本、土地等类似的要素交换。核心观点在于，均衡情况下劳动力刚好获得其边际产品价值作为补偿。虽然没有明确指出，但由于产量与劳动力的生产率有关，这一理论暗含着人力资本交易的真正对象是劳动者完成生产任务的能力——对生产过程的服务，而雇主的支付就是劳动力的市场价格——工资。容易看出，这一理论排除了人力资本交易与其他要素交易的特殊性，将人力资本交易纳入古典价格理论当中去了。

随着人力资本理论的提出，人们注意到劳动力与其他生产要素毕竟不甚相同，它具有异质、边际收益递增等特性。并且由于劳动力依附于"活生生"的人体身上，与人相关的知识、技能、健康、道德、信誉和社会关系等因素便都会影响其供给和需求。人力资本不但需要经过投资才能得到积累，而且需要对其予以激励才可得到它的服务（周其仁，1996）。人力资本理论注意到了人力资本交易的特殊性，关注到由此导致的产权特性、主观能动性以及企业内部人力资本交易产生的交易成本（张建琦，2001）等问题，这对于我们理解中国民营企业与职业经理之间人力资本交易的性质具有一定意义。但需要着重指出的是，基于人力资本特性的交易始终是在西方契约社会的保障下进行的，正式、非正式的制度环境使得西方社会高层管理人员的人力资本交易可以在完善的市场上完成，[①] 交易中涉及的要素也主要是经理人员的能力和公司的货币支付。而中国民营企业与职业经理之间的交易显然没这么简单，它在很多方面更具特殊性。

华人社会基于差序格局的关系特征导致处于不同关系级别个人之间的交易与合作变得复杂起来（费孝通，2005）。"嵌入"这一社会体系的民营企业主在选择雇用对象时，不得不重视"关系"的影响。在这里，由于"自己人靠得住"，对于关系圈内不同"自己人"的选择与西方社会的相应交易并无二致，主要以能力这一单一要素作为依据。当企业发展到"自己人"不够用的时候，引入外部管理资源成为企业继续成长的唯一出路（李新春，2002）。但由于普遍信任不足（福山，1998；李新春，2002），雇主存在对职业经理这类"外人"的疑虑，民营企业在引入职业经理过程中除了考虑后者的能力之外，还需要重点考察其道德修养和对自己的忠诚（郑伯壎，1995；黄光国，2004），毕竟"外人不可靠"。

这点有必要再具体说明一下。国内大量关于家族企业的研究谈到雇主对于职业经理人的信任问题。需要强调的是，相对于西方企业而言，信任之所以成为中国民营企业面临的一个"问题"，原因主要在于经理人的个人行为不能通过外部的正式或非正式制度，以及内部的监控体系得到很好的约束，经理人职务侵占（储小平、刘清兵，2005）和恶意背叛（张建琦，2002）的情况时有发生。由于社会发展水平和文化传统的差异，我国的正式制度体系如法律系统、信用体系以及非正式的社会关系网络难以保证经理人的职业操守，而内部监控体系常常又形同虚设，难以真正起到事前防范的作用，因此，民营企业雇主只能把信任建立在对于经理人个人修养的预期基础之上。在这里，东方文化传统要求个人"由内而外"修身养性，然后"齐家、治国、平天下"的理念对现代社会的影响非常明显（梁漱溟，2005），企业家不能寄希望于"由外而内"的外部压力对经理人行为的约束，只能寄希望于经理人自身品德高尚。

---

① 郎咸平（2004）指出，西方高管人员的较强受托责任意识对于维持投资人的信心至关重要。

因此，中国民营企业与职业经理的人力资本交易多出了一个维度——忠诚度。这一维度的核心本质在于难以在事前进行观察和测度，只能通过实际的互动才能获得部分了解。

从职业经理的角度来看，他们对于交易的目标也与西方社会的经理人有所不同。中国经理人除了追求货币收益之外，还非常看重自己在公司的职权和地位。当然，我们不是说西方社会的经理人不追求职权和地位，只是说这在中国经理人的身上体现得尤为显著。这是有深刻的社会和历史原因的。首先，几千年的封建集权制度在人们心目中塑造了"官本位"的意识，职位高、权力大的"官"是尊严、地位和声誉的象征，"当官"是一件"很有面子"的事情（黄光国，2004），这种意识在企业内的表现就是经理人过度追求位高权重。其次，前述华人社会的关系型特征使来自"外部"的职业经理人想方设法进入"内部"，并最好成其为家族或泛家族成员，而身居要职可以使自己接近家族核心，进而一定程度上成为雇主的"自己人"和心腹。最后，宏微观制度的残缺导致掌握一定实权的经理人可以直接获取控制权收益。一些经理人认为，即使名义上的收入不高，但只要职位足够高、权力足够大，隐形收入也是很可观的。

综上所述，我们可以用忠诚（l）① 和能力（a）两个维度来刻画职业经理人的素质，这是民营企业对职业经理的需求。同时，用职位（s）和收益（r）两个维度来刻画企业给予职业经理的回报，这体现为职业经理进行人力资本交易的目标和需要（见图7-1）。需要注意的是，这里给出的职位（s）变量是一个广义概念，是一个包括职阶层级、工作重要度、距离核心的远近程度、实权大小、保密等级等维度的综合指标（郑伯壎，1995；陈凌，1998）。下面应用这一设定形成的两个二维空间来研究民营企业与职业经理的匹配问题。

二、民营企业与职业经理之间的匹配

为了便于分析，我们暂时把职业经理的素质和回报空间分别划为四个区域

---

① 我们没有单独考虑职业经理的德行问题，由于现阶段民营企业家更关心与自己切身利益相关的素质，而忠诚恰恰是，这种忽略是可以接受的，况且本书分析可以很容易地进行扩展。

（见图7-1）。回报空间中，A区域指给予经理人较低的收入，但让其居于较高职位；B区域意味着高薪和高职位；C区域意味着低薪和低职位；D区域意味着高薪低职位。素质空间中，按照郑伯壎（1995）的归类历程与类别原型，E区域的经理人虽然比较忠诚，但能力不足，可作为老板的"耳目眼线"；F区域的经理人不但能力出众，而且对老板忠心耿耿，这是雇主的"事业伙伴"；G区域的经理人能力不足，且忠诚度较低，只能算是公司的"边缘人员"；最后，H区域的经理人虽然能力不俗，但不够忠诚，随时有可能"背叛"雇主，他们是公司的"防范对象"。

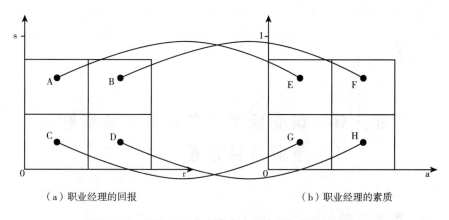

（a）职业经理的回报　　　　　　　　（b）职业经理的素质

图7-1　职业经理人力资本交易中的二维空间匹配

基于以上分析容易理解，民营企业雇主在聘用外部职业经理时，会按照职业经理的素质归类来安排相应的职位和报酬。一般而言，最重要、最核心的职位只会向那些忠贞不贰的经理人开放，因为这些职位关系到企业的生命线，一旦被那些"不法分子"占据，企业将非常危险。那些能力不强，但对老板高度忠诚的经理人会得到一些离家族核心较近的职位，即使他们的报酬不高，成为老板"自己人"的心理感觉也是其不错的工作激励。此外，能力出众，但忠诚度不够的经理人一般不会得到较高的职位，相反，他们还会被时时防范，通常情况下，雇主只会对其应用高薪作为激励手段。至于那些能力不足，且整日抱怨的经理人，只不过是公司的边缘人物而已，一旦遇到裁员，这些人首当其冲（郑伯壎，1995）。这一系列匹配关系我们用图7-1中的弧线连接表示。

显然，雇主基于自身利益考虑进行上述最优的回报安排依赖于完全信息假设，即雇主必须知道某个职业经理人属于素质空间的哪个区域。但现实情况并非如此，雇主既不完全知道经理人的能力高低，更不知道他是否忠诚。这一信息不对称将导致前述最优匹配难以实现。结果是一方面，雇主在信息不完全的情况下终究"信不过外人"，这使他不敢轻易将重要职位向外部职业经理开放；另一方面，真正高忠诚度、高能力的经理人更偏好于公司的职位和权力，如果公司未予满足，其会选择离开，况且有关能力的信息不对称也会限制其货币收入。这样一来，最终的结果便是民营企业运作又退回到家族完全控制的治理模式，最重要、最核心的职位留给了"信得过"的自己人，而一些次要的、自己人不愿涉足的职位则给那些"边缘人员"。下面我们正式将这一思想模型化。

第三节　职业经理人力资本交易中的逆向选择过程

一、基本设定

为了进行数学分析，我们先对模型进行一些初步设定。正如前述，职业经理的素质由忠诚度和能力两个维度刻画。在图7-2给出的坐标系中，企业对于经理人忠诚度和能力的要求存在一定的替代关系，这以企业的无差异曲线 $J = J(l, a)$ 表示，但当 l 过低时，两者不可替代，即极端不忠诚的经理人在雇主的眼里没有任何价值。这是容易理解的，因为不忠诚的经理人有可能给公司带来极大的威胁。

相应地，我们在图7-3的回报空间中给出经理人的无差异曲线 $\pi = \pi(r, s)$，以及企业给予经理人的回报曲线 $B(r, s)$。正如我们将看到的那样，这一回报曲线由雇主基于经理人的价值函数 $J(l, a)$，以及职业经理忠诚度和能力的联合概率分布给出，这形成经理人面临的约束。经理人将解下列问题：

$$\max_{r,s}\pi(r,s)$$

$$\text{s. t. } B(r,s)\leqslant E \tag{7-1}$$

值得指出的是，与前面的分析相对应，企业提供的回报曲线中职位与收益只在一定范围内可以替代（即 $s<\bar{s}$）。对于某些经理人，就算只要求极低的薪水，雇主也不会以高职位作为补偿，反之，对于那些"信得过"的优秀经理人，企业既会给他安排较高的职位，薪水方面也不会"亏待"他。

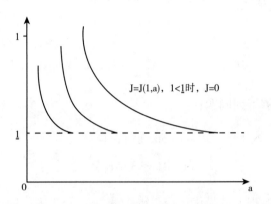

图 7-2　素质空间中民营企业的偏好

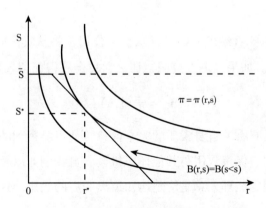

图 7-3　回报空间中经理人的最大化问题

二、逆向选择模型

现在我们具体分析民营企业引入职业经理过程中的逆向选择问题。假设雇主在初期面临一群可聘用的职业经理人，[①] 由于信息不对称，雇主不知道他们的真实素质，只知道其服从一个联合概率分布 $f_0(l, a)$。职业经理对自身的素质情况则具有完全信息。为了达成交易，雇主为经理人提供回报曲线 $B(r, s) = E$，我们可以方便地假设 E 为价值函数 $J(l, a)$ 基于分布 $f_0(l, a)$ 的期望：

$$E_0[J(l,a)] = \int_{-\infty}^{+\infty} \int_{-\infty}^{+\infty} J(l,a) f_0(l,a) dl \times da \qquad (7-2)$$

现在经理人解下列问题：

$$\max_{r,s} \pi(r,s)$$
$$s.\, t.\quad B(r,s) \leqslant E_0[\,\cdot\,] \qquad (7-3)$$

由上式得到经理人的最优选择：(r^*, s^*)，经理人的间接效用表示为：

$$\pi_0^* = \pi(r^*, s^*) \qquad (7-4)$$

式（7-4）意味着经理人如果就职于该公司，将从货币收益 r^* 和职位 s^* 中获得总效用 π_0^*。如果经理人离职，那么它将会获得保留效用：

$$\pi_e = \pi_e(l, a) \qquad (7-5)$$

由于经理人具有有关自身素质的完全信息，他可能得到的保留效用是确定的。不难看出，这一保留效用与其他任职机会、自我创业以及休闲的偏好等有关，总之，我们假定经理人总是清楚地知道离职后的效用。这时，职业经理进行以下决策：

---

① 为了叙述方便，这里假设有时间先后顺序，但正像古典价格理论所暗含的那样，后续一系列调整过程和均衡实现是瞬时完成的。此外，当雇主面临的是一个经理人时，分析完全适用。

$$\begin{cases} \pi_0^* < \pi_e \longrightarrow 离职 \\ \pi_0^* \geqslant \pi_e \longrightarrow 留职 \end{cases} \qquad (7-6)$$

假设企业完全了解经理人的上述决策结构，因此在第二期，雇主知道继续留在公司的经理人肯定满足式（7-6），公司面对的经理人集合变为：

$$\Theta_1 = \{ l, a \mid \pi_e(l, a) \leqslant \pi_0^* \} \qquad (7-7)$$

而先验联合概率分布 $f_0(l, a)$ 需做以下修正：

$$f_1(l, a \mid \Theta_1) = \frac{f_0(l, a)}{F[\pi_e(l, a) \leqslant \pi_0^*]} \qquad (7-8)$$

掌握不完全信息的雇主此时需要调整给予留职经理人的回报曲线，即 B 为：

$$E_1[J(l, a)] = \iint_{\Theta_1} J(l, a) f_1(l, a \mid \Theta_1) dl \times da \qquad (7-9)$$

在式（7-9）的基础上形成第二期留职经理人的约束线：$B(r, s) = E_1[\cdot]$。一般来说，条件期望 $E_1[\cdot]$ 会向下调整，即：$E_1[\cdot] < E_0[\cdot]$，因此经理人面临的约束更紧了，其最大化选择之后的间接效用 $\pi_1^* < \pi_0^*$。保留效用 $\pi_e \in (\pi_1^*, \pi_0^*]$ 的经理人将在第二期末离开。因此到第三期，公司面对的经理人集合又变为：

$$\Theta_2 = \{ l, a \mid \pi_e(l, a) \leqslant \pi_1^* \} \qquad (7-10)$$

联合概率分布继续修正为 $f_2(l, a \mid \Theta_2)$。这一系列调整过程将一直进行下去，直到 $E_n[\cdot] = E_{n-1}[\cdot]$ 为止，最后的均衡由下式定义：

$$E^*[J(l, a) \mid \pi_e(l, a) \leqslant \pi^*(r^*, s^*)] =$$
$$E^* \mid \{ \underset{r, s}{argmax}[\pi(r, s)] = (r^*, s^*), s. t. B(r, s) = E^* \} \qquad (7-11)$$

由于我们未对式（7-11）中的相应函数和概率分布做任何限定，可以预期，逆向选择的结果有可能出现多重均衡。但只要雇主与职业经理之间存在有关后者素质的信息不对称，帕累托最优的完全匹配均衡将很难出现。为了使上述分析更为具体和容易理解，我们下面采用具体函数形式进行进一步研究，这一分析将会给出更多的信息。

三、逆向选择模型的进一步研究

为了具体分析上述逆向选择模型，我们做这些简单设定。职业经理的价值函数为 $J(l,a) = l + a$；其效用函数取柯布—道格拉斯形式：$\pi(r,s) = s^{\gamma} \times r^{1-\gamma}$ $[\gamma \in (0,1)]$；职业经理离职后的保留效用为 $\pi_e(l,a) = \delta(l+a)$，这里的 $\delta \in (0, 1)$，可被解释为离职后人力资本的贬值程度；雇主为经理人提供的回报曲线（经理人的预算约束线）取线性形式：$B(r,s) = s + \alpha r = E[\cdot]$ $(\alpha > 0)$。此外，我们假定随机变量忠诚度 l 和能力 a 相互独立[①]，且 $f_0(l) \sim N(\mu_l, 1)$，$f_0(a) \sim N(\mu_a, 1)$，所以 $f_0(l,a) = f_0(l) \cdot f_0(a)$。

在以上设定下，可以容易地计算出企业在第一期提供给职业经理的回报：

$$E_0[J(l,a)] = \int_{-\infty}^{+\infty} \int_{-\infty}^{+\infty} (l + a) \times f_0(l) \times f_0(a) dl \times da$$

$$= \int_{-\infty}^{+\infty} \int_{-\infty}^{+\infty} l \times f_0(l) \times f_0(a) dl \times da$$

$$+ \int_{-\infty}^{+\infty} \int_{-\infty}^{+\infty} a \times f_0(l) \times f_0(a) dl \times da$$

$$= \mu_l + \mu_a \qquad (7-12)$$

于是，经理人将解下列问题：

$$\max_{r,s} \pi(r,s) = s^{\gamma} \times r^{1-\gamma}$$

$$\text{s. t. } s + \alpha r \leqslant \mu_l + \mu_l \qquad (7-13)$$

根据库恩—塔克条件，式（7-13）的解为：

$$s^* = \gamma \times (\mu_l + \mu_a), r^* = \frac{1-\gamma}{\alpha} \times (\mu_l + \mu_a) \qquad (7-14)$$

职业经理的间接效用为：

$$\pi_0^* = s^{*\gamma} \times r^{*(1-\gamma)} = \frac{\gamma^{\gamma}(1-\gamma)^{1-\gamma}}{\alpha^{1-\gamma}} \times (\mu_l + \mu_a) \qquad (7-15)$$

---

① 这是可以接受的，因为能力强的人未必忠诚，而忠诚的人则很可能缺乏能力。

现在经理人按照式（7－6）给出的结构进行离职决策，当职业经理按照自己真实素质计算的保留效用 $\pi_e(1,a) = \delta(1+a) > \dfrac{\gamma^\gamma (1-\gamma)^{1-\gamma}}{\alpha^{1-\gamma}} \times (\mu_1 + \mu_a)$ 时，他将离开企业。这导致留职的经理人集合变为：

$$\Theta_1 = \{1,a \mid \pi_e(1,a) \leqslant \pi_0^*\} = \left\{1,a \,\middle|\, \delta(1+a) \leqslant \frac{\gamma^\gamma (1-\gamma)^{1-\gamma}}{\alpha^{1-\gamma}} \times (\mu_1 + \mu_a)\right\}$$

$$(7-16)$$

企业在第二期给予在职经理人的期望回报基于概率分布 $f_1(1,a \mid \Theta_1)$ 给出。在我们的模型设定下，这一回报为：

$$\begin{aligned}
E_1\big[J(1,a)\big] &= \iint_{\Theta_1} (1+a) \frac{f_1(1,a \mid \Theta_1)}{F[1,a \mid \Theta_1]} \mathrm{d}l \times \mathrm{d}a \\
&= \mu_1 + \mu_a - \frac{2\displaystyle\int_{-\infty}^{+\infty} \phi(n) \times \phi[\lambda(n)]\,\mathrm{d}n}{\displaystyle\int_{-\infty}^{+\infty} \phi(n) \times \Phi[\lambda(n)]\,\mathrm{d}n}
\end{aligned} \qquad (7-17)$$

（证明见本书附录5）

上式中，$n = a - \mu_a$，$\lambda(n) = \dfrac{\pi_0^* - \delta(\mu_1 + \mu_a - n)}{\delta}$，$\phi(\,\cdot\,)$ 和 $\Phi(\,\cdot\,)$ 分别为标准正态分布的概率密度函数和累积分布函数。容易看出，企业在第二期给出的回报：

$$E_1[\,\cdot\,] < \mu_1 + \mu_a = E_0[\,\cdot\,]$$

在新的约束条件下，留职到第二期的经理人从职位和收益中得到的间接效用为：

$$\pi_1^* = \frac{\gamma^\gamma (1-\gamma)^{1-\gamma}}{\alpha^{1-\gamma}} \times E_1[\,\cdot\,] < \pi_0^* \qquad (7-18)$$

因此，保留效用位于区间 $(\pi_1^*, \pi_0^*]$ 的经理人将在第二期末离开。到第三期，留下的经理人集合变为：

$$\Theta_2 = \{1,a \mid \pi_e(1,a) \leqslant \pi_1^*\} = \left\{1,a \; \middle| \; \delta(1+a) \leqslant \frac{\gamma^\gamma (1-\gamma)^{1-\gamma}}{\alpha^{1-\gamma}} \times E_1[\cdot]\right\} \subset \Theta_1$$

$$(7-19)$$

这一逆向选择过程将不断地持续下去，直到均衡实现为止。可以预期，随着这一过程的展开，留下的经理人将越来越少，素质将越来越低。在由式（7-11）定义的均衡实现时，民营企业主面对的将是低素质经理人，这些经理人要么能力低下，要么忠诚度不够，或者两方面均较为低劣，结果是企业的核心职位又回归到"信得过"的家族成员（有可能能力不足）手里。而能力相对突出的职业经理人则始终"徘徊"在企业权力核心的边缘，民营企业不得不再次遭遇"家族主义困境"，在低于生产可能性边界的地方运行。

第四节　雇主与职业经理之间的互动：信息揭露与动态匹配

前面分析建立在雇主与职业经理之间的信息不对称假设基础之上。如果考虑到双方的互动可以减小信息不完全程度，而某些经理人又有足够耐心等到企业完全了解自己之后给予合适的回报安排（职位与薪酬），那么前述逆向选择带来的困难可以得到一定缓解。下面我们用一个三期动态信息揭露模型来描述这一过程，分析将表明，存在互动信息揭露的确可以改善民营企业与职业经理之间的匹配状况。

一、基本设定

我们先进行一些设定。前面研究中曾经假设掌握不完全信息的雇主事前知道经理人素质服从一个联合概率分布 $f_0(1,a)$。为了便于分析，这里我们直接假设雇主知道：经理人素质对于企业的价值 $J(1,a) = 1 + a = q$ 服从正态分布，即 $q \sim N(\mu, \sigma_q^2)$，假设 $\mu > 0$。相应地，职业经理的当期保留效用为 $\pi_e = \delta \times q$

$[\delta \in (0,1)]$。[1]

现假设互动过程进行三期：第一期，企业按照经理人素质的先验概率分布 $f_0(q)$ 决定给予后者的回报 $\pi_1^* = E_0[\,\cdot\,]$，经理人在该回报约束下比较留职和离职的价值以决定是否离职，这一决策问题的解为保留效用 $\overline{\pi}_1$，留职当期所获效用小于该值时经理人离开公司。[2]

到第二期，雇主通过与留职职业经理之间的互动观察到信息 $y = q + \varepsilon$，其中噪音（noise）$\varepsilon \sim N(0, \sigma_\varepsilon^2)$，据此推断 q 的分布 $f_1(q|y)$。然后利用修正过的概率分布计算在第二期给予经理人的回报，职业经理按照相同的程序进行离职决策。

第三期，有关留职经理人素质 q 的信息通过进一步的互动被完全揭露，留下来的经理人实现了最优匹配，即按照图 7-1 给出的归类组别进行职位和薪水的安排。

二、模型

依循扬格维斯特和萨金特（Ljungqvist and Sargent，2000）的做法，我们采用逆向分析程序来考察这一模型。

在第三期，企业完全掌握经理人的素质信息，因此根据我们的设定，经理人留职的当期总效用为 $\pi_3^* = q$。[3] 如果经理人的贴现率为 $\beta \in (0,1)$，留到第三期且可继续进行最优决策的价值为 $V_3(q)$，那么其当期及以后一直留在公司的总效用可用 $q + \beta V_3(q)$ 表示。相应地，我们用 V_1 表示经理人在第一期面临企业所给回报并进行相应最优决策的价值。这样可写出贝尔曼方程：

$$V_3(q) = \max\{q + \beta V_3(q), \delta q + \beta V_1\} \qquad (7-20)$$

这一问题的解为最优策略（optimal policy）——最优保留效用 $\overline{\pi}_3$ 的决定，

---

[1] 经理人知道自己的素质，因而此处的 q 为确定值。

[2] 注意，正如我们将要看到的那样，这里的比较并不简单地基于第三节中给出的 π_0^* 和 π_e 进行，而是基于相应行为的值函数进行。

[3] 按照本节设定，经理人所获得的间接效用直接由企业给予的回报决定。

π_3 的含义与第三节模型中的 π_e 类似，经理人将其与留职效用 $\pi_3^* = q$ 做比较以决定是否离职。现在有：

$$V_3(q) = \begin{cases} q + \beta V_3(q) = \dfrac{q}{1-\beta} & q \geqslant \overline{\pi}_3 \\ \delta \times q + \beta V_1 & q < \overline{\pi}_3 \end{cases} \qquad (7-21)$$

$\overline{\pi}_3$ 可由下式定义：

$$\overline{\pi}_3 + \beta V_3(\overline{\pi}_3) = \delta \times \overline{\pi}_3 + \beta V_1 \qquad (7-22)$$

即：$\overline{\pi}_3 = \dfrac{(1-\beta)\,\beta}{1-\delta+\delta\beta} \times V_1$。

该最优策略意味着，由其他工作机会、自我创业价值以及休闲偏好等确定的 V_1 越大，经理人的去留职临界水平 $\overline{\pi}_3$ 就越大，即其他条件不变的情况下，经理人的离职意愿越高。

现在回到第二期。通过与职业经理之间的互动，雇主观察到有关经理人素质的信息 $y = q + \varepsilon$，由此形成概率推断。已知第一期末保留效用 $\overline{\pi}_1 > \pi_1^*$ 的职业经理已经离职，在职经理人集合为 $\Theta = \{q \mid \overline{\pi}_1(q) \leqslant \pi_1^*\}$，因此其素质的概率分布为：

$$f_1(q \mid y, \Theta) = \frac{f_1(q \mid y)}{P(q \in \Theta)} \qquad (7-23)$$

该式中，$f_1(q \mid y)$ 是正态分布密度函数，应用 Kalman 滤波或 LS 回归方法，可得该条件分布的均值 μ_1 和方差 σ_1^2 为：

$$\mu_1 = \mu + \frac{\sigma_q^2}{\sigma_q^2 + \sigma_\varepsilon^2}(y - \mu) \qquad (7-24)$$

$$\sigma_1^2 = \frac{\sigma_q^2}{\sigma_q^2 + \sigma_\varepsilon^2}\sigma_\varepsilon^2 \qquad (7-25)$$

企业根据式（7-23）中的分布确定第二期支付给经理人的回报，即：

$$\pi_2^* = \int_\Theta q \times \frac{f_1(q \mid y)}{P(q \in \Theta)}dq \qquad (7-26)$$

由于 $\overline{\pi}_1(q)$ 的形式非常复杂，我们很难得到表示集合 $\Theta = \{q \mid \overline{\pi}_1(q) \leqslant \pi_1^*\}$ 的简单不等式，因此式（7-26）的结果难以具体计算出来。为了做进一步分析，我们暂时假设 $\overline{\pi}_1(q)$ 为单调递增函数。[①] 这样一来，不等式 $\overline{\pi}_1(q) \leqslant \pi_1^*$ 可以改写成反函数形式：$q \leqslant \overline{\pi}_1^{-1}(\pi_1^*)$，因此我们有：

$$\pi_2^* = \mu_1 - \sigma_1 \times \frac{\phi(\eta)}{\Phi(\eta)} \qquad (7-27)$$

（证明见本书附录5）

其中，$\eta = \dfrac{\overline{\pi}_1^{-1}(\pi_1^*) - \mu_1}{\sigma_1}$，现在可写出贝尔曼方程：

$$V_2(q) = \max\{\pi_2^* + \beta V_3(q), \delta q + \beta V_1\} \qquad (7-28)$$

该问题的最优策略为保留效用 $\overline{\pi}_2$ 的确定，由此得到：

$$V_2(\pi_2^*) = \begin{cases} \pi_2^* + \beta V_3(q) & \pi_2^* \geqslant \overline{\pi}_2 \\ \delta \times q + \beta V_1 & \pi_2^* < \overline{\pi}_2 \end{cases} \qquad (7-29)$$

容易看出，$\overline{\pi}_2 = \delta \times q + \beta V_1 - \beta V_3(q)$，这里的最优策略与离职后面临的价值 V_1 正相关，与继续留职面临的价值 $V_3(q)$ 负相关。

依循同样的思路，我们可以很容易地写出第一期职业经理选择问题的贝尔曼方程：

$$V_1 = \max\left\{\pi_1^* + \beta \times \int V_2(\pi_2^*) g(\pi_2^* \mid q) d\pi_2^*, \delta q + \beta V_1\right\} \qquad (7-30)$$

式（7-30）需做详细说明。首先，$\pi_1^* = \int q \times f_0(q) dq = \mu$，它是雇主基于职业经理素质的先验概率分布 $f_0(q)$ 确定的支付给后者的当期回报。其次，值函数 $V_2(\pi_2^*)$ 由式（7-29）定义。最后，$g(\pi_2^* \mid q)$ 是职业经理人基于自身

[①] 这是一个非常强的假设，事实上，$\overline{\pi}_1(q)$ 很难满足单调递增假设。因为随着 q 的增加，一方面，离职后的当期收益会增加，但另一方面，留在公司的第二期、第三期及以后各期的收益也可能会增加，从长期角度看来，第一期的保留效用 $\overline{\pi}_1$ 是否变大，有赖于这两方面力量相互抵消后的净值。因此，这里的分析纯粹是试探性的。值得指出的是，本书的主要结论不受该假设影响。

真实素质 q 形成的对第二期留职回报 π_2^* 概率分布的推断，由于 π_2^* 与所观察到的信息 $y = q + \varepsilon$ 有关，因此它实际上是有关 y 的函数的条件分布。这里的经济含义在于，如果经理人认为自身的素质较高，则他会预期雇主通过互动观察到的信息将有利于自己，即 $y > \mu$。按照式（7-24），这就表明 $\mu_1 > \mu$，即在第二期，不考虑第一期有人离开情况下经理人素质的条件均值将大于第一期基于先验概率计算的均值。这意味着互动信息的确有助于将不同素质的经理人分辨出来，一定程度上缓解了前述逆向选择问题，形成分离均衡。

在式（7-30）的基础上可以得出第一期经理人的最优策略 $\overline{\pi}_1$，我们有：

$$V_1 = \begin{cases} \pi_1^* + \beta \times \int V_2(\pi_2^*) g(\pi_2^* \mid q) d\pi_2^* & \pi_1^* \geqslant \overline{\pi}_1 \\ \delta q + \beta V_1 = \dfrac{\delta q}{1 - \beta} & \pi_1^* < \overline{\pi}_1 \end{cases} \qquad (7-31)$$

$\overline{\pi}_1$ 由下式定义：

$$\overline{\pi}_1 + \beta \times \int V_2(\pi_2^*) g(\pi_2^* \mid q) d\pi_2^* = \frac{\delta q}{1 - \beta} \qquad (7-32)$$

至此，我们完成了该动态信息揭露模型的描述，下面再对相关问题做具体分析，以揭示一些有用的含义。

三、进一步分析

我们在前一小节及第三节逆向选择模型的基础上做进一步考察，主要结果为以下命题，该命题是本书核心结果。

命题： 在第一期，对任意素质为 q 的职业经理人而言，其离职决策的最优策略 $\overline{\pi}_1 < \pi_e$，留职概率 $P(\pi_1^* \geqslant \overline{\pi}_1) > P(\pi_1^* \geqslant \pi_e)$。

证明：见本书附录5。

该命题表明，如果存在动态的信息揭露过程，那么，职业经理在第一期进行离职与否决策时，决定其去留的临界水平——最优策略 $\overline{\pi}_1$ 小于不存在信息揭露过程时的临界水平——当期保留效用 $\pi_e = \delta q$（可看成是逆向选择模型中的最优策略）。该结果意味着，如果雇主与经理人之间的互动能够提供有关后者素质的信息，那么职业经理将更有可能留下（即使当期他没有获得应该获得的回报价值），坚持到信息完全披露的第三期以实现完全匹配，即留职概率 $P(\pi_1^* \geq \overline{\pi}_1) > P(\pi_1^* \geq \pi_e)$。因此，企业通过各种渠道了解和把握经理人的全方位信息，并对其进行职业生涯管理，这会让那些真正优异的经理人觉得自己的才能不会被埋没，有朝一日会有发挥的机会，从而愿意在现期回报较低的情况下"暂时"留下来。

第五节　如何留住职业经理

本章第三节的逆向选择模型证明，由于民营企业与职业经理之间的人力资本交易存在着新的维度，交易过程中存在严重的信息不对称，这导致帕累托最优的双重二维空间匹配难以实现，民营企业的治理退回到封闭的家族模式，"家族主义困境"难以突破。而第四节的分析表明，从职业经理的离职决策角度看来，如果民营企业引入职业经理过程中存在信息揭露机制，那么，前述问题可以得到部分缓解。这里的关键在于，对等待有足够耐心的经理人会预期到信息的不断补充将有助于企业了解真实的自己，从而在未来某时得到应有的回报，这一预期支持他在当期做出继续留职的决策。如果这一决策结构也为企业所知，则企业也会预期，留下的经理人素质不至于像存在完全信息不对称情况下那么低，因而会适当调高给予在职经理人的回报。这一做法一方面可以直接改善逆向选择的均衡，另一方面可进一步改善经理人的预期，形成良性循环。因此，逆向选择的低效均衡可在一定程度上得到缓解。

现在从雇主角度进一步分析企业与职业经理的互动所带来的信息对于改善均衡的意义。分析将表明，存在信息揭露不但可以降低职业经理的离职意愿，而且还有助于企业根据观察到的信息将职业经理分辨出来，以实施差别对待，一定程度上实现分离均衡。

在第一期，雇主基于先验概率分布计算给予职业经理的回报，即 $\pi_1^* = \int q \times f_0(q) dq = \mu$，这与逆向选择模型相同。当然，前述命题已经表明，存在信息揭露的情况下，就算所获回报相同，经理人的离职意愿也会更低，因为他此时去留职的临界水平$\overline{\pi}_1 < \pi_e$。

到第二期，逆向选择模型中的回报为：

$$E_2[\;\cdot\;] = \mu - \sigma_q \cdot \frac{\phi(\lambda)}{\Phi(\lambda)} \tag{7-33}$$

我们很容易根据式（7-27）的思路得到上述结果。相应地，根据式（7-24）、式（7-25）和式（7-27），在$\overline{\pi}_1(q)$单调递增假设下，信息揭露模型中企业支付的回报为：

$$\pi_2^* = \mu_1 - \sigma_1 \times \frac{\phi(\eta)}{\Phi(\eta)} = \mu + \frac{\sigma_q^2}{\sigma_q^2 + \sigma_\varepsilon^2}(y - \mu) - \sigma_1 \times \frac{\phi(\eta)}{\Phi(\eta)} \tag{7-34}$$

比较上述式（7-33）和式（7-34）容易看出，如果雇主在第二期从某一经理人身上观察到的 y 足够大，那么，π_2^* 有可能大于 $E_2[\;\cdot\;]$ 甚至 μ，即给予该经理人的回报相对来说会更大些，甚至会超过第一期的 μ 而向上修正。由于信息 y 的条件分布与经理人的真实素质 q 有关，这就意味着素质越高的经理人雇主越有可能从其身上观察到较高的 y，从而给予较高的回报。相反，如果经理人的真实素质低下，则雇主在第二期观察到较低 y 的概率增加，职业经理得到的回报有可能向下修正，甚至小于逆向选择模型中的 $E_2[\;\cdot\;]$。因此，通过信息揭露过程，雇主可以在一定程度上将真实素质有所差异的经理人分辨出来，实施差别对待。

另外值得指出的是，观察到的 y 所包含的信息量在这里具有重要价值。在正态分布假定下，信息量可由经理人素质 q 的方差 σ_q^2 和噪音的方差 σ_ε^2 来衡量。考虑极端情况 $\sigma_\varepsilon^2 = 0$，即观察到的信息不存在"噪音"，则式（7-34）变为 $\pi_2^* = y$。这意味着观察到的 y 就是职业经理的真实素质 q，即实现了信息的完全对称。当然，这只是上述模型的特殊情况而已。

至于第三期，在我们的设定下已实现信息的完全揭露。根据前面的结果，此时还在职的经理人将可以达到理想的二维空间匹配，做到"人尽其才""各居其位"。

第八章　结论与政策建议

第一节　主要结论

本书分析表明，基于西方背景下的员工主动离职模型和国内对一般企业的相关研究不能完全用于解释我国中小民营企业职业经理流失问题，有必要构造和验证新的流失过程模型和因素模型。利用理论与实证相结合的研究方法，本书在实际调查数据基础上对中小民营企业职业经理流失过程和影响因素进行严格的实证检验，并针对这一问题的特殊性做了进一步经济学分析，最后据此提出相关流失治理建议。归纳起来得出以下主要结论。

一、离职意愿影响因素的直接、间接和调节效应

本书发现，就总效应而言，对离职意愿具有显著影响的因素包括满意度和承诺度、工作状态、工作搜寻动机、组织条件和机会、雇主公平与信任、工作压力、工作自主性、工作参与度、工作嵌入度、承诺倾向、其他工作机会和组织变革。其中，工作状态、工作寻找意愿、其他工作机会直接影响离职意愿；工作压力和承诺倾向同时通过直接和间接的渠道影响离职意愿；其他显著变量则完全通过间接渠道对离职意愿产生影响。

本书有关个人因素调节效应的检验发现：第一，经理人工作参与度和承诺倾向具有调节工作状态、工作搜寻意愿与离职之间关系的作用。参与度高的经

理人把工作当成是生活当中的头等大事，其主要乐趣也来自工作自身，因此，即使其他原因导致自己的工作状态有所下滑，且萌生寻找其他工作的想法，最终也不会离开。而承诺倾向较高的经理人则不认为长期在同一个公司工作会枯燥乏味，相反，他们愿意长期在工作岗位上积累自己的管理经验和人事资历。当工作状态不佳，甚至有意寻找其他工作机会时，其不愿"挪动"的观念会促使其谨慎行事。不到万不得已，这类经理人不会轻易离开自己长期供职的公司。第二，经理人个人创业动机对工作搜寻意愿具有调节效应。西方对一般员工离职影响因素的研究很少检验创业动机的效应，本书的这一发现可以对此予以一定补充。我们发现，如果由组织、雇主或工作因素导致经理人的满意度和承诺度下降，从而激发他去寻找其他工作机会，那么，即使没有找到更好的工作，由于创业动机强烈的经理人有了自我创业的打算，他们最终也可能会毅然辞职。第三，风险规避度和传统观念意识对工作状态具有调节作用。对风险较为"畏惧"的经理人在工作状态比较糟糕的情况下也不会轻易辞职，因为他担心离开公司后难以迅速找到其他工作。这是很容易理解的，只有愿意承担不确定性风险的经理人才敢于在状态下滑时尝试其他可能性。而持有较强传统观念的经理人不会在工作状态不佳的情况下"个人主义"地行事，他会很看重公司的群体利益，最终在"顾全大局"的想法下留在公司。这一结果直接表明了中国文化传统对于个人离职决策的重大影响，西方主流离职文献没有检验过这一变量的调节效用。前述有关个人因素调节作用的发现具有重要的管理含义，对这些个人特征的事前识别有助于组织在事后采取措施降低经理人的离职意愿。

有关雇主因素调节效应的检验发现：第一，雇主领导力对组织因素与离职意愿之间的关系具有调节作用。如果民营企业雇主成就动机较强、企业家能力突出且严守诚信，那么，即使经理人对组织方面的因素如薪酬、程序公平性以及发展机会等不太满意，他也不会轻易离开，因为他对老板自身充满信心。雇主领导力可将由组织因素导致的高离职概率最多降低达40%。第二，雇主公平和信任对组织因素与离职意愿之间的关系具有调节作用。雇主对经理人越公平、越充满信任，后者的离职决策越不会受到组织因素的影响。即使经理人感知到某些组织因素吸引力不足，他也会从老板给予的公平感和信任感中得到一定的心理补偿。这一雇主因素可把组织吸引力不足引致的离职意愿最多降低达60％。由此可见，雇主自身在防止经理人大量流失方面的确可以发挥重要作用。这些调节效应被归纳在图 8－1 中。据笔者所知，有关雇主因素调节作用的实证结果在西方离职模型中还没有出现过。在市场制度较为完善、个人主义传统盛行的社会背景下，雇主自身特征不会对下属的理性决策产生实质影响，后者的利益可以受到法律、组织规章以及合约等制度规范的保护，他不必将此系于某些个人身上。但在当今中国社会背景下，经理人在离职决策过程中不得不考虑老板自身因素的影响。本书这一发现对相关离职模型的跨文化比较提供了一个新的角度。

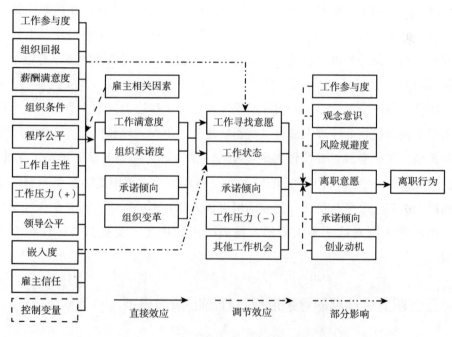

图 8－1　已验证的流失过程模型和因素模型

按人口统计学背景分组回归结果发现，相对而言，女性较为看重雇主领导力、雇主公平与信任等雇主因素，以及公司人际氛围这样的"软"环境吸引力；而男性对这些因素的敏感度都不高，创业动机是影响男性经理人离职意愿的重要因素。组织条件、创业动机以及其他工作机会是未婚经理人在进行离职决策过程中重点考虑的因素；而雇主公平与信任、工作压力则显著地影响着已婚经理人。30 岁以下的经理人比较重视组织条件以及人际氛围；而 30 岁以上的经理人更看重雇主公平与信任，创业动机和其他工作机会也对其离职意愿产生显著影响。基层经理人更看重组织条件和机会以及公司的人际氛围；而中高层经理人则对雇主公平与信任、雇主重视等雇主因素更加重视，同时，创业动机也显著影响中高层员工的离职意愿。工作经历不长（<5 年）的经理人更看重组织条件、雇主领导力、人际氛围以及其他工作机会，而对于有着丰富工作经历的员工而言，工作压力和创业动机更容易促使其产生离职的想法。加入公司不久的新员工（<2 年）在离职决策时主要考虑其他工作机会和创业可能性，而工龄较长的老员工（≥2 年）则更关心组织条件和机会、雇主重视以及工作嵌入度等因素。受教育水平较低的经理人（专科及以下）在离职决策时更为关注雇主的公平与信任，而受教育水平较高的经理人（本科及以上）则比较重视组织条件和机会以及公司人际氛围，创业动机对两者的离职意愿都有显著影响。

按公司特征分组后得到的实证结果发现，除工作压力、创业动机以及承诺倾向对不同规模企业经理人都有显著影响之外，组织条件和机会、工作参与度以及其他工作机会只对规模较大企业经理人的离职意愿具有显著影响。此外，成立时间较短企业（<10 年）的经理人在离职决策过程中更容易受到组织条件和机会、雇主公平与信任、创业动机以及人际氛围的影响；而老企业（≥10 年）的经理人则对这些不太敏感，他们的离职决定主要受其他工作机会的影响。

二、职业经理离职意愿形成过程的四阶段模型

应用结构方程模型方法得到的过程模型揭示，职业经理的离职意愿产生过程沿着一定的顺序展开。其首先对相关个人、组织、雇主、工作以及其他工作机会等因素进行感知，这一感知满意度的下降会反映在工作满意度、组织承诺度以及工作主动性等态度变化上，进而导致经理人工作状态下滑和工作搜寻意愿产生，最后出现离职想法。经过验证的过程模型对离职方差具有很强的解释力，其相对拟合指数 CFI 达到满意的 0.97。

在离职意愿形成过程的第一阶段，经理人对雇主重视、工作自主性、工作参与度以及人际氛围的感知显著影响其工作满意度和组织承诺度。经理人的工作参与度越高，其对公司人际氛围、雇主重视以及工作自主性的感知水平越高，工作满意度和组织承诺度也就越高。此外，雇主领导力、雇主公平与信任、工作自主性、工作参与度以及工作嵌入度等显著影响工作主动性。即经理人是否愿意积极主动地为组织工作受到相关个人、雇主、工作以及关系因素的影响。这些感知类变量通过满意度、主动性等态度类变量的中介作用最终影响经理人的离职意愿。

在第二阶段，工作满意度和组织承诺度，以及雇主重视、工作压力和工作自主性等感知类变量直接影响经理人的工作状态。不管什么原因所致，经理人是否充满工作热情，是否能从工作中获得满足感以及是否在感情上忠诚于公司对其工作状态具有重大影响，后者是离职意愿的直接预测变量。同时，雇主是否关心和鼓励自己，工作是否压力过大，以及自己能否拥有足够的自主性权力来完成任务也对经理人的工作状态产生直接影响，该状态的下滑常常是其打算离开组织的重要信号。与此同时，雇主重视、工作自主性、工作嵌入度、承诺倾向以及组织变革等则对工作寻找意愿具有直接影响。雇主如果对下属不管不问、漠不关心，后者难免不会去寻找其他机会。而经理人较低的工作自主性和工作嵌入度感知以及组织面临的变革也会促使其产生搜寻其他工作的想法。最后，承诺倾向较低的经理人不认为长期待在一个公司是有利的事情，不断关注其他公司的信息是其"习惯性"行为。

第三阶段，工作压力、其他工作机会，以及工作寻找意愿和工作状态直接影响经理人的离职意愿。工作状态和工作寻找意愿在流失过程中起传导机制的作用。经理人如果已经不在乎组织对于自己工作表现的评价，甚至于不掩饰自己寻找其他工作机会的动机，那么，其辞职几乎是必然的事情了。同时，工作压力在这里也以传递自己在组织中是否是"边缘人物"这样的信息影响离职决策。而经理人已经拥有的其他工作机会则不通过任何中间环节直接影响经理人的离职意愿，这类离职大多经过理性的计算程序，经理人会在未表现出任何心理态度变化的情况下突然提出辞职，常常让企业措手不及。第四阶段，经理人的离职意愿产生。

三、经理人流失的经济学解释

本书对职业经理流失进行的经济学分析表明，在雇主重视经理人能力和忠诚度，而经理人重视职位和货币回报的双重二维空间中，排斥外部职业经理人的家族制度是有关经理人能力和忠诚度信息不对称的一个均衡。民营企业引入职业经理过程中存在的逆向选择使后者难以进入到企业的核心层，企业运作退化到家族成员主导的封闭模式。我们通过引入民营企业与经理人之间的互动过程得到的动态信息揭露模型分析发现，与完全的信息不对称情况相比，存在信息揭露的动态过程有助于降低经理人的离职意愿。该机制有助于企业在市场中分辨出不同素质的经理人，一定程度上实现分离均衡，由此也缓解了信息不对称导致的低效均衡问题。同时本书也发现，在模型给出的双重二维空间中，有关能力和忠诚度的信息不对称不可能被完全消除，帕累托最优匹配难以实现。因此，民营企业主在考虑放弃家族模式，大量引入外部管理资源，进而采取现代公司管理制度时需要保持谨慎。

第二节　职业经理流失的治理机制

一、针对职业经理离职意愿形成过程的治理措施

本书流失过程模型表明，中小民营企业职业经理在离职意愿形成过程中经历相关因素感知、满意度和承诺度变化、工作主动性变化、工作状态下滑和工作寻找意愿产生、离职意愿产生等复杂阶段。企业可以按照这些不同阶段的先后次序采取不同措施，以针对性地治理职业经理的流失问题。前面我们在进行实证结果的讨论时已经结合相关发现提出了一些治理建议。为了更系统地提出整体协调的治理机制，本章分别按照经理人离职决策过程的时间顺序和公司HRM系统的各个环节进一步给出相关对策建议。

（一）相关因素感知阶段

根据我们的模型，经理人离职决策的起点在于其对自身、组织、雇主、工作以及其他工作机会等因素的感知，如果对于这些因素的评价导致其工作态度恶化，那么，整个离职过程将会被启动。

首先，实证结果表明，经理人自身的工作参与度、工作嵌入度以及承诺倾向会显著影响其离职意愿（总效应），即对这些因素的感知最终会体现在其离职与否的决策上。但正如前文所述，由于这些因素主要取决于经理人自身特性，企业要进行改变非常困难。因此，组织能做的就只能是在招聘阶段通过一定的筛选手段将这类特征识别出来，从而在安排职位时考虑其流失的可能性，提前采取应对措施。核心岗位最好不要安排给那些工作参与度和承诺倾向较低的经理人。通常情况下，工作参与度、承诺倾向以及工作嵌入度较高的经理人不会在一些微不足道的"冲击"下轻易地启动离职决策程序。相反，公司管理层需要留意那些有过较多辞职经历的员工，这类员工很喜欢"工作跳跃"，不认为长期在同一个公司工作有利于自身职业发展。对于他们来说，工作状态的下滑以及工作搜寻意愿的产生很容易最终转换为离职。

其次，经理人对组织条件和机会、组织变革等因素的感知最终会显著地影响其离职意愿。即经理人对组织回报和组织条件更低的预期、更低的程序公平性感知和薪酬满意度，以及对于组织变革的预期会导致其更高的离职意愿。因此很显然，企业如果想要在初始阶段维持住经理人较高的工作满意度、组织承诺度和工作主动性，以打消其辞职念头，那么，努力改善自身组织方面的吸引力是最重要的环节（实证结果显示其总效应位居次位）。具体措施包括：改善组织条件如工作环境、管理制度、企业形象等；健全公司的回报系统和创造更多的员工发展空间；提高公司对人对事方面的程序公平性；确保公司薪酬水平的外部竞争性和内部公平性。此外，面临组织变革的公司还需要通过内部沟通、宣传、提高收入预期等手段向员工传递有关公司未来的有利信息，使其在受到"冲击"以后仍然愿意留下来。由于企业变革会让员工产生动荡不安、前途未卜的感觉，管理层如果不能打消人们的疑虑，组织在转型过程中将会流失大量优秀的人才。

雇主方面的因素只有雇主公平与信任对经理人的离职意愿具有显著影响，当然，调节效应检验结果表明，雇主公平与信任和雇主领导力变量均对相关组织因素的影响具有调节作用。因此，企业领导人通过改善领导公平性，提高自身诚信水平，给予员工充分信任，增强自身领导力等措施，不但可以直接提高经理人的工作主动性，从而降低其离职意愿，还可以缓和组织因素对于离职意愿的影响效应。后者对于中小民营企业来说更具意义，因为相对大型企业或外资企业来说，中小民营企业在薪酬、发展空间、公司形象等方面存在明显差距。如果企业主想提升本公司的吸引力，那么就需要从自身做起，通过提高自己的企业家能力、诚信经营，同时任人唯贤、信任下属，其组织方面吸引力的劣势便会被雇主自身的吸引力所抵消，优秀的经理人才就不会轻易出走了。

工作因素的感知方面。实证结果表明，工作压力越大、工作自主性越强，经理人越不容易离职。这意味着经理人愿意承受更重的工作负担，担当更大的工作责任，希望企业给予自己更多的自由发挥空间。企业要想留住那些真正优秀的人才，就必须委以重任，并相信他们会为了公司利益而努力工作。一般来说，具有较强责任感的经理人比较看重组织对其价值的重视，如果在企业里只是一个可有可无的"边缘人物"，那么就算其他条件比较优厚，这类经理人也会选择离开，他需要更广阔的空间施展自己的才华，实现自己的人生价值。

最后，其他工作机会的感知对经理人的离职意愿也具有显著的影响效应。这一发现提醒管理者们注意那些对其他工作机会信息颇感兴趣的经理人的动向，这可能是其离开的重要前兆。另外值得注意的是，这一因素会直接影响其离职意愿。这意味着，即使经理人的工作满意度、组织承诺度以及工作主动性等处于较高水平，但一旦有了更好的工作机会，经理人的离职打算便直接产生，他们会在没有任何前兆的情况下"突然"离开组织。对于这类经理人，公司很难在事先观察到相关讯息，以做好应对之策。因此，其他工作机会导致的流失可能会让企业措手不及。企业需要对核心职位提前采取保护措施，一旦相关经理人在其他机会的诱惑下辞职，组织也会有应对之策，不会在毫无防备的情况下面临困境。企业还需要随时根据劳动力市场状况检讨自身的吸引力，以降低被别人"挖墙角"的概率。

（二）工作态度变化阶段

经理人的工作满意度和组织承诺度对其离职意愿具有显著负效应。正如前面分析指出的那样，诸多个人、组织、工作等因素会影响满意度和承诺度，因此，一旦职业经理受到前一阶段相关因素的感知影响降低了工作满意度和组织承诺度，组织便需要采取一定的补救措施以重新恢复经理人的工作态度。即如果企业有其他措施可以提高经理人的工作主动性和工作状态，那么，由相关前因变量感知引致的满意度和承诺度降低对离职意愿的不利影响可以得到部分抵消。

文献中有大量研究提出了改善员工工作满意度的措施（Brief and Weiss, 2002；Lance, 1991），如领导者、工作团队特征、工作设置、组织回报和惩罚系统、组织回报结果、工作范围大小、报酬系统的公正性、与同事的关系、角色压力补偿等。同时，提高员工组织承诺度的措施也被许多研究考察过，如组织支持（Rhoades et al., 2001）、其他工作机会吸引力的感知（Lance, 1991）、辅导（Payne and Ann, 2005）、组织社会化（Griffeth et al., 2000）等。

我们的实证研究也发现，雇主重视、工作自主性、工作参与度、公司人际氛围等感知变量会显著影响经理人的工作满意度和组织承诺度。因此，企业需要及时了解员工的工作态度变化情况，如果发现有满意度和承诺度下降的迹象，就需要进一步分析是哪些因素导致了这一状况，然后对症下药，改进员工对于这些因素的感知，从而恢复其工作态度，避免经理人将工作态度变化转化为离职决策。当然，公司还可以采取其他有助于提高员工满意度和承诺度的措施，直接在这一阶段阻止经理人的离职决策进程。

（三）工作状态下滑和工作搜寻意愿产生阶段

根据本书过程模型，工作状态和工作搜寻意愿对经理人的离职意愿均具有显著影响。而前者又直接受到组织条件和机会、雇主重视、工作压力、工作自主性以及工作嵌入度的显著影响。由于工作状态下滑和工作搜寻意愿产生是经理人产生最终离职想法的直接前因变量，一旦员工的离职决策过程进入这一阶段，企业要阻止其离职意愿的产生便非常困难了。在前期访谈过程中许多民营企业雇主也告诉我们，通过观察员工的工作状态可以大致判断出其是否有意要走。

这一阶段组织可以采取的措施包括：一是进行面对面的沟通和交流，深入了解导致员工进入这一状况的主要原因；二是有针对性地解决相关问题（比如加薪、晋升、转换工作岗位等），如果企业自身的确难以解决这些问题，那么说服工作就非常必要了；三是做好经理人流失的准备，以应对可能的人事动荡给公司正常运营带来的不利影响。

当然，正如实证结果所反映的那样，工作参与度、承诺倾向、创业动机、风险规避度以及传统观念意识5个个人变量对工作状态与工作搜寻意愿的影响具有调节作用，因此，如果某一经理人具有较高工作参与度、承诺倾向、风险规避度以及传统意识，较低的创业动机，那么，即使其表现出不佳的工作状态和较强的工作搜寻意愿，最终也不会将其转化为离职意愿。由此可见，组织若能在招聘阶段通过一定的筛选程序招到大量具有这类特征的员工，那么在阻止其流失时便更游刃有余。

（四）离职意愿产生阶段

现有文献表明，一般而言，离职意愿是实际离职行为的最好预测变量之一（Schwepker，2001；Murray and Zimmerman，2005），因此，表现出较高离职倾向的员工最终很可能会离开组织。对于组织来说，要在最后一刻挽留住那些已经表现出离职想法的员工是非常困难的，尤其是那些声称要辞职的经理人。

有的公司可能会针对个别想辞职的经理人采取特别措施，以安抚其心理，尽可能使其"回心转意"，但这样做通常难以奏效。正式提出辞呈的经理人在之前通常会经过长时间的慎重考虑。况且如果真的继续留职，其在老板和同事心目中的印象也会大打折扣，这对经理人的长远发展而言是极端不利的。而对公司来说，特殊的挽留策略可能引致其他经理人纷纷效仿，最终破坏组织的人力资源管理体系。所以，大多数公司可能不会采取太多的挽留措施，而把关注的重点放在如何寻找替代者这一方面。

当然，公司管理制度的规范化、标准化和系统化有助于组织抵御可能的人事变动导致的波动,某一经理人的离职不会对公司的正常运营带来太大影响。因此,公司管理制度的完善应被视为经理人流失治理机制中一个非常重要的环节。

二、贯穿于整个 HRM 系统的治理措施

(一) 招聘程序

本书模型对经理人流失治理提供的一个重要启示是,治理机制和措施是一个系统的综合体系,为了持久保留优秀的职业经理人,公司的整个人力资源管理系统都需要对此有所关注。

正如前述,工作参与度、承诺倾向等个人心理特征会影响经理人的离职意愿,但这些心理特征常常是在员工进入公司前就已经确定的,组织要进行改变非常困难。因此,最好的办法是在招聘阶段通过一定的甄别程序将那些具有高参与度和承诺度的员工筛选出来,将其作为进一步考察的备选者。在治理具有较高工作参与度和承诺倾向的员工流失问题时公司会处于较为有利的位置。

此外有研究发现,个人简历信息和人口统计学背景有助于预测其未来的离职概率(Murray and Zimmerman,2005;Griffeth et al.,2000),如工龄、年龄、婚姻状况、工作经验等。因此,企业可在招聘阶段收集相关信息,据此给出各类经理人未来的离职概率估计,以作为进一步人事安排的参考。

在招聘阶段采取有力措施,从而有效降低雇员离职概率的公司有普华永道、美国西北互助人寿、思科、迪士尼、英特尔等(张勉,2006),这从经验上证明了招聘程序对于治理经理人流失的重要性。

(二) 雇用契约

前面几章的分析表明,经理人在进行离职决策时会充分考虑相关收益和工作转换成本。为了在之后降低其离职概率,公司与员工签订劳动契约时可以适当增加一些有助于提高留职收益和转换成本的条款,这样的契约包括报酬后

置、延期奖励、退休计划等（Lazear, 1998）。这一措施具有很强的可操作性，企业可在劳动关系确立伊始就预先阻止经理人不负责任的离职行为。

雇用契约在预防职业经理流失方面具有两个重要功能。首先，它可以扮演筛选工具的角色，将具有较高工作参与度和承诺倾向并且更可能忠诚于本公司的员工筛选出来。由于那些不打算长期任职于本公司的经理人在这样的契约下获得的期望收益低于其他公司提供的契约，这类经理人在申请工作时将不会接受该合同，而接受这一合同的经理人其期望收益则必然高于其他契约。因此可以预期，那些打算进入本公司的员工应该具有较高的工作参与度和承诺倾向，并且愿意忠诚于本公司。雇用契约在这里起到了筛选工具的作用。

其次，雇用契约直接提高了留职收益和工作转换成本。像报酬后置、延期奖励这样的条款将员工即期劳动报酬延迟到职业生涯后期再行支付，如果经理人在支付期到来之前离开，其损失将相当惨重。而违约赔偿等条款则直接规定员工提前解除劳动合同时需要付出的代价，如果其他工作机会提供的好处不足以抵消这一成本，经理人不会在其诱惑之下贸然离职。

（三）入职培训和组织社会化

新员工对公司的第一印象对于其未来在本公司的职业发展至关重要，优秀的公司在人力资源管理体系中非常重视员工进入公司初始阶段的管理。入职培训和组织社会化就是其中最重要的环节。一方面，这一环节可以为资历浅的新员工提供支持、方向以及有关职业生涯和个人发展方面的建议，以帮助其更好地适应未来的工作，一个对自身在公司的未来充满信心的经理人其离职意愿必然较低。另一方面，入职培训和组织社会化过程可以提高员工对公司相关方面的初始感知满意度。由于认知过程具有选择性感知特征，经理人对公司的初始评价会影响到此后的感知水平，如果这一初始评价较高，即使此后发现一些不满意的地方，他也会给予一定程度的理解和包容，不会轻易地将这一感知转化为工作态度的恶化，进而愤然离职。

此外，通过组织社会化过程，新员工可以获得成为组织成员所必需的观念、行为导向和知识（Payne and Ann, 2005）。这一社会化过程的一个关键要素是对于组织目标和价值的理解和接纳。研究表明，能分享组织目标和价值的员工将会对组织有更高的感情承诺程度，而这将降低其离职的意愿（Griffeth et al.，2000）。

（四）工作设计和职位安排

我们的模型表明，工作压力和工作自主性对经理人的离职意愿具有重要影响。对处于职场中较高层次的经理人而言，公司为其提供的工作越具挑战性，给予的自由发挥空间越大，其越愿意长期留职。

现实中通过工作设计和职位安排成功降低员工离职概率的公司有通用电气、丽思卡尔顿等，主要措施包括提供更多的决策机会，安排职位时允许其有充分的自主权和自由度，所取得的效果非常明显（张勉，2006）。

（五）组织与雇主吸引力

组织因素是影响经理人离职意愿的核心要素，雇主因素也被发现在相应的离职决策过程中扮演着重要角色，在公司的 HR 系统中增强组织与雇主吸引力是治理员工流失的重要步骤。

现有研究指出，提高组织与雇主吸引力可从职业发展机会与空间、薪酬、组织公平性以及雇主诚信等方面入手（黄文锋，2007），进一步的措施包括改进经理人对于公司发展前景的预期、构建和谐的公司内外部关系网络、确保及时地职业晋升、进行一系列的职业指导和职业培训等（张建琦、黄文锋，2007）。通过系统的组织职业生涯管理，全面提升企业的综合吸引力（张建琦等，2007）。

我们的研究也发现，企业在组织条件、薪酬系统、程序公平以及发展空间方面的努力将有助于改善经理人的相关感知水平，进而提高其满意度和承诺度，并最终降低其离职意愿。而对于有较强创业动机的经理人来说，在企业营造出宽松的内部创业环境，使其企业家精神在企业内也能得到充分发挥更显重要，否则，一旦经理人发现时机成熟，他将辞职创业。

当然，正如我们在第七章指出的那样，组织在做这些努力的时候将面临成本与收益间的权衡，但对于极为优秀的经理人才，组织付出一定代价是值得的。

（六）职业生涯规划与退休安置

经理人进入公司工作是为了实现自己的职业目标（黄文锋，2007），这一目标是否能在本公司实现将会大大影响其持续留任的决策。能够指导员工进行长远职业生涯规划，并帮助其实现该规划的公司必然更易吸引优秀的职业经理。

现实中公司可以采取多种措施帮助经理人的职业发展，比如内部职业晋升通道、可持续发展的工作、帮助员工明确其职业发展目标、鼓励员工定位自己的职业发展方向以及提供足够的在职培训机会等（张勉，2006）。

最后，公司人力资源管理系统中的退休安置和养老金计划也有助于阻止经理人离职（Lazear，1998）。虽然强制养老保险计划不受经理人流动的影响，但很多公司的特殊退休政策却规定了提前离职导致的后果，因此，为了阻止经理人的流失，在退休政策方面设计出适当条款以提高其离职的成本就具有重要意义。员工在决定是否在本公司度过整个职业生涯时不得不考虑这一因素的影响。

三、基于流失经济学分析的治理建议

我们对职业经理人流失的经济学分析表明，存在信息不对称的情况下职业经理与民营企业的理想匹配难以实现，真正能力出众、忠心耿耿的经理人不能够得到可发挥所长的职位，公司的重要岗位不得不"对外"封闭。掌控公司运营的核心位置由家族成员占据。随着公司规模扩大和管理任务的加重，这种家族控制的运营管理模式将越来越缺乏效率，突破家族主义困境实属必要（李新春，2002）。根据相关结果可以给出以下具体对策建议：

第一，职业经理中介公司的作用。既然问题的核心在于有关职业经理素质的信息不对称，那么只要在事前尽量克服这一信息不完全程度即可在很大程度上克服低效均衡问题。人才中介公司（例如猎头公司等）可发挥这一作用，他们可为企业提供足够多的信息以降低引入职业经理的"盲目性"。一般来说，中介公司会掌握职业经理的多方面信息，包括能力、忠诚度、道德修养、工作经验、过去行为等，虽然不可能完备，但这些信息的确可以在一定程度上降低雇主与经理人之间的信息不对称程度，缓解逆向选择的影响。

第二，社会关系网络的作用。有关职业经理素质的信息有可能通过社会网络进行传播（尤其那些在业内较优秀的职业经理人）。因此，如果雇主充分"嵌入"各种正式或非正式的社会关系网络（如商会组织、俱乐部、企业家社团等），那么就可以从多种渠道了解到某一经理人的素质信息，这可以在事前降低信息不对称程度（Granovetter，1985）。

第三，提高经理人离职的心理成本。正如模型分析所表明的那样，当经理人从企业获得的间接效用 π^* 小于保留效用 π_e 时，他就会选择离开。通过企业文化塑造，增加价值认同度，强化职业经理的归属感等手段可以提高经理人离职的心理成本，降低保留效用 π_e。这样一来，企业就可以预期留职的经理人素质不至于太差，因而适当予以信任。信任的加强又可以进一步提高经理人离职的心理成本，巩固雇主与经理人之间的心理契约，增加他的忠诚度，这将形成一个良性循环的过程。事实上，我们已在现实中发现很多企业在这样做了，一个企业文化优良、公司氛围和谐、对员工充满关怀的公司不会担心留不住优秀的职业经理人。

第四，实施"忠诚度管理"。从上述分析得到一个启示是，对于中国民营企业来说，经理人的忠诚度极具价值。因此有必要针对忠诚度实施管理，这既意味着维持那些已经很忠诚的经理人的忠诚度，又意味着改善那些具有"背叛"倾向经理人的忠诚度。按照社会交换理论（Blau，1964），社会个体间的关系常常通过"礼尚往来"、互相信任等过程得到加强，这点对于华人社会而言尤其如是（黄光国，2004；费孝通，2005）。因此，企业主可以增进与经理人员的交流和互动，以诚待人，使其"知恩图报"（樊景立、郑伯壎，2000），逐渐让那些不够忠诚的职业经理对自己保持忠诚。这种将"外人"内部化，将其变为"自己人"的管理可以在一定程度上缓解逆向选择问题。

第五，实施在职经理人的职业生涯管理（Sturges，2005），全方位了解经理人的信息，实现分离均衡。既然管理资源是公司的重大财富，那么对其进行观察和细心照料便是非常必要的事情。如果对经理人缺乏关注、"不管不问"，那么，那些优秀的经理人将会因为难以在公司发挥其所长而愤愤离去，而

"滥竽充数"者则乐于长期待在公司。

第六，公司管理的制度化、规范化和透明化。民营企业担心职业经理可能对自己不利的主要原因并不在于后者不能尽职尽责，而在于那些身居要职的经理人会利用自己控制的公司资源谋取私利，最终危害公司（张建琦，2002；储小平、刘清兵，2005）。他们能够得逞的两个条件是缺乏外部制度约束（如法律控制、社会压力等的缺失）和内部管理控制。在外部制度环境不可能马上改观的情况下，可以通过管理的制度化、规范化和透明化来减少职业经理忠诚度低下导致的风险。一旦消除了管理上的模糊区域，建立了有效明确的权责体系和监控体系，就算本来忠诚度不高的经理人也不敢贸然行动，只得"按章行事"。

上述对策措施有助于减轻职业经理人力资本交易过程中的逆向选择问题。事实上，很多海外华人企业和国内民营企业已经在这样做了，其效果是可以得到验证的。尽管如此，我们还是不能完全克服信息不对称带来的后果。在注重"关系治理"的中国社会里（陈凌，1998），很多民营企业家会认为，"外人"的忠诚度终究难以验证，而"自己人"始终还是可靠些。

第三节　创新之处

在现有研究考察过的影响因素基础上，本书从文化背景差异、中小企业和职业经理群体特殊性等角度引入新的影响变量，弥补已有研究对我国中小民营企业经理人流失问题解释力不足的缺陷。在中国文化背景下检验西方成熟的离职因素模型，比较两者之间的雷同与差异，确定相关模型的共通性与特殊性，通过跨文化比较丰富现有离职文献。

基于中国文化背景，我们引入雇主相关因素作为经理人离职意愿的重要解释变量和调节变量。实证结果表明职业经理的离职决策的确受到雇主因素的重要影响，企业主可以通过自身努力改善经理人的满意度，从而抵消其他方面不足带来的消极影响。这一发现可为中小企业治理经理人流失带来启示，同时一定程度上推进了中国文化背景下组织行为学研究的进展。

在定性研究基础上充分考虑中国经理人的职业目标、成就动机、承诺倾向、承诺对象以及工作参与度等个人特征，提出并验证其从相关因素感知、工作态度变化、工作搜寻意愿产生到最终离职这一系列阶段的离职意愿形成过程模型，理清现有不同过程模型给出的不同路径、阶段之间的关系。

本研究确认了工作参与度、承诺倾向、创业动机、风险规避度以及中国传统观念意识等个人因素对相关态度变量的调节作用，验证了雇主因素对组织因素的调节作用，这一结果有助于企业找到有效的经理人流失治理措施。

国内相关研究在提出治理职业经理流失的机制和对策时，大多基于个别因素和阶段，提出的建议缺乏针对性和系统性。为了克服这一缺陷，我们将职业经理的离职决策理解为由一系列复杂阶段组成的"过程"。在实证检验得到的过程模型基础上，针对该过程的不同阶段和路径建立起职业经理流失的事前防范和事后治理措施。我们还从招聘、雇用合约、培训、工作设计等多个方面提出相关流失治理建议，从流失治理角度完善现有人力资源管理理论。

在引用社会学、社会心理学等学科相关研究成果的基础上，本书应用逆向选择模型和动态匹配模型严格地给出我国民营企业管理资源不足、职业经理流失和治理模式家族化的一种经济学解释。该解释触及民营企业家族化问题的本质，强调中国家族企业与西方家族企业的本质区别，深化了现有研究对于我国家族企业的理解。

本研究为企业管理者提供了一整套有关员工感知、工作态度、在职状态以及职业目标等多方面的测评工具，为组织全方位了解在职经理人的心理状态和主观绩效，预测其未来动向，以更好地管理和利用好现有人力资源提供有力手段。中小企业主可在经理人测评基础上，参考我们提出的相关治理建议设计出具体的人力资源管理措施，实现持久保留管理资源的目标。

第四节　本书局限和进一步研究的方向

限于研究条件，本书实证研究使用的被解释变量是离职意愿而非离职行为，这虽然是主流离职文献中的通用做法，但通过收集纵向数据，利用实际离职行为来检验流失过程模型和因素模型是非常必要的。这是进一步研究的方向。

本书所取样本来自一个时点上的问卷调查，这类截面数据将所有前因变量、中介变量、调节变量和被解释变量集中在同一时刻测度，由此得到的过程模型难以完全验证经理人离职决策各阶段之间的因果关系。因此，下一步研究需要在多个时间点上测度相关变量，以获得离职决策过程的层层递进关系。

虽然我们在设计量表时已经按照管理学文献的建议尽可能地避免共同方法方差问题（CMV），但必须承认的是，由于所测度的对象大多是心理感知和主观态度变量，这类问题难以完全克服。解决的办法还得借助于纵向数据和相关变量的客观度量。

本书所取样本集中于广东省，因此在将相关结论应用到其他地区的中小企业时需要保持谨慎，必须考虑到其局部性和特殊性。当然，下一步研究可以简单地将考察范围扩大到全国。

我们在正式实证检验之前进行的探索性因子分析将组织相关因素和雇主相关因素重新归并为少数几个因子，由此得到的实证结果不利于深入揭示这些因素对于流失影响效应的细节。进一步研究需要重新构建具有更高区分效度的构念，以更细致地考察具体组织因素和雇主因素的效应。

附录1：调查问卷

企业对职业经理吸引力测评表

本表用于测定企业对职业经理的吸引力，我们保证不会将个人资料以任何形式向任何个人或单位泄露。

一、基本信息

您的性别	男（　）；女（　）	您的婚姻状况	未婚（　）；已婚（　）
年龄	（　）岁	职位	高层（　）；中层（　）；基层（　）
总的工作年限	（　）年	在本公司工龄（精确到月份）	（　）年+（　）月
受教育程度	高中及以下（　）；专科（　）；本科（　）；研究生及以上（　）		
公司规模（总资产）	4000万元以下（　）；4000万元~4亿元（　）；4亿元以上（　）		
公司经营年限	（　）年	您来本公司前曾经在几家公司工作过？	（　）家

二、职业态度
（在第三列中，1表示完全不同意，7表示完全同意；第四列表示各项因素对您长期留在本企业工作的重要度，1为非常不重要，7为非常重要）

项目	描　　述	同意程度	重要程度
Q1	Q1_1：我喜欢公司的这份工作	1，…，7	1，…，7
	Q1_2：我对工作充满热情	1，…，7	1，…，7
	Q1_3：我能从工作中获得满足感	1，…，7	1，…，7
	Q1_4：我对工作总体上感到满意	1，…，7	1，…，7

续表

项目	描　　述	同意程度	重要程度
Q2	Q2_1：目前的工作对我的职业发展有重要意义	1，…，7	1，…，7
	Q2_2：我对公司具有很强的归属感	1，…，7	1，…，7
	Q2_3：我为在本公司工作感到自豪	1，…，7	1，…，7
Q3	Q3_1：上司对我的工作表现非常满意	1，…，7	1，…，7
	Q3_2：我常常为公司付出额外努力	1，…，7	1，…，7
	Q3_3：我常常帮助同事做职责范围以外的工作	1，…，7	1，…，7
Q4	Q4_1：我会主动维护公司的利益	1，…，7	1，…，7
	Q4_2：即使没有监督，我也会尽全力完成工作	1，…，7	1，…，7
	Q4_3：我为公司取得的成就感到荣耀	1，…，7	1，…，7
Q5	Q5_1：我对现在的工作感到厌倦	1，…，7	（不用填）
	Q5_2：我有时会对在本公司工作感到后悔	1，…，7	（不用填）

三、职业偏好

项目	描　　述	同意程度
Q6	Q6_1：本公司是发挥才能的好地方	1，…，7
	Q6_2：我愿意推荐朋友来公司工作	1，…，7
	Q6_3：我希望在公司最少工作五年	1，…，7
Q7	Q7_1：我很少关注有关其他工作机会的信息	1，…，7
	Q7_2：我对其他工作机会没有任何兴趣	1，…，7
	Q7_3：未来三年内我不可能去寻找其他工作	1，…，7
Q8	Q8：我希望在公司一直工作到退休	1，…，7

四、对组织、工作和雇主的评价

项目	描　　述	同意程度	重要程度
Q9	Q9_1：公司有健全的激励制度	1，…，7	1，…，7
	Q9_2：员工在公司有良好的发展机会和空间	1，…，7	1，…，7
	Q9_3：员工在公司具有获取更高报酬的机会	1，…，7	1，…，7

项目	描 述	同意程度	重要程度
Q10	Q10_1：公司薪酬在行业内具有竞争力	1，…，7	1，…，7
	Q10_2：公司薪酬制度较为公正	1，…，7	1，…，7
	Q10_3：我对我的薪酬总体上感到满意	1，…，7	1，…，7
Q11	Q11_1：公司的工作环境和文化氛围良好	1，…，7	1，…，7
	Q11_2：公司管理制度完善	1，…，7	1，…，7
	Q11_3：公司发展前景光明	1，…，7	1，…，7
	Q11_4：公司社会形象良好	1，…，7	1，…，7
Q12	Q12_1：公司上下级之间关系融洽	1，…，7	1，…，7
	Q12_2：员工之间关系融洽	1，…，7	1，…，7
	Q12_3：公司员工与外部人员之间关系融洽	1，…，7	1，…，7
Q13	Q13_1：公司发生重大事件时会告知相关人员	1，…，7	1，…，7
	Q13_2：高层决策时会征求相关人员的意见	1，…，7	1，…，7
	Q13_3：公司决策过程会考虑员工需要和利益	1，…，7	1，…，7
Q14	Q14_1：在公司有机会学习新知识和新技能	1，…，7	1，…，7
	Q14_2：公司的工作经验有助于能力提高	1，…，7	1，…，7
	Q14_3：公司提供充分的职业培训和轮岗机会	1，…，7	1，…，7
Q15	Q15_1：我可以控制自己的工作进程	1，…，7	1，…，7
	Q15_2：我对工作中与我有关的事项有影响力	1，…，7	1，…，7
	Q15_3：我通常会参加与我工作有关的决策	1，…，7	1，…，7
Q16	Q16_1：我的工作职责较为模糊	1，…，7	1，…，7
	Q16_2：不同上司会提出相互冲突的工作要求	1，…，7	1，…，7
	Q16_3：我的工作负担超出了所能承受的范围	1，…，7	1，…，7
	Q16_4：我难以得到足够的工作支持	1，…，7	1，…，7
Q17	Q17_1：我经常有额外的工作要做	1，…，7	1，…，7
	Q17_2：我的工作责任重大	1，…，7	1，…，7
	Q17_3：我管辖范围较大	1，…，7	1，…，7
Q18	Q18_1：领导对我的成就感到骄傲	1，…，7	1，…，7
	Q18_2：领导时常关心我的个人福利	1，…，7	1，…，7
	Q18_3：领导很看重我对组织做出的贡献	1，…，7	1，…，7

项目	描　　述	同意程度	重要程度
Q19	Q19_1：老板具有很强的企业家能力	1，…，7	1，…，7
	Q19_2：老板的管理风格令人赞同	1，…，7	1，…，7
	Q19_3：老板很有领导魅力	1，…，7	1，…，7
Q20	Q20_1：老板对商业伙伴保持诚信	1，…，7	1，…，7
	Q20_2：老板通常会兑现其对员工的承诺	1，…，7	1，…，7
	Q20_3：公司严格遵守各类法律法规	1，…，7	1，…，7
	Q20_4：老板关心企业的社会责任	1，…，7	1，…，7
Q21	Q21_1：老板公正对待所有下属	1，…，7	1，…，7
	Q21_2：老板尊重员工的权利	1，…，7	1，…，7
	Q21_3：老板对所有员工都一视同仁	1，…，7	1，…，7
Q22	Q22_1：老板强烈希望把企业做得强大而长久	1，…，7	1，…，7
	Q22_2：老板把工作作为生活中最重要的事情	1，…，7	1，…，7
	Q22_3：老板具有强烈的事业心	1，…，7	1，…，7
Q23	Q23_1：我是熟人介绍进入公司的	1，…，7	1，…，7
	Q23_2：我与老板有很好的私人关系	1，…，7	1，…，7
	Q23_3：我在公司有很好的人脉关系	1，…，7	1，…，7
Q24	Q24_1：在公司我可以充分发挥自己的才能	1，…，7	1，…，7
	Q24_2：我对公司文化很适应	1，…，7	1，…，7
	Q24_3：我认同老板个人价值观以及公司理念	1，…，7	1，…，7
	Q24_4：总体上我与公司在各方面都很匹配	1，…，7	1，…，7
Q25	Q25_1：如果离开公司，我将会找到更好的工作	1，…，7	1，…，7
	Q25_2：有人能帮我找到其他工作	1，…，7	1，…，7
	Q25_3：我现在已经有了其他工作机会	1，…，7	1，…，7
	Q25_4：为了更好地工作我可以去别处生活	1，…，7	1，…，7
Q26	Q26_1：老板相信员工会自觉维护公司利益	1，…，7	1，…，7
	Q26_2：老板愿意对下属讲心里话，真诚沟通	1，…，7	1，…，7
	Q26_3：老板给每个管理岗位充分授权	1，…，7	1，…，7
Q27	Q27：公司正在或将要经历重大的组织变革或调整？	是（　　）　　否（　　）	
Q28	Q28：我打算在公司度过整个职业生涯	是（　　）　　否（　　）	

五、个人职业发展取向

项目	描　　述	同意程度	重要程度
Q29	Q29_1：工作是我的主要乐趣	1，…，7	1，…，7
	Q29_1：工作是我生活中的头等大事	1，…，7	1，…，7
	Q29_1：我的生活与工作已经密不可分	1，…，7	1，…，7
Q30	Q30_1：我在工作中会尽量规避风险、避免责任	1，…，7	1，…，7
	Q30_1：我更喜欢收入稳定、风险不大的工作	1，…，7	1，…，7
	Q30_1：我更愿意从事自己熟悉的工作	1，…，7	1，…，7
Q31	Q31_1：发生争论时应让地位更高者裁决	1，…，7	1，…，7
	Q31_1：避免错误最好是按照前辈的指导行事	1，…，7	1，…，7
	Q31_1：应尽可能听从上司的决策和工作安排	1，…，7	1，…，7
Q32	Q32_1：我愿意长期在一个公司工作	1，…，7	1，…，7
	Q32_1：长期在一个公司工作有助于资历积累	1，…，7	1，…，7
	Q32_1：长期在一个公司并不单调	1，…，7	1，…，7
Q33	Q33_1：在整个职业生涯中我会考虑创业	1，…，7	1，…，7
	Q33_1：如果条件成熟，我会考虑自主创业	1，…，7	1，…，7
	Q33_1：在不远的将来我可能会去创业	1，…，7	1，…，7

如果您来本公司之前还在其他公司工作过，请您就前一个任职公司的相关情况回答下列问题。

六、前任职公司相关情况（1 表示完全不同意，7 表示完全同意）

项目	描　　述	同意程度
P1	P1_1：该公司是发挥才能的好地方	1，…，7
	P1_2：我愿意推荐朋友去该公司工作	1，…，7
	P1_3：我希望在该公司最少工作五年	1，…，7
P2	P2_1：前公司有健全的激励制度	1，…，7
	P2_2：员工在前公司有良好的发展机会和空间	1，…，7
	P2_3：员工在前公司具有获取更高报酬的机会	1，…，7
P3	P3_1：前公司薪酬在行业内具有竞争力	1，…，7
	P3_2：前公司薪酬制度较为公正	1，…，7
	P3_3：我当初对我的薪酬总体上感到满意	1，…，7

续表

项目	描　　述	同意程度
P4	P4_1：前公司的工作环境和文化氛围良好	1，…，7
	P4_2：前公司管理制度完善	1，…，7
	P4_3：前公司发展前景光明	1，…，7
	P4_4：前公司社会形象良好	1，…，7
P5	P5_1：前公司上下级之间关系融洽	1，…，7
	P5_2：前公司员工之间关系融洽	1，…，7
	P5_3：前公司员工与外部人员之间关系融洽	1，…，7
P6	P6_1：前公司发生重大事件时会告知相关人员	1，…，7
	P6_2：高层决策时会征求相关人员的意见	1，…，7
	P6_3：前公司决策过程会考虑员工需要和利益	1，…，7
P7	P7_1：在前公司有机会学习新知识和新技能	1，…，7
	P7_2：前公司的工作经验有助于能力提高	1，…，7
	P7_3：前公司提供充分的职业培训和轮岗机会	1，…，7
P8	P8_1：我当初可以控制自己的工作进程	1，…，7
	P8_2：当初我对工作中与我有关的事项有影响力	1，…，7
	P8_3：我当初通常会参加与我工作有关的决策	1，…，7
P9	P9_1：在前公司我的工作职责较为模糊	1，…，7
	P9_2：不同上司会提出相互冲突的工作要求	1，…，7
	P9_3：我的工作负担超出了所能承受的范围	1，…，7
	P9_4：在前公司我难以得到足够的工作支持	1，…，7
P10	P10_1：我经常有额外的工作要做	1，…，7
	P10_2：我的工作责任重大	1，…，7
	P10_3：我管辖范围较大	1，…，7
P11	P11_1：前公司领导对我的成就感到骄傲	1，…，7
	P11_2：前公司领导时常关心我的个人福利	1，…，7
	P11_3：前公司领导很看重我对组织做出的贡献	1，…，7
P12	P12_1：前公司老板具有很强的企业家能力	1，…，7
	P12_2：前公司老板的管理风格令人赞同	1，…，7
	P12_3：前公司老板很有领导魅力	1，…，7

续表

项目	描　述	同意程度
P13	P13_1：前公司老板对商业伙伴保持诚信	1，…，7
	P13_2：前公司老板通常会兑现其对员工的承诺	1，…，7
	P13_3：前公司严格遵守各类法律法规	1，…，7
	P13_4：前公司老板关心企业的社会责任	1，…，7
P14	P14_1：前公司老板公正对待所有下属	1，…，7
	P14_2：老板尊重员工的权利	1，…，7
	P14_3：前公司老板对所有员工都一视同仁	1，…，7
P15	P15_1：前老板强烈希望把企业做得强大而长久	1，…，7
	P15_2：前老板把工作作为生活中最重要的事情	1，…，7
	P15_3：前公司老板具有强烈的事业心	1，…，7
P16	P16_1：我是熟人介绍进入前公司的	1，…，7
	P16_2：我与前公司老板有很好的私人关系	1，…，7
	P16_3：我在前公司有很好的人脉关系	1，…，7
P17	P17_1：在前公司我可以充分发挥自己的才能	1，…，7
	P17_2：我对前公司文化很适应	1，…，7
	P17_3：我认同前公司老板个人价值观及公司理念	1，…，7
	P17_4：总体上我与前公司在各方面都很匹配	1，…，7
P18	P18_1：当初如果离开公司，我可以找到更好的工作	1，…，7
	P18_2：当初有人能帮我找到其他工作	1，…，7
	P18_3：我当初离开时已经有了其他工作机会	1，…，7
	P18_4：当初为了更好地工作我可以去别处生活	1，…，7
P19	P19_1：前公司老板相信员工会自觉维护公司利益	1，…，7
	P19_2：前公司老板愿意对下属讲心里话，真诚沟通	1，…，7
	P19_3：前公司老板给每个管理岗位充分授权	1，…，7
P20	P20：前公司当初曾经历重大的组织变革或调整？	是（　）　否（　）
P21	P21：最初什么原因促使您产生离开前一公司的想法？	个人原因（　）；雇主因素（　）；企业组织因素（　）；人际关系（　）；工作因素（　）；其他：＿＿＿＿＿＿
P22	P22：您在前一任职公司的工龄为：（　）年＋（　）月	

附录2：验证性因子分析（CFA）LISREL 程序

TI CFA4

DA NI = 54 NO = 456 MA = KM

RA FI = 'C:\Users\winkie\Desktop\验证性因子分析(CFA)\全模型 CFA\CFA4. PSF'

SE

1 2 3 4 5 6 7 8 9 10 11 12 13 14 15 16 17 18 20 21 22 23 24 25 26 19 27 28 29 30

31 32 33 34 35 36 37 38 39 40 41 42 43 44 45 46 47 48 49 50 51 52 53 54

MO NX = 54 NK = 18 TD = SY

LK

OSC SR JC JP BCI BFT BLH JE OJ JI PC EM CR JSC JFC JA JL TOVL

FR LX(1,1)LX(2,1)LX(3,1)LX(4,1)LX(5,2)LX(6,2)LX(7,2)LX(8,3)LX(9,3)LX(10,3)

FR LX(11,4)LX(12,4)LX(13,4)LX(14,4)LX(15,5)LX(16,5)LX(17,5)LX(18,5)LX(19,6)LX(20,6)LX(21,6)

FR LX(22,6)LX(23,7)LX(24,7)LX(25,7)LX(26,7)LX(27,8)LX(28,8)LX(29,9)LX(30,9)

FR LX(31,10)LX(32,10)LX(33,10)LX(34,11)LX(35,11)LX(36,11)LX(37,12)LX(38,12)LX(39,12)

FR LX(41,14)LX(42,14)LX(43,14)LX(44,14)LX(45,15)LX(46,15)LX(47,15)LX(48,15)

FR LX(49,16)LX(50,16)LX(51,17)LX(52,17)LX(53,17)

```
FI LX(40,13)LX(54,18)TD(40,40)TD(54,54)
VA 1 LX(40,13)LX(54,18)
VA 0 TD(40,40)TD(54,54)
PD
OU
```

附录 3：结构方程模型分析（SEM）LISREL 程序

TI SEM7

DA NI = 50 NO = 456 MA = KM

RA FI = 'C: \Users \winkie \Desktop \结构方程模型分析(SEM) \SEM1. PSF'

SE

38 39 40 41 42 43 44 45 46 47 48 49 50 1 2 3 4 5 6 7 8 9 10 11 12 13 14 15

16 17 19 20 21 22 18 23 24 25 26 27 28 29 30 31 32 33 34 35 36 37

MO NY = 13 NE = 5 NX = 37 NK = 13 TD = DI,FR TE = DI,FR BE = FU,FI GA =
FU,FI

LE

JSC JFC JA JL TOVL

LK

OSC SR JC JP BCI BFT BLH JE OJ JI PC EM CR

FR LY(1,1)LY(2,1)LY(3,1)LY(4,1)LY(5,2)LY(6,2)LY(7,2)LY(8,3)LY
(9,3)LY(10,4)LY(11,4)LY(12,4)

FR LX(1,1)LX(2,1)LX(3,1)LX(4,1)LX(5,2)LX(6,2)LX(7,2)LX(8,3)LX
(9,3)LX(10,3)

FR LX(11,4)LX(12,4)LX(13,4)LX(14,4)LX(15,5)LX(16,5)LX(17,5)LX
(18,6)LX(19,6)LX(20,6)LX(21,6)

FR LX(22,7)LX(23,7)LX(24,7)LX(25,7)LX(28,10)LX(29,10)LX(30,10)

FR LX(31,11)LX(32,11)LX(33,11)LX(34,12)LX(35,12)LX(36,12)

FI LY(13,5)LX(26,8)LX(27,9)LX(37,13)TE(13,13)TD(26,26)TD(27,27)
TD(37,37)

VA 1 LY(13,5)LX(26,8)LX(27,9)LX(37,13)

VA 0 TE(13,13)TD(26,26)TD(27,27)TD(37,37)

FR GA(1,1)GA(1,2)GA(1,3)GA(1,4)GA(1,5)GA(1,6)GA(1,7)GA(1,8)
GA(1,10)

FR GA(2,1)GA(2,2)GA(2,3)GA(2,4)GA(2,5)GA(2,6)GA(2,7)GA(2,8)
GA(2,10)

FR GA(3,1)GA(3,2)GA(3,3)GA(3,4)GA(3,5)GA(3,6)GA(3,7)GA(3,8)
GA(3,10)

FR GA(4,1)GA(4,5)GA(4,6)GA(4,8)GA(4,11)GA(4,13)

FR GA(5,4)GA(5,9)GA(5,11)GA(5,12)

FR BE(2,1)BE(3,1)BE(4,1)BE(3,2)BE(5,4)BE(5,3)

PD

OU AD = OFF EF

附录 4：修订模型 M2 的 LISREL 标准化估计系数

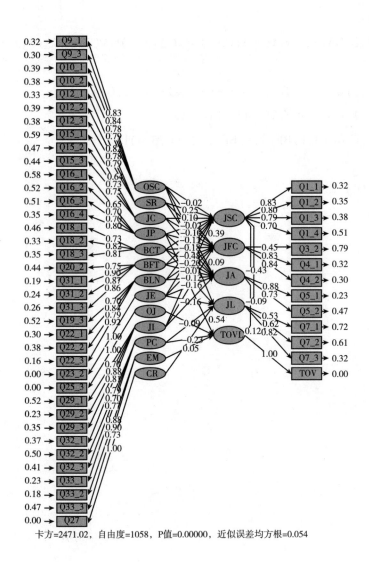

卡方=2471.02，自由度=1058，P值=0.00000，近似误差均方根=0.054

附录 5：第七章相关证明

1. 式（7-17）的证明

在正文给出的具体函数形式和概率分布设定下，可以得出：

$$E_1[J(l,a)] = \iint\limits_{\Theta_1} (l+a) \frac{f_1(l,a \mid \Theta_1)}{F[l,a \mid \Theta_1]} dl \times da$$

$$= \iint\limits_{\delta(l+a) \leqslant \pi_0^*} (l+a) \times \frac{f_1(l \mid \Theta_1) \times f_a(a \mid \Theta_1)}{F[l,a \mid \Theta_1]} dl \times da$$

$$(7-A-1)$$

上式中的 $F[l, a \mid \Theta_1]$ 由下式给出：

$$F[l,a \mid \Theta_1] = P[\delta(l+a) \leqslant \pi_0^*]$$

$$= \iint\limits_{\delta(l+a) \leqslant \pi_0^*} f_0(l) \times f_0(a) dl \times da$$

$$= \iint\limits_{\delta(l+a) \leqslant \pi_0^*} \phi(l-\mu_l) \times \phi(a-\mu_a) dl \times da \qquad (7-A-2)$$

令 $m = l - \mu_l$，$n = a - \mu_a$，现在可将上式写成以下形式：

$$\iint\limits_{\delta(m+n) \leqslant \pi_0^* - \delta(\mu_l + \mu_a)} \phi(m) \times \phi(n) dm \times dn = \int_{-\infty}^{+\infty} dn \int_{-\infty}^{\lambda(n)} \phi(m) \times \phi(n) dm$$

$$= \int_{-\infty}^{+\infty} \phi(n) \times \Phi[\lambda(n)] dn$$

$$(7-A-3)$$

式（7 - A - 3）中的 $\lambda(n) = \dfrac{\pi_0^* - \delta（\mu_1 + \mu_a - n）}{\delta}$。按照同样的思路我们可

以得到：

$$
\begin{aligned}
E_1[J(1,a)] &= \iint_{\delta(m+n) \leqslant \pi_0^* - \delta(\mu_1 + \mu_a)} (m+n)\,\frac{\phi(m) \times \phi(n)}{F[1,a \mid \Theta_1]} dm \times dn \\
&\quad + \iint_{\delta(m+n) \leqslant \pi_0^* - \delta(\mu_1 + \mu_a)} (\mu_1 + \mu_a)\,\frac{\phi(m) \times \phi(n)}{F[1,a \mid \Theta_1]} dm \times dn \\
&= \iint_{\delta(m+n) \leqslant \pi_0^* - \delta(\mu_1 + \mu_a)} \frac{m\phi(m) \times \phi(n)}{F[1,a \mid \Theta_1]} dm \times dn \\
&\quad + \iint_{\delta(m+n) \leqslant \pi_0^* - \delta(\mu_1 + \mu_a)} \frac{n\phi(m) \times \phi(n)}{F[1,a \mid \Theta_1]} dm \times dn \\
&\quad + (\mu_1 + \mu_a) \times \frac{\displaystyle\int_{-\infty}^{+\infty} \phi(n) \times \Phi[\lambda(n)] dn}{F[1,a \mid \Theta_1]} \\
&= (\mu_1 + \mu_a) \times \frac{\displaystyle\int_{-\infty}^{+\infty} \phi(n) \times \Phi[\lambda(n)] dn}{F[1,a \mid \Theta_1]} + \frac{\displaystyle\int_{-\infty}^{+\infty} \phi(n) dn \int_{-\infty}^{\lambda(n)} m\phi(m) dm}{F[1,a \mid \Theta_1]} \\
&\quad + \frac{\displaystyle\int_{-\infty}^{+\infty} \phi(m) dn \int_{-\infty}^{\lambda(m)} n\phi(n) dn}{F[1,a \mid \Theta_1]}
\end{aligned}
\tag{7-A-4}
$$

将式（7 - A - 3）代入式（7 - A - 4）得到：

$$
E_1[J(1,a)] = \mu_1 + \mu_a - \frac{2\displaystyle\int_{-\infty}^{+\infty} \phi(n) \times \phi[\lambda(n)] dn}{\displaystyle\int_{-\infty}^{+\infty} \phi(n) \times \Phi[\lambda(n)] dn} < E_0[J(1,a)] = \mu_1 + \mu_a
$$

这正是文中给出的结果。

2. 式（7 - 27）的证明

根据文中设定，第二期的回报为：

$$
\pi_2^* = \int_{\Theta} q \times \frac{f_1(q \mid y)}{P(q \in \Theta)} dq
$$

230

在 $\overline{\pi}_1(q)$ 单调递增假设下，令 $\eta = \dfrac{\overline{\pi}_1^{-1}(\pi_1^*) - \mu_1}{\sigma_1}$，$x = \dfrac{q - \mu_1}{\sigma_1}$，上式可表示为：

$$
\begin{aligned}
\pi_2^* &= \int_{-\infty}^{\overline{\pi}_1^{-1}(\pi_1^*)} q \times \frac{f_1(q \mid y)}{F[q \leqslant \overline{\pi}_1^{-1}(\pi_1^*)]} dq \\
&= \int_{-\infty}^{\eta} \sigma_1 \times x \frac{\phi(x)}{\Phi(\eta)} dx + \int_{-\infty}^{\eta} \mu_1 \times \frac{\phi(x)}{\Phi(\eta)} dx \\
&= \sigma_1 \times \frac{\int_{-\infty}^{\eta} x\phi(x)\,dx}{\Phi(\eta)} + \mu_1 \times \frac{\int_{-\infty}^{\eta} \phi(x)\,dx}{\Phi(\eta)} \\
&= \mu_1 - \sigma_1 \times \frac{\phi(\eta)}{\Phi(\eta)} \qquad\qquad\qquad (7-A-5)
\end{aligned}
$$

证毕。

3. 命题的证明

由正文给出的结果，我们有：

$$
\begin{aligned}
\pi_e - \overline{\pi}_1 &= \delta q - \frac{\delta q}{1-\beta} + \beta \times \int V_2(\pi_2^*) g(\pi_2^* \mid q) d\pi_2^* \\
&= \frac{-\beta\delta q}{1-\beta} + \beta \times \int_{-\infty}^{+\infty} \max\{\pi_2^* + \beta V_3(q), \delta q + \beta V_1\} g(\pi_2^* \mid q) d\pi_2^* \\
&= \frac{-\beta\delta q}{1-\beta} + \beta \times \int_{-\infty}^{\overline{\pi}_2} (\delta q + \beta V_1) \times g(\pi_2^* \mid q) d\pi_2^* \\
&\quad + \beta \times \int_{\overline{\pi}_2}^{+\infty} [\pi_2^* + \beta V_3(q)] \times g(\pi_2^* \mid q) d\pi_2^* \\
&\geqslant \frac{-\beta\delta q}{1-\beta} \times \left\{ \int_{-\infty}^{\overline{\pi}_2} g(\pi_2^* \mid q) d\pi_2^* + \int_{\overline{\pi}_2}^{+\infty} g(\pi_2^* \mid q) d\pi_2^* \right\} \\
&\quad + \frac{\beta\delta q}{1-\beta} \times \int_{-\infty}^{\overline{\pi}_2} \times g(\pi_2^* \mid q) d\pi_2^* \\
&\quad + \beta \times \int_{\overline{\pi}_2}^{+\infty} [\pi_2^* + \beta V_3(q)] \times g(\pi_2^* \mid q) d\pi_2^* \\
&= \int_{\overline{\pi}_2}^{+\infty} \left[\beta\pi_2^* + \beta^2 V_3(q) - \frac{\beta\delta q}{1-\beta} \right] \times g(\pi_2^* \mid q) d\pi_2^* \qquad (7-A-6)
\end{aligned}
$$

根据式 (7-21)，我们有 $V_3(q) = \max\left\{\dfrac{q}{1-\beta}, \delta q + \beta V_1\right\}$，所以：

(1) 当 $q \geqslant \bar{\pi}_3$ 时，$V_3(q) = \dfrac{q}{1-\beta}$，则：

$$\bar{\pi}_2 = \delta q + \beta V_1 - \frac{\beta q}{1-\beta} \geqslant \frac{\delta q}{1-\beta} - \frac{\beta q}{1-\beta} = \frac{(\delta-\beta)q}{1-\beta} \qquad (7-A-7)$$

我们可以得到下列不等式：

$$\int_{\bar{\pi}_2}^{+\infty} \left[\beta \pi_2^* + \frac{\beta^2 q}{1-\beta} - \frac{\beta \delta q}{1-\beta}\right] \times g(\pi_2^* \mid q)\, d\pi_2^*$$

$$> \int_{\bar{\pi}_2}^{+\infty} \left[\beta \bar{\pi}_2 + \frac{\beta^2 q}{1-\beta} - \frac{\beta \delta q}{1-\beta}\right] \times g(\pi_2^* \mid q)\, d\pi_2^*$$

$$\geqslant \int_{\bar{\pi}_2}^{+\infty} \left[\beta \frac{(\delta-\beta)q}{1-\beta} + \frac{\beta^2 q}{1-\beta} - \frac{\beta \delta q}{1-\beta}\right] \times g(\pi_2^* \mid q)\, d\pi_2^*$$

$$= 0$$

即：

$$\pi_e - \bar{\pi}_1 > 0 \qquad (7-A-8)$$

(2) 当 $q < \bar{\pi}_3$ 时，$V_3(q) = \delta q + \beta V_1$，则：

$$\bar{\pi}_2 = \delta q + \beta V_1 - \beta V_3(q) = (\delta q + \beta V_1)(1-\beta)$$

下列不等式成立：

$$\int_{\bar{\pi}_2}^{+\infty} \left[\beta \pi_2^* + \beta^2(\delta q + \beta V_1) - \frac{\beta \delta q}{1-\beta}\right] \times g(\pi_2^* \mid q)\, d\pi_2^*$$

$$> \int_{\bar{\pi}_2}^{+\infty} \left[\beta \bar{\pi}_2 + \beta^2(\delta q + \beta V_1) - \frac{\beta \delta q}{1-\beta}\right] \times g(\pi_2^* \mid q)\, d\pi_2^*$$

$$= \int_{\bar{\pi}_2}^{+\infty} \left[\beta(\delta q + \beta V_1)(1-\beta) + \beta^2 \delta q + \beta^3 V_1 - \frac{\beta \delta q}{1-\beta}\right] \times g(\pi_2^* \mid q)\, d\pi_2^*$$

$$\geqslant \int_{\bar{\pi}_2}^{+\infty} \left[\beta\left(\delta q + \beta \frac{\delta q}{1-\beta}\right)(1-\beta) + \beta^2 \delta q + \beta^3 \frac{\delta q}{1-\beta} - \frac{\beta \delta q}{1-\beta}\right] \times g(\pi_2^* \mid q)\, d\pi_2^*$$

$$= 0$$

即：

$$\pi_e - \overline{\pi}_1 > 0 \qquad\qquad (7-A-9)$$

因此，综合（1）和（2）的结果我们有：$\overline{\pi}_1 < \pi_e$，同时

$$P(\pi_1^* \geqslant \overline{\pi}_1) > P(\pi_1^* \geqslant \pi_e)$$

命题得证。

参 考 文 献

[1] 陈凌：《信息特征、交易成本和家族式组织》，载于《经济研究》1998 年第 7 期，第 28～34 页。

[2] 储小平：《家族企业研究：一个具有现代意义的话题》，载于《中国社会科学》2000 年第 12 期，第 51～58 页。

[3] 储小平：《职业经理与家族企业的成长》，载于《管理世界》2002 年第 4 期，第 100～108 页。

[4] 储小平、李怀祖：《信任与家族企业的成长》，载于《管理世界》2003 年第 6 期，第 98～104 页。

[5] 储小平、刘清兵：《心理所有权理论对职业经理职务侵占行为的一个解释》，载于《管理世界》2005 年第 7 期，第 83～93 页。

[6] 戴园晨：《中国经济的奇迹——民营经济的崛起》，人民出版社 2005 年版。

[7] 邓宏图：《企业家流动的博弈模型：经济含义与企业家能力配置》，载于《经济科学》2002 年第 3 期，第 94～102 页。

[8] 樊景立、郑伯壎：《华人组织的家长式领导：一项文化观点的分析》，转引自李新春、张书军：《家族企业：组织、行为与中国经济》，上海三联书店、上海人民出版社 2005 年版，第 379～430 页。

[9] 费孝通：《乡土中国与生育制度》，北京大学出版社 2005 年版。

[10] 福山：《信任——社会道德与繁荣的创造》，远方出版社 1998 年版。

[11] 侯杰泰、温忠麟、成子娟：《结构方程模型及其应用》，教育科学出

版社 2004 年版。

　　[12] 黄光国：《面子——中国人的权力游戏》，中国人民大学出版社 2004年版。

　　[13] 黄孟复：《中国民营经济发展报告（2006～2007)》，社会科学文献出版社 2007 年版。

　　[14] 黄文锋：《职业经理进入民营企业的组织影响因素研究》，中山大学岭南学院博士论文，2007 年。

　　[15] 吉云：《民营企业家诚信水平的影响因素研究——基于经理人感知角度的分析》，载于《云南社会科学》2008 年第 2 期，第 105～109 页。

　　[16] 吉云、张建琦：《民营企业引入职业经理过程中的逆向选择问题》，载于《南方经济》2007 年第 9 期，第 12～29 页。

　　[17] 吉云、张建琦：《家族企业职业经理忠诚度低下的决定因素——个人、组织与雇主多维度实证检验》，载于《经济管理》2010 年第 3 期，第 55～62 页。

　　[18] 郎咸平：《公司治理》，社会科学文献出版社 2004 年版。

　　[19] 李新春：《信任、忠诚与家族主义困境》，载于《管理世界》2002年第 6 期，第 87～93 页。

　　[20] 李新春：《经理人市场失灵与家族企业治理》，载于《管理世界》2003 年第 4 期，第 87～95 页。

　　[21] 梁茂蕾：《中国家族企业管理层用人制度特征分析》，载于《上海经济研究》2003 年第 3 期，第 75～79 页。

　　[22] 梁漱溟：《中国文化要义》，上海世纪出版集团、上海人民出版社2005 年版。

　　[23] 梁小威、廖建桥、曾庆海：《基于工作嵌入核心员工组织绩效——自愿离职研究模型的拓展与检验》，载于《管理世界》2005 年第 7 期，第 106～115 页。

　　[24] 皮建才：《转型时期家族企业经理选择的动态博弈分析》，载于《暨南学报（哲学社会科学版)》2013 年第 3 期，第 53～58 页。

　　[25] 唐仁：《论职业经理人的基本素质及忠诚感的培养》，载于《江苏商

论》2003 年第 8 期，第 66~68 页。

[26] 王钦敏：《中国民营经济发展报告（2015~2016)》，中华工商联合出版社 2017 年版。

[27] 王志刚、蒋慧明：《关于中国员工个体特征对其公司满意度影响的实证研究》，载于《南开管理评论》2004 年第 1 期，第 101~106 页。

[28] 温荣辉、黄国辉、冯灿仪：《坐标：中国职业经理人调查》，东方出版社 2005 年版。

[29] 谢玉华、曹建、曾铮：《基于忠诚度的知识型员工流失预警管理研究》，载于《财经理论与实践》2006 年第 2 期，第 104~106 页。

[30] 杨春江、逯野、杨勇：《组织公平与员工主动离职行为：工作嵌入与公平敏感性的作用》，载于《管理工程学报》2014 年第 1 期，第 16~25 页。

[31] 杨海兰、周培祥：《基于 SVM 的中国家族企业引入外部职业经理人风险预测研究》，载于《经济体制改革》2017 年第 5 期，第 122~128 页。

[32] 易敏利：《资产互补性、人才专用性与经理的忠诚》，载于《社会科学研究》2004 年第 3 期，第 42~44 页。

[33] 张建琦：《人力资本的性质与企业的剩余分配》，载于《中国工业经济》2001 年第 5 期，第 70~74 页。

[34] 张建琦：《经理人"背叛"的机理与雇主的对策取向》，载于《管理世界》2002 年第 5 期，第 104~108 页。

[35] 张建琦、黄文锋：《职业经理人进入民营企业影响因素的实证研究》，载于《经济研究》2003 年第 10 期，第 25~31 页。

[36] 张建琦、黄文锋：《民营企业经理人职业发展影响因素实证分析》，载于《中山大学学报（社会科学版)》2007 年第 3 期，第 91~96 页。

[37] 张建琦、吉云、王婷：《组织职业生涯管理与民营企业吸引力实证研究》，中山大学工作论文，2007 年。

[38] 张建琦、汪凡：《民营企业职业经理人流失原因的实证研究——对广东民营企业职业经理人离职倾向的检验分析》，载于《管理世界》2003 年第 9 期，第 129~135 页。

[39] 张建琦、赵文：《学习途径与企业家能力关系实证研究——以广东

省中小民营企业为例》，载于《经济理论与经济管理》2007 年第 10 期，第 65～69 页。

[40] 张勉：《企业雇员离职意向模型的研究与应用》，清华大学出版社 2006 年版。

[41] 张勉、李树苗：《企业员工工作满意度决定因素实证研究》，载于《统计研究》2001 年第 8 期，第 33～37 页。

[42] 张勉、张德：《国外雇员主动离职模型研究新进展》，载于《国外经济与管理》2003 年第 9 期，第 24～28 页。

[43] 张维迎：《企业的企业家——契约理论》，上海三联书店、上海人民出版社 1996 年版。

[44] 张维迎：《家族企业的成长与职业经理人》，载于《中国工商》2001 年第 10 期，第 136～139 页。

[45] 张维迎：《企业家与职业经理人：如何建立信任》，载于《北京大学学报（哲学社会科学版）》2003 年第 5 期，第 29～39 页。

[46] 赵晓东、梁巧转、刘德海：《我国国有企业员工离职问题的博弈分析》，载于《软科学》2005 年第 2 期，第 69～72 页。

[47] 郑伯壎：《差序格局与华人组织行为》，转引自李新春、张书军：《家族企业：组织、行为与中国经济》，上海三联书店、上海人民出版社 2005 年版，297～378 页。

[48] Abelson, M. A., Baysinger, B. D., "Optimal and Dysfunctional Turnover: Toward an Organizational Level Model", *Academy of Management Review*, 1984, 9 (2): 331 – 341.

[49] Ajzen, I., Fishbein M., "Attitude-Behavior Relations: A Theoretical Analysis and Review of Empirical Research", *Psychological Bulletin*, 1977, 84 (5): 888 – 918.

[50] Ajzen, I., "Perceived Behavioral Control, Self-Efficacy, Locus of Control, and the Theory of Planned Behavior", *Journal of Applied Social Psychology*, 2002, 32 (4): 1 – 20.

[51] Akerlof, G., "The Market for Lemons: Quality Uncertainty and the

Market Mechanism", *Quarterly Journal of Economics*, 1970, 84 (3): 488 – 500.

[52] Alcover, C. M., Rico, R., Turnley, W. H., and Bolino, M., "Understanding the Changing Nature of Psychological Contracts in 21st Century Organizations: A Multiple-Foci Exchange Relationships Approach and Proposed Framework", *Organizational Psychology Review*, 2017, 7 (1): 4 – 35.

[53] Allen, C., Bluedorn S., "A Taxonomy of Turnover", *Academy of Management Review*, 1978, 21: 647 – 651.

[54] Allen, D. G., Griffeth, R. W., "Job Performance and Turnover: A Review and Integrative Multi-Route Model", *Human Resource Management Review*, 1999, 9 (4): 525 – 548.

[55] Allen, D. G., Griffeth, R. W., "Test of a Mediated Performance-Turnover Relationship Highlighting the Moderating Roles of Visibility and Reward Contingency", *Journal of Applied Psychology*, 2001, 86 (5): 1014 – 1021.

[56] Allen, D. G., Weeks, K. P., and Moffitt, K. R., "Turnover Intentions and Voluntary Turnover: The Moderating Roles of Self-Monitoring, Locus of Control, Proactive Personality, and Risk Aversion", *Journal of Applied Psychology*, 2005, 90 (5): 980 – 990.

[57] Aquino, K., Griffeth, R. W., Allen, D. G., and Hom, P. W., "Integrating Justice Constructs into the Turnover Process: A Test of a Referent Cognitions Model", *Academy of Management Journal*, 1997, 40 (5): 1208 – 1227.

[58] Aryee, S., Kim, T. Y., Chu, C., and Ryu, S., "Family Supportive Work Environment, Perceptions of the Employment Relationship and Employee Work Outcomes", *Paper Presented at Academy of Management Annual Conference*, August, 2010.

[59] Aryee, S., Walumbwa, F. O., Seidu, E. Y., and Otaye, L. E., "Developing and Leveraging Human Capital Resource to Promote Service Quality: Testing a Theory of Performance", *Journal of Management*, 2016, 42 (2): 480 – 499.

[60] Auriol, E., Friebel, G., and Bieberstein, F. V., "The Firm as the Locus of Social Comparisons: Standard Promotion Practices Versus Up-or-Out",

Journal of Economic Behavior and Organization, 2016, 121 (1): 41 –59.

[61] Balfour, D. L., Neff, D. M., "Predicting and Managing Turnover in Human Service Agencies: A Case Study of an Organization in Crisis", *Public Personnel Management*, 1993, 22 (3): 473 –486.

[62] Barnard, C. I., *The Function of the Executive*, Cambridge, MA: Harvard University Press, 1938.

[63] Barrick, M. R., Mount, M. K., "Effects of Impression Management and Self-Deception on the Predictive Validity of Personality Constructs", *Journal of Applied Psychology*, 1996, 81 (3): 261 –272.

[64] Batt, R., Colvin, A., "An Employment Systems Approach to Turnover: HR Practices, Quits, Dismissals, and Performance", *Academy of Management Journal*, 2011, 54 (4): 695 –717.

[65] Batt, R., "Managing Customer Services: Human Resource Practices, Quit Rates, and Sales Growth", *Academy of Management Journal*, 2002, 45 (3): 587 –597.

[66] Bauer, T. N., Maertz, C. P., Dolen, M. R., and Campion, M. A., "Longitudinal Assessment of Applicant Reactions to Employment Testing and Test Outcome Feedback", *Journal of Applied Psychology*, 1998, 83 (6): 892 –903.

[67] Becker, G. S., *Human Capital*, New York: Columbia University Press, 1964.

[68] Becton, J. B., Carr. J. C., Mossholder, K. W., and Walker, H. J., "Differential Effects of Task Performance, Organizational Citizenship Behavior, and Job Complexity on Voluntary Turnover", *Journal of Business and Psychology*, 2016 (7): 1 –14.

[69] Bench, S. W., Schlegel, R. J., Davis, W. E., and Vess, M., "Thinking About Change in the Self and Others: The Role of Self-Discovery Metaphors and the True Self", *Social Cognition*, 2015, 33 (3): 1 –15.

[70] Benson, G. S., David, F., and Susan, M. A., "You Paid for the Skills, Now Keep Them: Tuition Reimbursement and Voluntary Turnover", *Acade-*

my of Management Journal, 2004, 47 (3): 315 – 331.

[71] Berdett, K., Mortenson, D. T., "Search, Layoffs, and Labor Market Equilibrium", *Journal of Political Economy*, 1980, 88 (4): 652 – 672.

[72] Berkman, L. F., Liu, S. Y., Hammer, L., Moen, P., Klein, L. C., and Kelly, E., "Work-Family Conflict, Cardiometabolic Risk, and Sleep Duration in Nursing Employees", *Journal of Occupational Health Psychology*, 2015, 20 (4): 420 – 433.

[73] Berle, A. A., Means, G. C., *The Modern Corporation and Private Property*, New York: The Macmillan Company, 1932.

[74] Bettencourt, L. A., Gwinner, K. P., and Meuter, M. L., "A Comparison of Attitude, Personality, and Knowledge Predictions of Service-Oriented Organizational Citizenship Behaviors", *Journal of Applied Psychology*, 2001, 86 (1): 29 – 41.

[75] Bhide, A., *The Origins and Evolution of New Businesses*, London: Oxford University Press, 1999.

[76] Bies, R. J., Moag, J. F., "Interactional Justice: Communication Criteria of Fairness", in Lewicki, R. J., Sheppard, B. H., and Bazerman, M. H., ed., *Research on Negotiations in Organizations*, Greenwich, CT: JAI Press, 1986: 43 – 55.

[77] Bijlsma, K., Koopman, P., "Introduction: Trust Within Organizations", *Personnel Review*, 2003, 32 (5): 543 – 555.

[78] Blau, P., *Exchange and Power in Social Life*, New York: Wiley, 1964.

[79] Bogg, J., Cooper, C., "Job Satisfaction, Mental Health, and Occupational Stress among Senior Civil Servants", *Human Relations*, 1995, 48 (3): 327 – 341.

[80] Bontempo, R., Rivero, J. C., "Cultural Variation in Cognition: The Role of Self-Concept in the Attitude Behavior Link", *Paper Presented at the Meeting of the Amercian Academy of Management*, August, 1992.

[81] Bosma, N., Hessels, J., Schutjens, V., Praag, M. V., and Ver-

heul, I. , "Entrepreneurship and Role Models", *Journal of Economic Psychology*, 2012, 33 (2): 410 – 424.

[82] Boswell, W. R, Gardner, R. G. , and Wang, J. , "Is Retention Necessarily a Win? Outcomes of Searching and Staying", *Journal of Vocational Behavior*, 2017, 98 (2): 163 – 172.

[83] Bowling, N. A. , "A Meta-Analysis of the Predictors and Consequences of Organization-Based Self-Esteem", *Journal of Occupational and Organizational Psychology*, 2010, 83 (3): 601 – 626.

[84] Bozeman, D. P. , Perrewe, P. L. , "The Effect of Item Content Overlap on Organizational Commitment Questionnaire-Turnover Cognitions Relationships", *Journal of Applied Psychology*, 2001, 86 (1): 161 – 173.

[85] Brief, A. P. , Weiss, H. M. , "Organizational Behavior: Affect in the Workplace", *Annual Review of Psychology*, 2002, 53 (1): 279 – 307.

[86] Brief, A. P. , *Attitudes in and Around Organizations*, Thousand Oaks, CA: Sage, 1998.

[87] Brockner, J. , Chen, Y. R. , "The Moderating Roles of Self-Esteem and Self-Construal in Reaction to a Threat to the Self: Evidence from the People's Republic of China and the United States", *Journal of Personality and Social Psychology*, 1996, 71 (3): 603 – 615.

[88] Brown, A. D. , "Identities and Identity Work in Organizations", *International Journal of Management Reviews*, 2015, 17 (1): 20 – 40.

[89] Burke, P. J. , "Identity Processes and Social Stress", *American Sociological Review*, 1991, 56 (6): 836 – 849.

[90] Cai, Z. , Guan, Y. , Li, H. , Shi, W. , Guo, K. , and Liu, Y. , "Self-Esteem and Proactive Personality as Predictors of Future Work Self and Career Adaptability: An Examination of Mediating and Moderating Processes", *Journal of Vocational Behavior*, 2015, 86 (2): 86 – 94.

[91] Campion, M. A. , "Meaning and Measurement in Turnover: Comparison of Alternative Measures and Recommendations for Research", *Journal of Applied*

Psychology, 1991, 76 (2): 199 – 212.

[92] Cappelli, P. , "A Market-Driven Approach to Retaining Talent", *Harvard Business Review*, 2000, 78 (1): 103 – 111.

[93] Cascio, W. F. , "Turnover, Biographical Data, and Fair Employment Practice", *Journal of Applied Psychology*, 1976, 61 (5): 576 – 580.

[94] Cassar, V. , Buttigieg, S. C. , "Psychological Contract Breach, Organizational Justice and Emotional Well-Being", *Personnel Review*, 2015, 44 (2): 217 – 235.

[95] Castro, C. C. , Neira, F. E. , and Álvarez, P. M. , "Human Resources Retention and Knowledge Transfer in Mergers and Acquisitions", *Journal of Management and Organization*, 2013, 19 (2): 188 – 209.

[96] Cavanaugh, M. A. , Boswell, W. R. , Roehling, M. V. , and Boudreau, J. W. , "An Empirical Examination of Self-Reported Work Stress Among U. S. Managers", *Journal of Applied Psychology*, 2000, 85 (1): 65 – 74.

[97] Chandler, A. D. , *The Visible Hand: The Managerial Revolution in American Business*, Cambridge: Harvard University Press, 1978.

[98] Charles, A. O. , Caldwell, D. F. , and Barnett, W. P. , "Work Group Demography, Social Integration, and Turnover", *Administrative Science Quarterly*, 1989, 34 (1): 21 – 38.

[99] Chatman, J. A. , "Improving Interactional Organizational Research: A Model of Person-Organization Fit", *Academy of Management Review*, 1989, 14 (3): 333 – 349.

[100] Chen, J. Q. , Hou, Z. J. , Li, X. , Lovelace, K. J. , Liu, Y. L. , and Wang, Z. L. , "The Role of Career Growth in Chinese New Employee's Turnover Process", *Journal of Career Development*, 2016, 43 (1): 11 – 25.

[101] Chen, X. P. , Hui, C. , and Sego, D. J. , "The Role of Organizational Citizenship Behavior in Turnover: Conceptualization and Preliminary Tests of Key Hypotheses", *Journal of Applied Psychology*, 1998, 83 (6): 922 – 931.

[102] Chen, Z. X. , Aryee, S. , "Delegation and Employee Work Out-

comes: An Examination of the Cultural Context of Mediating Processes in China", *Academy of Management Journal*, 2007, 50 (1): 226 – 238.

[103] Chen, Z. X. , Francesco, A. M. , "Employee Demography, Organizational Commitment, and Turnover Intentions in China: Do Cultural Differences Matter", *Human Relations*, 2000, 53 (6): 869 – 887.

[104] Chen, Z. X. , Tsui, A. S. , and Farh, J. , "Loyalty to Supervisor vs. Organizational Commitment: Relationships to Employee Performance in China", *Journal of Occupational and Organizational Psychology*, 2002, 75 (2): 339 – 356.

[105] Cheng, A. , Brown, A. , "HRM Strategies and Labor Turnover in the Hotel Industry: A Comparative Study of Australia and Singapore", *The International Journal of Human Resource Management*, 1998, 9 (1): 136 – 155.

[106] Churchill, N. C. , Hatten, K. J. , "Non-Market-Based Transfers of Wealth and Power: A Research Framework for Family Businesses", *Family Business Review*, 2010, 10 (1): 53 – 67.

[107] Cohen, A. , "Turnover Among Professionals: A Longitudinal Study of American Layers", *Human Resource Management*, 1999, 38 (1): 61 – 75.

[108] Colquitt, J. A. , Long, D. M. , Rodell, J. B. , and Halvorsen-Ganepola, M. D. , "Adding the 'in' to Justice: A Qualitative and Quantitative Investigation of the Differential Effects of Justice Rule Adherence and Violation", *Journal of Applied Psychology*, 2015, 100 (2): 278 – 297.

[109] Colquitt, J. A. , Scott, B. A. , Rodell, J. B. , Long, D. M. , Zapata, C. P. , and Conlon, D. E. , "Justice at the Millennium, a Decade Later: A Meta-Analytic Test of Social Exchange and Affect-Based Perspectives", *Journal of Applied Psychology*, 2013, 98 (2): 199 – 236.

[110] Connie, W. R. , Kammeyer-Mueller, J. D. , "Predictors and Outcomes of Proactivity in the Socialization Process", *Journal of Applied Psychology*, 2000, 85 (3): 373 – 385.

[111] Cotton, J. L. , Tuttle, J. M. , "Employee Turnover: A Meta-Analysis and Review with Implications for Research", *Academy of Management Review*,

1986, 11（1）: 55 – 70.

［112］Craig, E., Kimberly, J., and Bouchikhi, H., "Can Loyalty Be Leased", *Harvard Business Review*, 2002, 80（9）: 24 – 31.

［113］Cropanzano, R., Anthony, E. L., Daniels, S. R., and Hall, A. V., "Social Exchange Theory: A Critical Review with Theoretical Remedies", *Academy of Management Annals*, 2017, 11（1）: 1 – 38.

［114］Cropanzano, R., Rupp, D. E., and Byrne, Z. S., "The Relationship of Emotional Exhaustion to Work Attitudes, Job Performance, and Organizational Citizenship Behaviors", *Journal of Applied Psychology*, 2003, 88（1）: 160 – 169.

［115］Currivan, D. B., "The Causal Order of Job Satisfaction and Organizational Commitment in Models of Employee Turnover", *Human Resource Management Review*, 1999, 9（4）: 495 – 524.

［116］Dabos, G. E., Rousseau, D. M., "Mutuality and Reciprocity in the Psychological Contracts of Employees and Employers", *Journal of Applied Psychology*, 2004, 89（1）: 52 – 72.

［117］Davis, P., "Realizing the Potential of the Family Business", *Organizational Dynamics*, 1983, 12（1）: 47 – 56.

［118］Davison, M. L., Kwak, N., Seo, Y. S., and Choi, J., "Using Hierarchical Linear Models to Examine Moderator Effects: Person-by-Organization Interactions", *Organizational Research Methods*, 2015, 5（3）: 231 – 254.

［119］Dejong, B. A., Dirks, K. T., and Gillespie, N., "Trust and Team Performance: A Meta-Analysis of Main Effects, Moderators, and Covariates", *Journal of Applied Psychology*, 2016, 101（8）: 1134 – 1150.

［120］Deconinck, J. B., Stilwell, C. D., "Incorporating Organizational Justice, Role States, Pay Satisfaction and Supervisor Satisfaction in a Model of Turnover Intentions", *Journal of Business Research*, 2004, 57（3）: 225 – 231.

［121］Delcampo, R. G., "The Influence of Culture Strength on Person-Organization Fit and Turnover", *International Journal of Management*, 2006, 23（3）: 465 – 477.

［122］ Delery, J. E., Doty, D. H., "Modes of Theorizing in Strategic Human Resource Management: Tests of Universalistic, Contingency, and Configurational Performance Predictions", *Academy of Management Journal*, 1996, 39 (4): 802 – 835.

［123］ Dess, G. G., Beard, D. W., "Dimensions of Organizational Task Environments", *Administrative Science Quarterly*, 1984, 29 (1): 52 – 73.

［124］ Dess, G. G., Shaw, J. D., "Voluntary Turnover, Social Capital, and Organizational Performance", *Academy of Management Review*, 2001, 26 (1): 446 – 456.

［125］ Dickter, D. N., Roznowski, M., and Harrison, D. A., "Temporal Tempering: An Event History Analysis of the Process of Voluntary Turnover", *Journal of Applied Psychology*, 1996, 81 (6): 705 – 716.

［126］ Dorfman, P., Howell, J., *Dimensions of National Culture and Effective Leadership Patterns: Hofstede Revisited*, Greenwich, CT: JAI Press, 1988.

［127］ Du, J. J., Zhou, J., Liu, C., and Picken, D., "Exploring Turnover Intention of Construction Managers in China", *Journal of Construction Research*, 2006, 7 (1): 191 – 205.

［128］ Dulebohn, J. H., Wu, D., and Liao, C., "Does Liking Explain Variance above and beyond LMX? A Meta-Analysis", *Human Resource Management Review*, 2016, 27 (1): 149 – 166.

［129］ Earley, P. C., "Social Loafing and Collectivism: A Comparison of the United States and the People's Republic of China", *Administrative Science Quarterly*, 1989, 34 (4): 565 – 581.

［130］ Eisenberger, R., Stinglhamber, F., "Perceived Organizational Support", *Journal of Applied Psychology*, 2011, 71 (3): 500 – 507.

［131］ Eisenberger, R., Armeli, S., Rexwinkel, B., Lynch, P. D., and Rhoades, L., "Reciprocation of Perceived Organizational Support", *Journal of Applied Psychology*, 2001, 86 (1): 42 – 51.

［132］ Eisenberger, R., Stinglhamber, F., Vandenberghe, C., Sucharski, I. L. , and Rhoades, L. , "Perceived Supervisor Support: Contributions to Perceived Organizational Support and Employee Retention", *Journal of Applied Psychology*, 2002, 87 (3): 565 – 573.

[133] Ekrot, B. , Kock, A. , and Gemünden, H. G. , "Retaining Project Management Competence: Antecedents and Consequences", *International Journal of Project Management*, 2016, 34 (2): 145 – 157.

[134] Erdogan, B. , Liden, R. C. , and Kraimer, M. L. , "Justice and Leader-Member Exchange: The Moderating Role of Organizational Culture", *Academy of Management Journal*, 2006, 49 (2): 395 – 406.

[135] Ertürk, A. , Vurgun, L. , "Retention of IT Professionals: Examining the Influence of Empowerment, Social Exchange, and Trust", *Journal of Business Research*, 2015, 68 (1): 34 – 46.

[136] Fairbrother, K. , Warn, J. , "Workplace Dimensions, Stress and Job Satisfaction", *Journal of Managerial Psychology*, 2013, 18 (1): 8 – 21.

[137] Farh, J. , Cheng, B. S. , "A Cultural Analysis of Paternalistic Leadership in Chinese Organizations", Ln Li, J. T. , Tsui, A. S. and Weldon, E. , ed. , *Management and Organizations in the Chinese Context*, London: Macmillan, 2000: 84 – 127.

[138] Farh, J. , Earley, P. C. , and Lin, S. , "Impetus for Action: A Cultural Analysis of Justice and Organizational Citizenship Behavior in Chinese Society", *Administrative Science Quarterly*, 1997, 42 (3): 421 – 444.

[139] Farh, J. , Hackett, R. D. , and Liang, J. , "Individual-Level Cultural Values as Moderators of Perceived Organizational Support – Employee Outcome Relationships in China: Comparing the Effects of Power Distance and Traditionality", *Academy of Management Journal*, 2007, 50 (3): 715 – 729.

[140] Farh, J. , Tsui, A. , Xin, K. , and Cheng, B. S. , "The Influence of Relational Demography and Guanxi: The Chinese Case", *Organization Science*, 1998, 9 (4): 471 – 488.

[141] Farmer, S. M. , Aguinis, H. , "Accounting for Subordinate Percep-

tions of Supervisor Power: An Identity-Dependence Model", *Journal of Applied Psychology*, 2005, 90 (6): 1069 – 1083.

[142] Farrell, D. , Rusbult, C. E. , "Exchange Variables as Predictors of Job Satisfaction, Job Commitment, and Turnover: The Impact of Rewards, Costs, Alternatives, and Investments", *Organizational Behavior and Human Performance*, 1981, 28 (1): 78 – 95.

[143] Ferreira, L. C. , Almeida, C. B. , "Employee Turnover and Organizational Performance: A Study of the Brazilian Retail Sector", *Brazilian Business Review*, 2015, 12 (4): 27 – 56.

[144] Fitz-Enz, J. , "It's Costly to Lose Good Employees", *Workforce*, 50, 1997.

[145] Fleishman, E. A. , "Some New Frontiers in Personnel Selection Research", *Personnel Psychology*, 2010, 41 (4): 679 – 701.

[146] Forrier, A. , Verbruggen, M. , and Cuyper, N. D. , "Integrating Different Notions of Employability in a Dynamic Chain: The Relationship Between Job Transitions, Movement Capital and Perceived Employability", *Journal of Vocational Behavior*, 2015, 89 (8): 56 – 64.

[147] Frazier, M. L. , Johnson, P. D. , Gavin, M. , Gooty, J. , and Snow, D. D. , "Organizational Justice, Trustworthiness, and Trust: A Multifoci Examination", *Group and Organization Management*, 2016, 35 (1): 39 – 76.

[148] Fu, N. , Flood, P. C. , Bosak, J. , Rousseau, D. M. , Morris, T. , O'Regan, P. , "High Performance Work Systems in Professional Service Firms: Examining the Practices Resources Uses Performance Linkage", *Human Resource Management*, 2017, 56 (2): 329 – 352.

[149] Gaertner, S, "Structural Determinants of Job Satisfaction and Organizational Commitment in Turnover Models", *Human Resource Management Review*, 1999, 9 (4): 479 – 493.

[150] Gardner, D. G. , Van Dyne, L. , Pierce, J. L. , "The Effects of Pay Level on Organization-Based Self-Esteem and Performance: A Field Study", *Journal*

of Occupational and Organizational Psychology, 2004, 77 (3): 307 – 322.

［151］George, C., "Retaining Professional Workers: What Makes Them Stay", *Employee Relations*, 2015, 37 (1): 102 – 121.

［152］George, J. M., Brief, A. P., "Feeling Good – Doing Good: A Conceptual Analysis of the Mood at Work-Organizational Spontaneity Relationship", *Psychological Bulletin*, 1992, 112 (2): 310 – 329.

［153］George, J. M., "Emotions and Leadership: The Role of Emotional Intelligence", *Humanity Relation*, 2000, 53 (8): 1027 – 1055.

［154］Gerhart, B., "Voluntary Turnover and Alternative Job Opportunities", *Journal of Applied Psychology*, 1990, 73 (5): 467 – 476.

［155］Glebbeek, A. C., Bax, E. H., "Is High Employee Turnover Really Harmful? An Empirical Test Using Company Records", *Academy of Management Journal*, 2004, 47 (2): 277 – 286.

［156］Gomez-Mejia, L. R., Balkin, D. B., "Effectiveness of Individual and Aggregate Compensation Strategies", *Industrial Relations: A Journal of Economy and Society*, 1989, 28 (3): 431 – 445.

［157］Granovetter, M., "Economic Action and Social Structure: A Theory of Embeddedness", *American Journal of Sociology*, 1985, 91 (3): 481 – 510.

［158］Greenberg, J., "Organizational Justice: Yesterday, Today, and Tomorrow", *Journal of Management*, 1990, 16 (2): 399 – 432.

［159］Griffeth, R. W., Hom, P. W., and Gaertner, S., "A Meta-Analysis of Antecedents and Correlates of Employee Turnover: Update, Moderator Tests, and Research Implications for the Next Millennium", *Journal of Management*, 2000, 26 (3): 463 – 488.

［160］Griffeth, R. W., Steel, R. P., Allen, D. G., and Bryan, N., "The Development of a Multidimensional Measure of Job Market Cognitions: The Employment Opportunity Index (EOI)", *Journal of Applied Psychology*, 2005, 90 (2): 335 – 349.

［161］Guest, D., "Managing the Career Deal: The Psychological Contract as a Framework for Understanding Career Management, Organizational Commitment and Work Behavior", *Journal of Organizational Behavior*, 2005, 26 (7): 821 – 838.

[162] Gupta, V., Agarwal, U. A., and Khatri, N., "The Relationships Between Perceived Organizational Support, Affective Commitment, Psychological Contract Breach, Organizational Citizenship Behavior, and Work Engagement", *Journal of Advanced Nursing*, 2016, 72 (11): 2806 – 2817.

[163] Guthrie, J. P., "High-Involvement Work Practices, Turnover, and Productivity: Evidence from New Zealand", *Academy of Management Journal*, 2001, 44 (1): 180 – 190.

[164] Hackman, J. R., Oldham, G. R., "The Development of the Job Diagnostic Survey", *Journal of Applied Psychology*, 1975, 60 (2): 159 – 170.

[165] Hancock, J. I., Allen, D. G., Bosco, F. A., Mcdaniel, K. R., and Pierce, C. A., "Meta-Analytic Review of Employee Turnover as A Predictor of Firm Performance", *Journal of Management*, 2013, 39 (3): 573 – 603.

[166] Harris, J., Brannick, J., *Finding and Keeping Great Employees*, New York: AMACOM, 1999.

[167] Harris, M., Weiss, Y., "Job Matching with Finite Horizon and Risk Aversion", *Journal of Political Economy*, 1984, 92 (4): 758 – 779.

[168] Harrison, D. A., Daniel, N. A., and Philip, R. L., "How Important Are Job Attitudes? Meta-Analytic Comparisons of Integrative Behavioral Outcomes and Time Sequences", *Academy of Management Journal*, 2006, 49 (2): 305 – 325.

[169] Harrison, D. A., Virick, M., and William, S., "Working Without A Net: Time, Performance, and Turnover Under Maximally Contingent Rewards", *Journal of Applied Psychology*, 1996, 81 (4): 331 – 345.

[170] Harter, J. K., Schmidt, F. L., and Hayes, T. L., "Business-Unit-Level Relationship Between Employee Satisfaction, Employee Engagement, and Business Outcomes: A Meta-Analysis", *Journal of Applied Psychology*, 2002, 87 (2): 268 – 279.

[171] Haslam, S. A., *Psychology in Organizations: The Social Identity Approach*, London: Sage Publications, 2001.

[172] Herriot, G., Pemberton, J., "An Empirical Model of Managerial Careers in Organization", *British Journal of Management*, 1994, 5 (2): 113 – 121.

[173] Hofstede, G., *Culture and Organizations: Software of the Mind*, London: Mcgraw-Hill, 1991.

[174] Hogan, R., Raskin, R., and Fazzini, D., "The Dark Side of Charisma", in Clark. K. E. and Clark, M. B., ed., *Measures of Leadership*, West Orange, NJ: Leadership Library of America, 1990: 343 – 354.

[175] Holt, D. T., Rehg, M. T., Lin, J. H., and Miller, J., "An Application of the Unfolding Model to Explain Turnover in a Sample of Military Officers", *Human Resource Management*, 2007, 46 (1): 35 – 49.

[176] Holtom, B., Goldberg, C. B., Allen, D. G., and Clark, M. A., "How Today's Shocks Predict Tomorrow's Leaving", *Journal of Business and Psychology*, 2017, 32 (1): 59 – 71.

[177] Hom, P. W., Griffeth, R. W., "A Structural Equations Modeling Test of a Turnover Theory: Cross-Sectional and Longitudinal Analysis", *Journal of Applied Psychology*, 1991, 76 (3): 350 – 366.

[178] Hom, P. W., Griffeth, R. W., *Employee Turnover*, Cincinnati, OH: South-Western, 1995.

[179] Hom, P. W., Kinicki, A. J., "Toward a Greater Understanding of How Dissatisfaction Drives Employee Turnover", *Academy of Management Journal*, 2001, 44 (5): 975 – 987.

[180] Hom, P. W., Xiao, Z., "Structural Holes in Guanxi Networks: Do They Increase Employee Turnover in the People's Republic of China", *Academy of Management Best Conference Paper*, 2006, (1): F1 – F6.

[181] Hom, P. W., Lee, T. W., Shaw, J. D., and Hausknecht, J. P., "One Hundred Years of Employee Turnover Theory and Research", *Journal of Applied Psychology*, 2017, 102 (3): 530 – 545.

［182］ Hoppock, R. , *Job Satisfaction*, New York: Harper, 1935.

［183］ House, R. J. , Javidan, M. , "Overview of GLOBE", in House, R. J. , Hanges, P. J. , Javidan, M. , Dorfman, P. W. and Gupta, V. , ed. , *Culture, Leadership, and Organizations: The GLOBE Study of 62 Societies*, Thousand Oaks, CA: Sage, 2004: 9 – 28.

［184］ Hulin, C. L. , Roznowski, M. , and Hachiya, D. , "Alternative Opportunities and Withdrawal Decisions: Empirical and Theoretical Discrepancies and an Integration", *Psychological Bulletin*, 1985, 97 (2): 233 – 250.

［185］ Hulin, C. L. , "Adaptation, Persistence, and Commitment in Organizations", in Dunnette, M. D. and Hough. L. M. , ed. , *Handbook of Industrial and Organizational Psychology (Vol. 2, 2nd Ed.)*, Palo Alto, CA: Consulting Psychologists Press, 1991: 445 – 505.

［186］ Hunt, S. D. , Wood, V. R. , and Chonko, L. B. , "Corporate Ethical Values and Organizational Commitment in Marketing", *Journal of Marketing*, 1989, 53 (3): 79 – 90.

［187］ Iverson, R. D, Roy, P. , "A Causal Model of Behavioral Commitment: Evidence from A Study of Australian Blue-Collar Employees", *Journal of Management*, 1994, 20 (1): 15 – 41.

［188］ Jackofsky, E. F. , "Turnover and Job Performance: An Integrated Process Model", *Academy of Management Journal*, 1984, 9 (1): 74 – 83.

［189］ Jiang, Z. , "The Relationship Between Career Adaptability and Job Content Plateau: The Mediating Roles of Fit Perceptions", *Journal of Vocational Behavior*, 2016, 96 (3): 1 – 10.

［190］ Johnson, R. C. , "Wage and Job Dynamics After Welfare Reform: The Importance of Job Skills", *Research in Labor Economics*, 2007, 26: 231 – 298.

［191］ Jones, D. A. , Skarlicki, D. P. , "The Relationship Between Perceptions of Fairness and Voluntary Turnover Among Retail Employees", *Journal of Applied Social Psychology*, 2003, 33 (6): 1226 – 1243.

［192］ Joseph, D. L. , Jin, J. , Newman, D. A. , and O'Boyle, E. H. ,

"Why Does Self-Reported Emotional Intelligence Predict Job Performance? A Meta-Analytic Investigation of Mixed EI", *Journal of Applied Psychology*, 2015, 100 (2): 298 – 342.

[193] Jovanovic, B., "Job Matching and the Theory of Turnover", *Journal of Political Economy*, 1979, 87 (5): 972 – 990.

[194] Judge, T. A., Bono, J. E., Ilies, R., and Werner, M. W., "Personality and Leadership: A Qualitative and Quantitative Review", *Journal of Applied Psychology*, 2002, 87 (4): 765 – 780.

[195] Judge, T. A., Piccolo, R. F., Podsakoff, N. P., Shaw, J. C., and Rich, B. L., "The Relationship Between Pay and Job Satisfaction: A Meta-Analysis of the Literature", *Journal of Vocational Behavior*, 2010, 77 (2): 157 – 167.

[196] Kahn, W. A., "Psychological Conditions of Personal Engagement and Disengagement at Work", *Academy of Management Journal*, 1990, 33 (4): 692 – 724.

[197] Kammeyer-Mueller, J. D., Wanberg, C. R., "Unwrapping the Organizational Entry Process: Disentangling Multiple Antecedents and Their Pathways to Adjustment", *Journal of Applied Psychology*, 2003, 88 (5): 779 – 794.

[198] Kammeyer-Mueller, J. D., Wanberg, C. R., Glomb, T. M., and Ahlburg, D., "The Role of Temporal Shifts in Turnover Processes: It's About Time", *Journal of Applied Psychology*, 2005, 90 (4): 644 – 658.

[199] Kao, C. S., "The Role of Personal Trust in Large Businesses in Taiwan", in Hamilton, G. G., ed., *Business Groups and Economic Development in East Asia*, Hong Kong: Center of Asian Studies, 1990.

[200] Kevin, M., Loan-Clarkez, J., and Wilkinsonz, A., "The Role of Shocks in Employee Turnover", *British Journal of Management*, 2004, 15 (4): 335 – 349.

[201] Khan, K., Abbas, M., Gul, A., and Raja, U., "Organizational Justice and Job Outcomes: Moderating Role of Islamic Work Ethic", *Journal of Business Ethics*, 2015, 126 (2): 235 – 246.

[202] Kinicki, A. J., Mckee-Ryan, F. M., Schriesheim, C. A., and Carson, K. P., "Assessing the Construct Validity of the Job Descriptive Index: A Review and Meta-Analysis", *Journal of Applied Psychology*, 2002, 87 (1): 14 – 32.

[203] Kirchler, M., Palan, S., "Immaterial and Monetary Gifts in Economic Transactions: Evidence from the Field", *Experimental Economics*, 2017, (6): 1 – 26.

[204] Kirkman, B. L., Shapiro, D. L., "The Impact of Cultural Values on Employee Resistance to Teams: Toward a Model of Globalized Self-Managing Work Team Effectiveness", *Academy of Management Review*, 1997, 22 (3): 730 – 757.

[205] Kirschenbaum, A., Mano-Negrin, R., "Underlying Labor Market Dimensions of 'Opportunities': The Case of Employee Turnover", *Human Relations*, 1999, 52 (10): 1233 – 1255.

[206] Kollock, P., "The Emergence of Exchange Structures: An Experimental Study of Uncertainty, Commitment, and Trust", *American Journal of Sociology*, 1994, 100 (2): 313 – 345.

[207] Konovsky, M. A., Pugh, S. D., "Citizenship Behavior and Social Exchange", *Academy of Management Journal*, 1994, 37 (3): 656 – 669.

[208] Konovsky, M. A., "Understanding Procedural Justice and Its Impact on Business Organizations", *Journal of Management*, 2015, 26 (3): 489 – 511.

[209] Korff, J., Biemann, T., and Voelpel, S. C., "Human Resource Management Systems and Work Attitudes: The Mediating Role of Future Time Perspective", *Journal of Organizational Behavior*, 2017a, 38 (1): 45 – 67.

[210] Korff, J., Biemann, T., and Voelpel, S. C., "Differentiating HR Systems' Impact: Moderating Effects of Age on the HR System – Work Outcome Association", *Journal of Organizational Behavior*, 2017b, 38 (3): 415 – 438.

[211] Koys, D. J., "The Effects of Employee Satisfaction, Organizational Citizenship Behavior, and Turnover on Organizational Effectiveness: A Unit – Level, Longitudinal Study", *Personnel Psychology*, 2001, 54 (1): 101 – 114.

[212] Krau, E., "Turnover Analysis and Prediction from a Career Develop-

mental Point of View", *Personnel Psychology*, 1981, 34 (4): 771 –790.

[213] Krishnan, H. A., Park, D., and Kilboume, L., "The Development of a Conceptual Model to Explain Turnover Among Women in Top Management Teams", *International Journal of Management*, 2006, 23 (3): 470 –477.

[214] Kristof, A. L., "Person-Organization Fit: An Integrative Review of Its Conceptualizations, Measurement and Implications", *Personnel Psychology*, 1996, 49 (1): 1 –49.

[215] Lance, C. E., "Evaluation of A Structural Model Relating Job Satisfaction, Organizational Commitment, and Precursors to Voluntary Turnover", *Multivariate Behavioral Research*, 1991, 26 (1): 137 –162.

[216] Lance, C. E., "Job Performance as a Moderator of the Satisfaction-Turnover Intention Relation: An Empirical Contrast of Two Perspectives", *Journal of Organizational Behavior*, 1988, 9 (3): 271 –280.

[217] Laroche, P., Salesina, M., "The Effects of Union and Nonunion Forms of Employee Representation on High-Performance Work Systems: New Evidence from French Microdata", *Human Resource Management*, 2017, 56 (1): 173 –189.

[218] Latham, V. M., Leddy, P. M., "Source of Recruitment and Employee Attitudes: An Analysis of Job Involvement, Organizational Commitment, and Job Satisfaction", *Journal of Business and Psychology*, 1987, 1 (3): 230 –235.

[219] Lazear, E., *Personnel Economics for Managers*, New York: Wiley Allen, 1998.

[220] Lee, K., Carswell, J. J., and Allen, N. J., "A Meta-Analytic Review of Occupational Commitment: Relations with Person- and Work-Related Variables", *Journal of Applied Psychology*, 2000, 85 (5): 799 –811.

[221] Lee, T. W., Mitchell, T. R., "An Alternative Approach: The Unfolding Model of Voluntary Employee Turnover", *Academy of Management Review*, 1994, 19 (1): 51 –89.

[222] Lee, T. W., Mowday, R. T., "Voluntary Leaving an Organization:

An Empirical Investigation of Steers and Mowday's Model of Turnover", *Academy of Management Journal*, 1987, 30 (4): 721 –743.

[223] Lee, T. W. , Mitchell, T. R. , Wise, L. , and Fireman, S. , "An Unfolding Model of Voluntary Employee Turnover", *Academy of Management Journal*, 1996, 39 (1): 5 –36.

[224] Lee, T. W. , Terence, M. R. , Chris, S. J. , James, B. P. , and Brooks, H. C. , "The Effects of Job Embeddedness on Organizational Citizenship, Job Performance, Volitional Absences, and Voluntary Turnover", *Academy of Management Journal*, 2004, 47 (5): 711 –722.

[225] Leong, C. S. , Fumham, A. , and Cooper, C. L. , "The Moderating Effect of Organizational Commitment on the Occupational Stress Outcome Relationship", *Human Relations*, 1996, 49 (10): 1345 –1363.

[226] Li, N. , Zheng, X. , Harris, T. B. , Liu, X. , and Kirkman, B. L. , "Recognizing 'Me' Benefits 'We': Investigating the Positive Spillover Effects of Formal Individual Recognition in Teams", *Journal of Applied Psychology*, 2016, 101 (7): 925 –939.

[227] Lim, B. T. , Loosemore, M. , "The Effect of Inter-Organizational Justice Perceptions on Organizational Citizenship Behaviors in Construction Projects", *International Journal of Project Management*, 2017, 35 (2): 95 –106.

[228] Liu, Y. , Wang, M. , Chang, C. H. , Shi, J. , Zhou, L. , and Shao, R. , "Work-Family Conflict, Emotional Exhaustion, and Displaced Aggression Toward Others: The Moderating Roles of Workplace Interpersonal Conflict and Perceived Managerial Family Support", *Journal of Applied Psychology*, 2015, 100 (3): 793 –808.

[229] Ljungqvist, L. , Sargent, T. J. , *Recursive Macroeconomic Theory*, Cambridge, Massachusetts: The MIT Press, 2000.

[230] Locke, E. A. , "The Nature and Causes of Job Satisfaction", in Dunnette, M. D. , ed. , *Handbook of Industrial and Organizational Psychology*, Palo Alto, CA: Consulting Psychologists Press, 1976: 1297 –1349.

[231] Loewenstein, M., Speltzer, J., "Delayed Formal On-the-Job Training", *Industrial and Labor Relations Review*, 1997, 51 (1): 82–99.

[232] Lyness, K., Judiesch, M., "Are Female Managers Quitters? The Relationships of Gender, Promotions, and Family Leaves of Absence to Voluntary Turnover", *Journal of Applied Psychology*, 2001, 86 (6): 1167–1178.

[233] Ma, S., Silva, M. G., Callan, V. J., and Trigo, V., "Control and Commitment HR Practices, Job Satisfaction and Turnover Intentions: A Comparison Between Local and Multinational Firms in China", *International Journal of Human Resource Management*, 2016, 27 (9): 974–990.

[234] Maertz, C. P., Campion, M. A., "Profiles in Quitting: Integrating Process and Content Turnover Theory", *Academy of Management Journal*, 2004, 47 (4): 566–582.

[235] Maertz, C. P., Griffeth, R. W., "Eight Motivational Forces and Voluntary Turnover: A Theoretical Synthesis with Implications for Research", *Journal of Management*, 2004, 30 (5): 667–683.

[236] Mai, K. M., Ellis, A. P., Christian, J. S., and Porter, C. O., "Examining the Effects of Turnover Intentions on Organizational Citizenship Behaviors and Deviance Behaviors: A Psychological Contract Approach", *Journal of Applied Psychology*, 2016, 101 (8): 1067–1081.

[237] March, J. G., Simon, H. A., *Organizations*, New York: Wiley, 1958.

[238] Mark, S. A., Canger, J. M., "Effects of Supervisor 'Big Five' Personality on Subordinate Attitudes", *Journal of Business and Psychology*, 2004, 18 (4): 465–481.

[239] Markus, H., Kitayama, S., "Culture and Self: Implications for Cognition, Emotion, and Motivation", *Psychological Review*, 1991, 98 (2): 224–253.

[240] Maslach, C. A., *Burnout: The Cost of Caring*, New Jersey: Prentice Hall, 1982.

[241] Masterson, S. S., Lewis, K., Goldman, B. M., and Taylor, M. S.,

"Integrating Justice and Social Exchange: The Differing Effects of Fair Procedures and Treatment On Work Relationships", *Academy of Management Journal*, 2000, 43 (4): 738 – 749.

[242] Mathieu, C. , Fabi, B. , LacoursiÈre, R. , and Raymond, L. , "The Role of Supervisory Behavior, Job Satisfaction and Organizational Commitment on Employee Turnover", *Journal of Management and Organization*, 2016, 22 (1): 113 – 129.

[243] Mcelroy, J. C. , Morrow, P. C. , and Rude, S. N. , "Turnover and Organizational Performance: A Comparative Analysis of the Effects of Voluntary, Involuntary, and Reduction-in-Force Turnover", *Journal of Applied Psychology*, 2001, 86 (6): 1294 – 1299.

[244] Melenie, L. J. , Scandura, T. A. , "An Investigation of Personal Learning in Mentoring Relationships: Content, Antecedents, and Consequences", *Academy of Management Journal*, 2002, 45 (4): 779 – 790.

[245] Mercurio, Z. A. , "Affective Commitment as a Core Essence of Organizational Commitment: An Integrative Literature Review", *Human Resource Development Review*, 2015, 14 (4): 389 – 414.

[246] Meyer, J. P. , Allen, N. J. , "A Three-Component Conceptualization of Organizational Commitment", *Human Research Management Review*, 1991, 1 (1): 61 – 89.

[247] Milgrom, P. , Oster, S. , "Job Discrimination, Market Forces, and the Invisibility Hypothesis", *Quarterly Journal of Economics*, 1987, 102 (3): 453 – 476.

[248] Mirvis, P. H. , Lawler, E. E. , "Measuring the Financial Impact of Employee Attitudes", *Journal of Applied Psychology*, 1977, 62 (1): 1 – 8.

[249] Mitchel, J. O. , "The Effect of Intentions, Tenure, Personal, and Organizational Variables on Managerial Turnover", *Academy of Management Journal*, 1981, 24 (4): 742 – 751.

[250] Mitchell, T. R. , Holtom, B. C. , and Lee, T. W. , "How to Keep

Your Best Employees: Developing an Effective Retention Policy", *Academy of Management Executive*, 2001, 15 (4): 96 – 108.

[251] Mitchell, T. R., Holtom, B. C., Lee, T. W., Sablynski, C. J., and Erez, M., "Why People Stay: Using Job Embeddedness to Predict Voluntary Turnover", *Academy of Management Journal*, 2001, 44 (6): 1102 – 1121.

[252] Mo, S., Shi, J., "Linking Ethical Leadership to Employees' Organizational Citizenship Behavior: Testing the Multilevel Mediation Role of Organizational Concern", *Journal of Business Ethics*, 2017, 141 (1): 151 – 162.

[253] Mobley, W. H., Griffeth, R., Hand, H., and Meglino, B., "A Review and Conceptual Analysis of the Employee Turnover Process", *Psychological Bulletin*, 1979, 86 (3): 493 – 522.

[254] Mobley, W. H., *Employee Turnover: Causes, Consequences, and Control*, Menlo Park, CA: Addison-Wesley, 1982.

[255] Mobley, W. H., "Intermediate Linkages in the Relationship Between Job Satisfaction and Employee Turnover", *Journal of Applied Psychology*, 1977, 62 (2): 237 – 240.

[256] Mohamad, H. A., Nasurdin, A. M., "Predicting Turnover Intentions of Hotel Employees: The Influence of Employee Development Human Resource Management Practices and Trust in Organization", *Gadjah Mada International Journal of Business*, 2006, 8 (1): 21 – 42.

[257] Momani, H. M., "The Mediating Effect of Organizational Commitment on the Relationship Between Work-Life Balance and Intention to Leave: Evidence from Working Women in Jordan", *International Business Research*, 2017, 10 (6): 164 – 177.

[258] Morrell, K., Loan-Clarke, J., and Wilkinson, A., "Unweaving Leaving: The Use of Models in the Management of Employee Turnover", *International Journal of Management Reviews*, 2001, 3 (3): 219 – 244.

[259] Morrow, P. C., "Managing Organizational Commitment: Insights from Longitudinal Research", *Journal of Vocational Behavior*, 2011, 79 (1): 18 – 35.

［260］Morrow, P. C. , *The Theory and Measurement of Work Commitment*, Greenwich, CT: JAI Press, 1993.

［261］Mossholder, K. W. , Setton, R. , and Henagan, S. C. , "A Relational Perspective on Turnover: Examining Structural, Attitudinal, and Behavioral Predictors", *Academy of Management Journal*, 2005, 48 (4): 607 – 618.

［262］Motowidlo, S. J. , "Orientation Toward the Job and Organization", in Murphy, K. R. , ed. , *Individual Differences and Behavior in Organizations*, San Francisco: Jossey-Bass, 1996: 175 – 208.

［263］Murray, B. R. , Zimmerman, R. D. , "Reducing Voluntary, Avoidable Turnover Through Selection", *Journal of Applied Psychology*, 2005, 90 (1): 159 – 166.

［264］Nelson, B. , *Please Don't Just Do What I Tell You, Do What Needs to Be Done: Every Employee's Guide to Making Work More Rewarding*, New York: Hyperion, 2001.

［265］Ng, K. Y. , Dyne, L. V. , "Antecedents and Performance Consequences of Helping Behavior in Work Groups: A Multilevel Analysis", *Group and Organization Management*, 2015, 30 (30): 514 – 540.

［266］O'Keefe, J. D. , Delia, G. J. , "Construct Differentiation and the Relationship of Attitudes and Behavioral Intentions", *Communication Monographs*, 2016, 48 (2): 146 – 157.

［267］O'Reilly, C. A. , Chatman, J. A. , and Caldwell, D. E. , "People and Organizational Culture: A Profile Comparison Approach to Assessing Person-Organization Fit", *Academy of Management Journal*, 1991, 34 (3): 487 – 516.

［268］Organ, D. W. , Near, J. P. , "Cognitive vs. Affect Measures of Job Satisfaction", *International Journal Psychology*, 1985, 20 (2): 241 – 254.

［269］Ostroff, C. , "The Effects of Climate and Personal Influences on Individual Behavior and Attitudes in Organizations", *Organizational Behavior and Human Decision Processes*, 1993, 56 (1): 56 – 90.

［270］Park, J. H. , Newman, A. , Zhang, L. , Wu, C. , and Hooke,

A. , "Mentoring Functions and Turnover Intention: The Mediating Role of Perceived Organizational Support", *International Journal of Human Resource Management*, 2016, 27 (11): 1173 – 1191.

[271] Park, T. Y. , Shaw, J. D. , "Turnover Rates and Organizational Performance: A Meta-Analysis", *The Journal of Applied Psychology*, 2013, 98 (2): 268 – 309.

[272] Parker, P. , Wasserman, I. , Kram, K. E. , and Hall, D. T. , "A Relational Communication Approach to Peer Coaching", *Journal of Applied Behavioral Science*, 2015, 51 (2): 231 – 252.

[273] Payne, S. C. , Huffman, A. H. , "A Longitudinal Examination of the Influence of Mentoring on Organizational Commitment and Turnover", *Academy of Management Journal*, 2005, 48 (1): 158 – 168.

[274] Penrose, E. T. , *The Theory of Growth of the Firm*, London: Oxford University Press, 1995.

[275] Pfeffer, J. , *The Human Equation: Building Profits by Putting People First*, Boston: Harvard Business School Press, 1998.

[276] Pindek, S. , Kessler, S. R. , and Spector, P. E. , "A Quantitative and Qualitative Review of What Meta-Analyses Have Contributed to Our Understanding of Human Resource Management", *Human Resource Management Review*, 2017, 27 (1): 26 – 38.

[277] Pittino, D. , Visintin, F. , Lenger, T. , and Sternad, D. , "Are High Performance Work Practices Really Necessary in Family SMES? An Analysis of the Impact on Employee Retention", *Journal of Family Business Strategy*, 2016, 7 (2): 75 – 89.

[278] Porter, C. M. , Sang, E. W. , "Untangling the Networking Phenomenon: A Dynamic Psychological Perspective on How and Why People Network", *Journal of Management*, 2015, 41 (5): 1 – 24.

[279] Posthuma, R. A. , Maertz, C. P. , and Dworkin, J. B. , "Procedural Justice's Relationship with Turnover: Explaining Past Inconsistent Findings", *Jour-

nal of Organizational Behavior, 2007, 28 (4): 381 – 398.

[280] Prabhu, V. P. , "Proactive Personality and Organizational Change: Factors Affecting Retention", *Journal of Organizational Psychology*, 2016, 16 (1): 11 – 23.

[281] Price, J. , Mueller, G. , *Absenteeism and Turnover of Hospital Employees*, Greenwich, CT: JAI Press, 1986.

[282] Price, J. L. , "Introduction to the Special Issue on Employee Turnover", *Human Resource Management Review*, 1999, 9 (4): 387 – 395.

[283] Price, J. L. , "Reflections on the Determinants of Voluntary Turnover", *International Journal of Manpower*, 2001, 22 (7): 600 – 624.

[284] Price, J. L. , *The Study of Turnover*, Ames: Iowa State University Press, 1977.

[285] Prooijen, J. W. , "Beyond Social Exchange: Collectivism's Moderating Role in the Relationship Between Perceived Organizational Support and Organizational Citizenship Behavior", *European Journal of Work and Organizational Psychology*, 2015, 24 (1): 152 – 160.

[286] Ramlall, S. , "Managing Employee Retention as a Strategy for Increasing Organizational Competitiveness", *Applied HRM Research*, 2003, 8 (2): 63 – 72.

[287] Randall, C. S. , Muller, C. W. , "Extensions of Justice Theory: Justice Evaluations and Employees' Reactions in a Natural Setting", *Social Psychology Quarterly*, 1995, 58 (3): 178 – 194.

[288] Raymond, S. T. , "Do Leaders 'Influence Tactics Relate to Members' Helping Behavior? It Depends on the Quality of the Relationship", *Academy of Management Journal*, 2006, 49 (6): 1194 – 1208.

[289] Redding, S. G. , *The Spirit of Chinese Capitalism*, Berlin: Walter De Gruyter, 1990.

[290] Rhoades, L. , Eisenberger, R. and Armeli, S. , "Affective Commitment to the Organization: The Contribution of Perceived Organizational Support", *Journal of Applied Psychology*, 2001, 86 (5): 825 – 836.

[291] Robinson, S. L. , "Trust and Breach of the Psychological Contract", *Administrative Science Quarterly*, 1996, 41 (4): 574 – 599.

[292] Roof, R. A. , "The Association of Individual Spirituality on Employee Engagement: The Spirit at Work", *Journal of Business Ethics*, 2015, 130 (3): 585 – 599.

[293] Rousseau, M. D. , "New Hire Perceptions of Their Own and Their Employer's Obligations: A Study of Psychological Contracts", *Journal of Organizational Behavior*, 1990, 11 (5): 389 – 400.

[294] Rubel, M. R. , Kee, D. M. , "Perceived Fairness of Performance Appraisal, Promotion Opportunity and Nurses Turnover Intention: The Role of Organizational Commitment", *Asian Social Science*, 2015, 11 (9): 183 – 197.

[295] Rudy, K. , "Calculating the Cost of Turnover", *Employment Relations Today*, 2010, 34 (1): 33 – 36.

[296] Rusbult, C. E. , Farrell, D. , "A Longitudinal Test of the Investment Model: The Impact on Job Satisfaction, Job Commitment and Turnover of Variations in Rewards, Costs, Alternatives and Investments", *Journal of Applied Psychology*, 1983, 68 (3): 429 – 438.

[297] Russ, F. A. , Mcneilly, K. M. , "Links Among Satisfaction, Commitment, and Turnover Intentions: The Moderating Effect of Experience, Gender, and Performance", *Journal of Business Research*, 1995, 34 (1): 57 – 65.

[298] Salamin, A. , Hom, P. W. , "In Search of the Elusive U-Shaped Performance-Turnover Relationship: Are High Performing Swiss Bankers More Liable to Quit", *Journal of Applied Psychology*, 2005, 90 (6): 1204 – 1216.

[299] Schaubroeck, J. , Lam, S. S. , and Xie, J. L. , "Collective Efficacy Versus Self-Efficacy in Coping Responses to Stressors and Control: A Cross-Cultural Study", *Journal Of Applied Psychology*, 2000, 85 (4): 512 – 525.

[300] Schnake, M. , Dumler, M. P. , "Predictors of Propensity to Turnover in the Construction Industry", *Psychological Reports*, 2000, 86 (3): 1000 – 1002.

[301] Schriesheim, C. A. , Neider, L. L. , and Scandura, T. A. , "Dele-

gation and Leader-Member Exchange: Main Effects, Moderators, and Measurement Issues", *Academy of Management Journal*, 1998, 41 (3): 298 – 318.

[302] Schwartz, S. J., "Universals in the Content and Structure of Values: Theory and Empirical Tests in 20 Countries", in Zanna, M., ed., *Advances in Experimental Social Psychology*, New York: Academic Press, 1992: 1 – 65.

[303] Schwepker, C. H., "Ethical Climate's Relationship to Job Satisfaction, Organizational Commitment, and Turnover Intention in the Salesforce", *Journal of Business Research*, 2001, 54 (1): 39 – 52.

[304] Selmer, J., "Psychological Barriers to Adjustment and How They Affect Coping Strategies: Western Business Expatriates in China", *International Journal of Human Resource Management*, 2001, 12 (2): 152 – 165.

[305] Shaw, J. D., Shi, S., "The Neglected State of Organizational-Level Turnover Studies in the Chinese Context: A Call for Research", *Frontiers of Business Research in China*, 2017, 11.

[306] Shaw, J. D., Delery, J. E., Jenkins, G. D., and Gupta, N., "An Organizational-Level Analysis of Voluntary and Involuntary Turnover", *Academy of Management Journal*, 1998, 41 (5): 511 – 525.

[307] Shaw, J. D., Duffy, M. K., Johnson, J. L., and Lockhart, D. E., "Turnover, Social Capital Losses, and Performance", *Academy of Management Journal*, 2005, 48 (4): 594 – 606.

[308] Shaw, J. D., Gupta, N., and Delery, J. E., "Alternative Conceptualizations of the Relationship Between Voluntary Turnover and Organizational Performance", *Academy of Management Journal*, 2005, 48 (1): 50 – 68.

[309] Sheridan, J. E. and Abelson, M. A., "Cusp Catastrophe Model of Employee Turnover", *Academy of Management Journal*, 1983, 26 (3): 418 – 436.

[310] Simon, H., *Administrative Behavior*, New York: The Free Press, 1945.

[311] Simons, T., Roberson, Q., "Why Managers Should Care About Fairness: The Effects of Aggregate Justice Perceptions on Organizational Outcomes",

Journal of Applied Psychology, 2003, 88 (3): 432 – 443.

[312] Simpson, B. , Willer, R. , "Beyond Altruism: Sociological Foundations of Cooperation and Prosocial Behavior", *Annual Review of Sociology*, 2015, 41 (1): 43 – 63.

[313] Smith, C. A. , Organ, D. W. , and Near, J. P. , "Organizational Citizenship Behavior: Its Nature and Antecedents", *Journal of Applied Psychology*, 1983, 68 (4): 653 – 663.

[314] Snape, E. , Redman, T. , "An Evaluation of a Three-Component Model of Occupational Commitment: Dimensionality and Consequences among United Kingdom Human Resource Management Specialists", *Journal of Applied Psychology*, 2003, 88 (1): 152 – 159.

[315] Somers, M. J. , "Organizational Commitment, Turnover and Absenteeism: An Examination of Direct and Interaction Effects", *Journal of Organizational Behavior*, 1995, 16 (1): 49 – 58.

[316] Spector, P. E. , Michaels, C. E. , "Personality and Employee Withdrawal: Effects of Locus of Control on Turnover", *Psychological Reports*, 1986, 59 (1): 63 – 66.

[317] Spence, M. , "Job Market Signaling", *Quarterly Journal of Economics*, 1973, 87 (3): 355 – 374.

[318] Spreitzer, G. M. , Mishra, A. K. , "To Stay or Go: Voluntary Survivor Turnover Following an Organizational Downsizing", *Journal of Organizational Behavior*, 2002, 23 (6): 707 – 730.

[319] Steel, R. P. , Ovalle, N. K. , "A Review and Meta-Analysis of Research on the Relationship Between Behavioral Intentions and Employee Turnover", *Journal of Applied Psychology*, 1984, 69 (4): 673 – 686.

[320] Steel, R. P. , "Turnover Theory at the Empirical Interface: Problems of Fit and Function", *Academy of Management Review*, 2002, 27 (3): 346 – 360.

[321] Steers, R. M. , Mowday, R. T. , "Employee Turnover and Post – Decision Justification", in Cummings, L. L and Staw, B. M. , ed. , *Research in Or-*

ganizational Behavior, Greenwich, CT: JAI Press, 1981, 3: 235 – 282.

[322] Sturman, M. C., Trevor, C. O., "The Implications of Linking the Dynamic Performance and Turnover Literatures", *Journal of Applied Psychology*, 2001, 86 (4): 684 – 696.

[323] Sun, J. Y., Wang, G. G., "Integrating Disparate Literatures on Voluntary Career Transition and Voluntary Turnover: Implications for Research in the Chinese Context", *Journal of Chinese Human Resource Management*, 2011, 2 (1): 23 – 42.

[324] Sun, L., Aryee, S., and Law, K. S., "High-Performance Human Resource Practices, Citizenship Behavior, and Organizational Performance: A Relational Perspective", *Academy of Management Journal*, 2007, 50 (3): 558 – 577.

[325] Susanna, L., Aryee, S., "Psychological Contract Breach in a Chinese Context: An Integrative Approach", *Journal of Management Studies*, 2003, 40 (4): 1005 – 1020.

[326] Suzanne, P. J., Luthans, F., "The Impact of Financial and Nonfinancial Incentives on Business-Unit Outcomes over Time", *Journal of Applied Psychology*, 2006, 91 (1): 156 – 165.

[327] Swider, B. W., Zimmerman, R. D., and Barrick, M. R., "Searching for the Right Fit: Development of Applicant Person-Organization Fit Perceptions During the Recruitment Process", *Journal of Applied Psychology*, 2015, 100 (3): 880 – 893.

[328] Takeuchi, R., Bolino, M. C., and Lin, C. C., "Too Many Motives? The Interactive Effects of Multiple Motives on Organizational Citizenship Behavior", *Journal of Applied Psychology*, 2015, 100 (4): 1239 – 1248.

[329] Tett, R. P., Meyer, J. P., "Job Satisfaction, Organizational Commitment, Turnover Intention, and Turnover: Path Analyses Based on Meta-Analytic Findings", *Personnel Psychology*, 1993, 46 (2): 259 – 293.

[330] Tews, M. J., Michel, J. W., and Ellingson, J. E., "The Impact of Coworker Support on Employee Turnover in the Hospitality Industry", *Group and Or-

ganization Management, 2013, 38 (5): 630 – 653.

[331] Thibaut, J., Walker, L., *Procedural Justice: A Psychological Analysis*, Hillsdale, NJ: Erlbaum, 1975.

[332] Thomas, D. C., Ravlin, E. C., Liao, Y., Morrell, D. L., and Au, K., "Collectivist Values, Exchange Ideology and Psychological Contract Preference", *Management International Review*, 2016, 56 (2): 255 – 281.

[333] Tillson, C. M., Sluiter, J. K, Blonk, R. W., Broersen, J. P., and Frings-Dresenm, M. H., "Stressful Work, Psychological Job Strain, and Turnover: A 2-Year Prospective Cohort Study of Truck Drivers", *Journal of Applied Psychology*, 2004, 89 (3): 442 – 454.

[334] Tillson, T., "Is Your Career Killing You?" *Canadian Business*, 1997, 70: 78 – 84.

[335] Tong, C. K., "Centripetal Authority, Differentiated Networks: The Social Organization of Chinese Firms in Singapore", in Hamilton, G. G., ed., *Business Groups and Economic Development in East Asia*, Hong Kong: Center of Asian Studies, 1990.

[336] Trevor, C. O., "Interactions Among Actual Ease-of-Movement Determinants and Job Satisfaction in the Prediction of Voluntary Turnover", *Academy of Management Journal*, 2001, 44 (4): 621 – 638.

[337] Trevor, C. O., Gerhart, B., Boudreau, J. W., "Voluntary Turnover and Job Performance: Curvilinearity and the Moderating Influences of Salary Growth and Promotions", *Journal of Applied Psychology*, 1997, 82 (1): 44 – 61.

[338] Tsang, W., Eric, K., "Can Guanxi Be a Source of Sustained Competitive Advantage for Doing Business in China", *Academy of Management Executive*, 1998, 12 (2): 64 – 73.

[339] Turan, A., "Satisfaction with Organization and Intention to Retain: The Mediating Role of Organizational Identity Complexity/Congruence of Outsourcing Labors", *Anthropologist*, 2015, 21 (1 – 2): 300 – 310.

[340] Turnley, W. H., Feldman, D. G., "Re-examining the Effects of

Psychological Contract Violations: Unmet Expectations and Job Dissatisfaction as Mediators", *Journal of Organizational Behavior*, 2000, 21 (1): 25 – 42.

[341] Van Dick, R., Christw, O., Stellmacherw, J., Wagnerw, U., Ahlswedew, O., Grubbaw, C., Hauptmeierw, M., Hfeldw, C. H., Moltzenw, K., and Tissington, P. A., "Should I Stay or Should I Go? Explaining Turnover Intentions with Organizational Identification and Job Satisfaction", *British Journal of Management*, 2004, 15 (4): 351 – 360.

[342] Vandenberg, R. J., Lance, C. E., "Examining the Causal Order of Job Satisfaction and Organizational Commitment", *Journal of Management*, 1992, 18 (1): 153 – 167.

[343] Vandenberghe, C., "Organizational Culture, Person-Culture Fit, and Turnover: A Replication in the Health Care Industry", *Journal of Organizational Behavior*, 1999, 20 (2): 175 – 184.

[344] Victor, B., Cullen, J. B., "The Organizational Bases of Ethical Work Climates", *Administrative Science Quarterly*, 1988, 33 (1): 101 – 125.

[345] Vogel, R. M., Mitchell, M. S., Tepper, B. J., Restubog, S. L., Hu, C., Hua, W., and Huang, J. C, "A Cross-Cultural Examination of Subordinates' Perceptions and Reactions to Abusive Supervision", *Journal of Organizational Behavior*, 2015, 36 (5): 720 – 745.

[346] Wagner, J. A., "Studies of Individualism – Collectivism: Effects on Cooperation in Groups", *Academy of Management Journal*, 1995, 38 (1): 152 – 172.

[347] Waldman, D. A., Min, Z. C., and Hom, P. W., "A Multilevel Investigation of Leadership and Turnover Behavior", *Journal of Management*, 2015, 41 (6): 1724 – 1744.

[348] Wallace, J. E., "Organizational and Professional Commitment in Professional and Nonprofessional Organizations", *Administrative Science Quarterly*, 1995, 40 (2): 228 – 255.

[349] Wang, C., Yuan, Q., and Chen, L., "The Personnel Earthquake

Continuum： Consequences of Collective Turnover： A Case Study of Qidian Founders' Collective Turnover", *Frontiers of Business Research in China*, 2016, 10 （1）： 115 – 148.

［350］ Wang, D. , Tsui, A. S. , Zhang, Y. , and Ma, L. , "Employment Relationships and Firm Performance： Evidence from an Emerging Economy", *Journal of Organizational Behavior*, 2003, 24 （5）： 511 – 535.

［351］ Wang, L. , Hinrichs, K. T, Prieto, L. , and Howell, J. P. , "Five Dimensions of Organizational Citizenship Behavior： Comparing Antecedents and Levels of Engagement in China and the us", *Asia Pacific Journal of Management*, 2013, 30 （1）： 115 – 147.

［352］ Wasti, S. A. , "Organizational Commitment, Turnover Intentions and the Influence of Cultural Values", *Journal of Occupational and Organizational Psychology*, 2003, 76 （3）： 303 – 321.

［353］ Weiss, H. M. , Suckow, K. , and Cropanzano, R. , "Effects of Justice Conditions on Discrete Emotions", *Journal of Applied Psychology*, 1999, 84 （5）： 786 – 794.

［354］ Weiss, H. M. , "Deconstructing Job Satisfaction： Separating Evaluations, Beliefs and Affective Experiences", *Human Resource Management Review*, 2002, 12 （2）： 173 – 194.

［355］ Wendy, B. R. , Boudreau, J. W. , and Tichy, J. , "The Relationship Between Employee Job Change and Job Satisfaction： The Honeymoon-Hangover Effect", *Journal of Applied Psychology*, 2005, 90 （5）： 882 – 892.

［356］ Weng, Q. , Mcelroy, J. C. , "Organizational Career Growth, Affective Occupational Commitment and Turnover Intentions", *Journal of Vocational Behavior*, 2012, 80 （2）： 256 – 265.

［357］ Wiener, Y. , "Commitment in Organizations： A Normative View", *Academy of Management Review*, 1982, 7 （3）： 418 – 428.

［358］ Williams, C. R. , Livingstone, L. P. , "Another Look at the Relationship Between Performance and Voluntary Turnover", *Academy of Management Jour-*

nal, 1994, 37 (2): 269 - 298.

[359] Wong, C. S. , Kung, H. L. , "An Exploratory Investigation on Commitment to Specific Constituencies in Taiwan", *Chinese Journal of Psychology*, 1999, 40 (1): 1 - 13.

[360] Wong, Y. , Wong, Y. , "Workplace Guanxi and Employee Commitment to Supervisor in Chinese International Joint Ventures", *Journal of Chinese Human Resource Management*, 2013, 4 (1): 39 - 57.

[361] Wong, Y. , Wong, C. , and Ngo, H. , "Loyalty to Supervisor and Trust in Supervisor of Workers in Chinese Joint Ventures: A Test of Two Competing Models", *The International Journal of Human Resource Management*, 2002, 13 (6): 883 - 900.

[362] Xiao, J. , "The Effects of Acquisition on the Growth of New Technology-Based Firms: Do Different Types of Acquirers Matter", *Small Business Economics*, 2015, 45 (3): 487 - 504.

[363] Xin, K. R. , Pearce, J. L. , "Guanxi: Connections as Substitutes for Formal Institutional Support", *Academy of Management Journal*, 1996, 39 (6): 1641 - 1658.

[364] Xu, E. , Huang, X. , and Robinson, S. L. , "When Self-View Is at Stake: Responses to Ostracism Through the Lens of Self-Verification Theory", *Journal of Management*, 2015, 20 (10): 1 - 22.

[365] Yao, X. , Wang, L. , "The Predictability of Normative Organizational Commitment for Turnover in Chinese Companies: A Cultural Perspective", *The International Journal of Human Resource Management*, 2006, 17 (6): 1058 - 1075.

[366] Yu, A. , Matta, F. K. , and Cornfield, B. , "Is LMX Differentiation Beneficial or Detrimental for Group Effectiveness? A Meta-Analytic Investigation and Theoretical Integration", *Academy of Management Journal*, 2018, 61 (3): 1158 - 1188.

[367] Zagenczyk, T. J. , Purvis, R. L. , Shoss, M. K. , Scott, K. L. , and Cruz, K. S. , "Social Influence and Leader Perceptions: Multiplex Social Net-

work Ties and Similarity in Leader-Member Exchange", *Journal of Business and Psychology*, 2015, 30 (1): 105 – 117.

[368] Zhang, X. A., Li, N., and Harris, T. B., "Putting Non-Work Ties to Work: The Case of Guanxi in Supervisor-Subordinate Relationships", *Leadership Quarterly*, 2015, 26 (1): 37 – 54.

[369] Zhu, Y., Warner, M., "An Emerging Model of Employment Relations in China: A Divergent Path from the Japanese", *International Business Review*, 2011, 9 (3): 345 – 361.

[370] Zimmerman, R. D., Swider, B. W., Woo, S. E. and Allen, D. G., "Who Withdraws? Psychological Individual Differences and Employee Withdrawal Behaviors", *Journal of Applied Psychology*, 2016, 101 (4): 498 – 519.

[371] Zinta, B. S., "Fairness Reduces the Negative Effects of Organizational Politics on Turnover Intentions, Citizenship Behavior and Job Performance", *Journal of Business and Psychology*, 2005, 20 (2): 175 – 200.